MW01639778

Książki Oriany Fallaci

I sette peccati di Hollywood, 1958
Il sesso inutile, 1961
Penelope alla guerra, 1962
(wyd. pol. „Penelopa na wojnie", 1979)
Gli antipatici, 1963
Se il sole muore, 1965
Niente e così sia, 1969
Quel giorno sulla luna, 1970
Intervista con la storia, 1974
Lettera a un bambino mai nato, 1975
(wyd. pol. „List do nienarodzonego dziecka", 1993)
Un uomo, 1979
Insciallah, 1990 (wyd. pol. „Inszallah", 1993)
La Rabbia e l'Orgoglio, 2001
(wyd. pol. „Wściekłość i duma", 2003)
Ls Forza della Ragione, 2004
(wyd. pol. „Siła rozumu", 2004)
Oriana Fallaci intervista Oriana Fallaci, 2004

Oriana Fallaci

Wywiad z sobą samą
•
Apokalipsa

Przełożyła Joanna Wajs

Wydawnictwo Cyklady

Tytuł oryginału
Oriana Fallaci intervista sé stessa. L'Apocalisse

Wydanie pierwsze, Warszawa 2005

ISBN 83-86859-98-9

Do Czytelnika

Z każdym dniem wydłuża się lista porwanych, którym obcięto głowy lub poderżnięto gardła, i tych, co mieli to szczęście, że zabito ich strzałem z broni w potylicę. Zadedykowanie im książki staje się coraz trudniejsze. Dlatego, że gdy ta książka idzie do druku, kolejnym porwanym ścina się głowy, podrzyna gardła i tak dalej. Kiedy więc trafia do rąk czytelnika, lista okazuje się niepełna. Siła Rozumu *ukazała się z dedykacją dla ofiar Madrytu, a dwa miesiące później musiałam uzupełnić ją o nazwiska Nicka Berga, Paula Johnsona i Kima Suna, czyli dwóch Amerykanów i obywatela Korei Południowej ściętych nożem-piłą przez rzeźników Allacha w rytuale, któremu początek dało zabicie dziennikarza Daniela Pearla. Musiałam uzupełnić ją także o nazwiska Fabrizia Quattrocchiego oraz kucharza Antonia Amato, i żołnierza marynarki Mattea Vanzana, czyli Włochów zamordowanych w imię Gniewnego-i-Miłosiernego-Boga. I wierzyłam, że na jakiś czas to wystarczy. Tymczasem dwa miesiące później znów rozpętała się ta piekielna jatka. Zrozumiałam, że aby skompletować listę, musiałabym uzupełniać dedykację w każdym wydaniu, co jest rzeczą niemożliwą, toteż wreszcie musiałam się zatrzymać.*

To zdarzy się również tym razem, nie łudźmy się. I z taką świadomością poświęcam teraz ostatnią część mojej małej trylogii istotom, które od czerwca zeszłego roku do dziś, do listopada 2004, rzeźnicy Allacha zgładzili, tak jakby składali ofiary z ludzi – ofiary, którymi starożytni barbarzyńcy oddawali cześć swoim złaknionym krwi bogom. Jedyna różnica między nimi polega na tym, że z uroczystości składania ofiar w starożytności nie powstały filmy. Chcąc je sobie wyobrazić, musimy zawierzyć archeologii. Dziś natomiast takie filmy powstają. Prawie zawsze. Pokazują je regularnie, przynajmniej we fragmentach, ci, których nazywam Ministerstwem Informacji Al-Kaidy, czyli kanał telewizyjny Al-Dżazira. Zaś w całości – strony internetowe nawołujące do Świętej Wojny. A kto tylko zechce, może je zawsze kupić na bazarze w Bagdadzie, gdzie kasety wideo z potwornościami i okrucieństwami pomysłu islamskich terrorystów to prawdziwe bestsellery. Na zaledwie jednym straganie w dwanaście godzin sprzedaje się sześćset pięćdziesiąt kopii. Możesz stąd wnosić, że ulubioną rozrywką porządnych rodzin w stolicy Iraku jest rozkoszowanie się widokiem człowieka z zasłoniętymi oczami, któremu w imię Gniewnego i Miłosiernego Boga zamaskowani, ukryci pod kafiami kaci odczytują wyrok śmierci, a potem podrzynają gardło albo obcinają głowę nożem-piłą. A jeszcze lepiej, jeśli ofiara, nim nóż-piła przetnie jej struny głosowe, prosi o litość, rozpacza, krzyczy jak Kim Sun: „Nie chcę umierać. Proszę was, nie róbcie tego, nie chcę umierać". Natomiast film wideo ze śmierci Quattrocchiego, któ-

ry umiera z godnością bohatera Risorgimento, nigdy nie znalazł się w sprzedaży. Strony internetowe nawołujące do Świętej Wojny nigdy go nierozpowszechniły. Al-Dżazira nigdy go nie pokazała, a nawet odmawia przekazania go naszym władzom. (Czy robi to tylko po to, by nie ukazywać w niekorzystnym świetle „członków ruchu oporu" i nie przyprawiać ich zwolenników o rumieniec wstydu zamiast o dziką radość, czy też dlatego, że na taśmie jest ktoś, kto nie powinien być przez nas widziany? Na przykład jakiś kolaborant antyglobalista. Albo pozostający poza wszelkim podejrzeniem członek Al-Kaidy, który po wślizgnięciu się do naszego społeczeństwa, z legalnie zdobytym Pozwoleniem na Pobyt i ze zgodną z prawem Umową o Pracę twierdzi, że należy do umiarkowanego skrzydła Islamu, a jednak nieustannie krąży tam i z powrotem między Rzymem a Bagdadem.)

Nową listę otwiera zatem Amerykanin, którego nazwiska poprzednim razem nie zdążyłam przytoczyć: dziewiętnastoletni Marine Keith Matthew Maupin uśmiercony strzałem w potylicę 28 czerwca 2004 roku. Następnie dwóch Bułgarów: kierowca ciężarówki Georgij Lazow, któremu ucięto głowę 13 lipca, i jego kolega Iwailo Kepow zastrzelony 14 lipca. Później dwaj Pakistańczycy: inżynier Azad Hussein Khan zaszlachtowany 26 lipca i jego szofer Sajid Naeem zabity tego samego dnia. Dalej turecki kierowca ciężarówki Murat Yuce, któremu 2 sierpnia poderżnięto gardło i obcięto głowę, tak jak jego koledze Osmanowi Aliansowi, 5 sierpnia. (Kierowców ciężarówek łatwo porywać, ponieważ chwyta się ich, pozorując blokadę drogi.) Potem włoski dziennikarz Enzo Baldoni zamordowany w nieznanym czasie i okolicznościach, który prawdopodobnie zginął 26 sierpnia pod gradem ciosów i strzałów z rewolweru, ponieważ próbował stawiać opór. Lista zawiera też nazwiska dwunastu Nepalczyków okrutnie pozbawionych życia 31 sierpnia za to, że przybyli do Iraku, aby zarobić trochę pieniędzy przy czyszczeniu cudzych wychodków. Dwunastu synów ludu (co do jednego buddystów), którzy na filmie ani razu nie pochylają głowy. Nie rozpaczają, nie błagają, czekają na egzekucję z pełnym dumy spokojem. Który to fakt nasze stacje telewizyjne zbyły jakimś pospiesznym obrazkiem. Zaś nasze gazety nie zatroszczyły się nawet o to, aby podać ich nazwiska. Ale ja postanowiłam je ustalić. Udało mi się, i oto one. Ten ścięty nazywał się Lalan Singh Koiri. Ci, których przeszyto kulami, gdy leżeli twarzami do ziemi, nazywali się Budan Shah, Ramesh Khada, Mangal Limbu, Prakash Adhikari, Sanajana i Manoi Khumar Thakur (dwaj ostatni byli braćmi), Rajendra i Gyanendra Kumat Shresta (również oni byli braćmi), Jhok, Jit i Mangal Bahadur Thapa (ci trzej to kuzyni). Wszyscy między dwudziestym drugim a dwudziestym dziewiątym rokiem życia.

Na liście jest także sto pięćdziesięcioro dzieci i stu dziewięćdziesięciu dziewięciu dorosłych (w większości nauczycieli i rodziców), których pomiędzy rankiem 1 a świtem 3 września „partyzanci” czeczeńscy wysłani przez Abdullaha Szamila Abu Idrisa, dawniej Szamila Basaje-

wa, zgładzili z pomocą trzech Arabów i dwóch kobiet w szkole w Biesłanie. Dzieci, które przez dwa dni i dwie noce musiały wpatrywać się z rozpaczą w materiały wybuchowe i wymierzone w nie kałasznikowy. Które przeżyły, w straszliwym upale, głodne i spragnione, bo piły własny mocz. Które uciekając boso i nago z na wpół zawalonej sali gimnastycznej, przypominały ptaki zrywające się z drzewa zaatakowanego przez stado sępów. A kiedy uciekały, brodate sępy strzelały im w plecy, jakby to było polowanie na zięby. (Starsze dziewczęta zabito w którymś z ustępów, po tym jak zostały, jedna po drugiej, zgwałcone. Przez te bestie, których imamowie z takim zapałem bredzą o etyce, dziewiczej skromności i męstwie.) Na liście jest także egipski kierowca Naser Juma ścięty 5 września jako rzekomy szpieg. Są również trzej Kurdowie ścięci 19 września jako odszczepieńcy i zdrajcy. (Trzej nieznani żołnierze, o których wiadomo jedynie, że należeli do Demokratycznej Partii Kurdystanu. Ale strony internetowe pokazują film z katem, który krępuje im ręce, kładzie na ziemi twarzami w dół, obcina bardzo powoli głowy, a następnie opiera je na plecach ofiar. A potem przytwierdza za pomocą podgumowanej taśmy.)

Na liście znajdują się także trzej zachodni inżynierowie z Bagdadu, porwani z domu w czasie, gdy jedli śniadanie: Amerykanin Eugene Armstrong ścięty 20 września, Amerykanin Jack Hensley ścięty 21 września, Anglik Kenneth Bigley ścięty 7 października. Ten nieszczęsny Bigley, który skuty łańcuchem jak pies i zamknięty w klatce błagał Blaira, aby go ocalił, i bezustannie płakał. I który w pewnym momencie zdołał uciec, bo przekupił strażnika dolarami. A jednak ujęli go ponownie po kilku minutach. Przekupionemu strażnikowi poderżnęli gardło, a jemu obcięli głowę. Do tych niezliczonych bestialstw należy dodać przypadek irackiej policjantki Nadii Abdulwahhab Matlak, którą zastrzelono 27 września jako odstępczynię i szpiega, irackiego inżyniera Bareha Dauda Ibrahima ściętego 2 października za to, że był zatrudniony w pewnej amerykańskiej firmie, irackiego handlowca (ale mieszkającego we Włoszech i męża Włoszki) Ajada Anwara Wali zastrzelonego tego samego dnia wraz ze swoim tureckim kierowcą Yalmazem Dabją. Trzeba także dodać przypadek jego współobywatela Mahera Kemala, ściętego 10 października razem z kierowcą Luqmanem Husseinem, ponieważ on także pracował u Amerykanów. A potem czterdziestu dziewięciu żołnierzy wymordowanych 20 października, jeden po drugim, strzałami w tył głowy. Ta rzeź miała ciąg dalszy kilka dni później, gdy w ten sam sposób zamordowano kolejnych trzydziestu siedmiu żołnierzy, a także dwudziestu dwóch policjantów. Wszystkich oprócz jednego, któremu ścięto głowę, niemal równocześnie uśmiercono seriami z karabinu maszynowego. (Lecz co do zabitych tym sposobem żołnierzy, straciliśmy już rachubę. Tak samo, gdy mowa o policjantach. Po dwóch pierwszych zdarzeniach rytuał powtarzał się i nadal powtarza z mrożącą krew w żyłach regularnością, i dzisiaj uważa się, że zabitych mogą być setki.) A do listy powinna jeszcze zostać dołączona dziennikarka Liqaa Abdul Razzaq zabita strzałami z rewolweru jako szpieg. Powinno się też do niej dodać trzydzieścioro czworo dzieci z Bagdadu, które zginęły po wybuchu samochodów-pułapek, kiedy stały w kolejce po wodę i cukierki rozdawane przez Marines. Powinno się dołączyć młodego japońskiego turystę Shosei Kodę ściętego 31 października za to, że wpadł na fatalny pomysł udania się do Iraku i ujrzenia-na-własne-oczy-tego-co-się-tam-dzieje. Powinno się dołączyć dwie młodziutkie siostry z Piemontu, Jessicę i Sabrinę Rinaudo, unicestwione przez ładunek wybuchowy w egipskiej Tabie razem z dwudziestoma dziewięcioma innymi turystami (niemal samymi Izraelczykami), którzy wybrali się na wakacje nad Morzem Czerwonym.

Im także poświęcam tę książkę, tak. A poza tym dedykuję ją holenderskiemu reżyserowi Theo van Goghowi, 2 listopada minionego roku zamordowanemu w Amsterdamie przez superzasymilowanego Marokańczyka, mającego ponadto podwójne obywatelstwo. (Ale o nim powiem więcej w dalszej części.) Poświęcam ją pięćdziesięciodziewięcioletniej Margaret Hassan, która kierowała w Iraku organizacją humanitarną Care International, która oddała Irakijczykom trzydzieści lat życia, a którą rzeźnicy Allacha porwali 19 października w Bagdadzie, gdzie mieszkała wraz ze swoim irackim mężem, i w połowie listopada zabili, jak się wydaje, strzałem w potylicę. Mówię „jak się wydaje", ponieważ Al-Dżazira nie chcia-

ła wyemitować filmu z jej egzekucji i ponieważ niektórzy obawiają się, że to jej ciało – jasnowłosej kobiety – Marines znaleźli w Faludży. Ciało bez rąk i nóg (pieczołowicie odciętych), z twarzą nie do rozpoznania, zniekształconą wskutek dotkliwego pobicia, i z taką jak zawsze kulą utkwioną w potylicy. Ale nawet jeśli to nieszczęsne ciało nie należy do niej, i tak poświęcam moją książkę owej jasnowłosej kobiecie, której imienia nigdy nie poznamy. Poświęcam ją także tysiącowi dwustu dwudziestu sześciu żołnierzom amerykańskim, którzy zginęli od czasu rzekomego „zakończenia wojny" do dzisiaj, do końca listopada 2004 roku, i którzy codziennie giną w Iraku, ale nikt ich nie opłakuje, ponieważ nikogo nie obchodzą martwi Amerykanie. A niemało nawet jest takich, co cieszą się z ich śmierci, tak jak cieszą się sadyści, którzy w Bagdadzie zabawiają się oglądaniem filmów wideo rozprowadzanych przez obcinaczy głów. Poświęcam ją także wielu dziesiątkom zakładników od miesięcy zaginionym, czekającym na śmierć albo już zabitym, choć ani Al-Dżazira, ani strony internetowe nie zawracały sobie głowy zdaniem nam z tego relacji. A wśród nich są dwaj francuscy dziennikarze, którzy po długich rokowaniach prowadzonych przez ich rząd wydawali się już na prostej drodze do domu. Tymczasem wcale tak nie było i teraz nie wiadomo, gdzie się znajdują. Ale tu muszę przerwać, ponieważ książka idzie już do druku.

W dalszej części sprecyzuję pewne kwestie dotyczące mojego zawodu i sumienia.

* * *

Wielu ludzi, którzy przeczytali poprzednie wydanie, wie, że wywiad ze mną samą nie powstał po to, aby zaspokoić próżne zaciekawienie moim życiem i moją osobą. Jeśli zatrzymuję się nad czymś, co ma charakter osobisty, na przykład nad tragedią swojej choroby, to jedynie dlatego, że chcę wprowadzić albo podeprzeć jakiś wywód. Także wywód o moralnym raku toczącym Zachód i o głuchej zaciekłości Islamu, który wypowiadając nam wojnę wzniecił nowy Pożar Troi. Wywód, któremu dałam początek Wściekłością i Dumą, *który później rozwinęłam w* Sile Rozumu *i który niejako zamykam książką* Wywiad z sobą samą. *(Zmieniłam, a właściwie skróciłam tytuł* Oriana Fallaci przeprowadza wywiad z Orianą Fallaci *z powodów graficznych i chcąc złagodzić dyskomfort, jaki czułam patrząc na powtarzające się nazwisko.) Ta książka z jeszcze większą troską niż poprzednie została przejrzana, poddana korektom i rozbudowana. Zawiera więcej niż tamte dwie uzupełnień, not odautorskich, uwag na marginesie i obszernych dopisków. Zawiera także Postscriptum o objętości ponad jednej trzeciej pierwotnego tekstu. To niemalże czwarta książka, której dałam tytuł* Apokalipsa.

Dałam taki tytuł, ponieważ owo Postscriptum, nadal w postaci wywiadu z sobą i przy użyciu literackich zabiegów właściwych dla takiej formuły, zainspirował pewien fragment Apokalipsy. *Tej przerażającej* Apokalipsy, *którą Jan Ewangelista napisał w Pierwszym Stule-*

ciu po Chrystusie, a zatem za panowania Domicjana: cesarza, który w czasach pełnego rozkwitu chrześcijaństwa domagał się, by oddawać mu cześć boską. Niektórym wyda się dziwaczne, że taka ateistka jak ja (jakkolwiek ateistka-chrześcijanka) szuka natchnienia w tekście religijnym, aby podsumować wynik batalii, którą toczy od trzech lat. Ale to właśnie Apokalipsa *przepowiada walkę, jaką chrześcijanie będą musieli podjąć, ażeby pokonać Bestię o Siedmiu Głowach i jej wspólników, którzy, koniec końców, są jednym i tym samym. Bestię o rogach podobnych do rogów Baranka i o mowie podobnej do mowy Smoka. Cóż, tak zwane zderzenie cywilizacji, czyli zderzenie Zachodu i Islamu jest niczym innym jak walką, o której mówi Jan Ewangelista. O ile Jan przenosi ziemską rzeczywistość w obszary niebieskie, wyraża ją za pomocą metafor, alegorii i łamigłówek, o tyle ja w swojej małej* Apokalipsie *twardo stąpam po ziemi. Żadnych łamigłówek, żadnych szarad, żadnych podtekstów. W ich miejsce – bardzo konkretne fakty. Bardzo oczywiste zdarzenia. Jasny obraz świata, na którego oczach w gruncie rzeczy spełnia się przepowiednia sprzed dwóch tysięcy lat.*

Wiem, że to się nie spodoba wspólnikom Bestii. Wiem, że ich rogi, takie same jak rogi Baranka, i ich mowa, taka sama jak mowa Smoka, zostaną użyte przeciwko mnie z całą zaciekłością i podłością. (Mają na swoich usługach prześwietne albo minionej świetności gazety. Mają niechlubne lub przebrzmiałej chluby stacje telewizyjne, olej rycynowy, którym nas poją, strony internetowe i aparat polityczny, który nie wybacza. Ja mam jedynie swoje książki.) Wiem, że Bestii jeszcze bardziej nie spodoba się mój uprawniony plagiat. Wiem, że moja mała Apokalipsa *pomnoży dotychczasowe groźby. „Nous allons vous trouver", „We shall get you", „Zapłacisz nam za to". Wiem, że Bestia być może spróbuje porachować się ze mną raz na zawsze. Przykład Theo van Gogha jest pouczający. (W filmie krótkometrażowym, za który został tak bestialsko zabity, filmie o muzułmańskich kobietach, mówił dokładnie to samo co ja.) Ale to mnie nie przeraża, nie odbiera mi odwagi. Wojnę, która była tak potrzebna, już wytoczyłam. Nie pójdzie w zapomnienie, nawet jeśli spali się moje książki, jak to czyniono na pewnym berlińskim placu w roku 1938. I jakąkolwiek przyjdzie cenę zapłacić, nie przestanę walczyć.*

Oriana Fallaci

listopad 2004

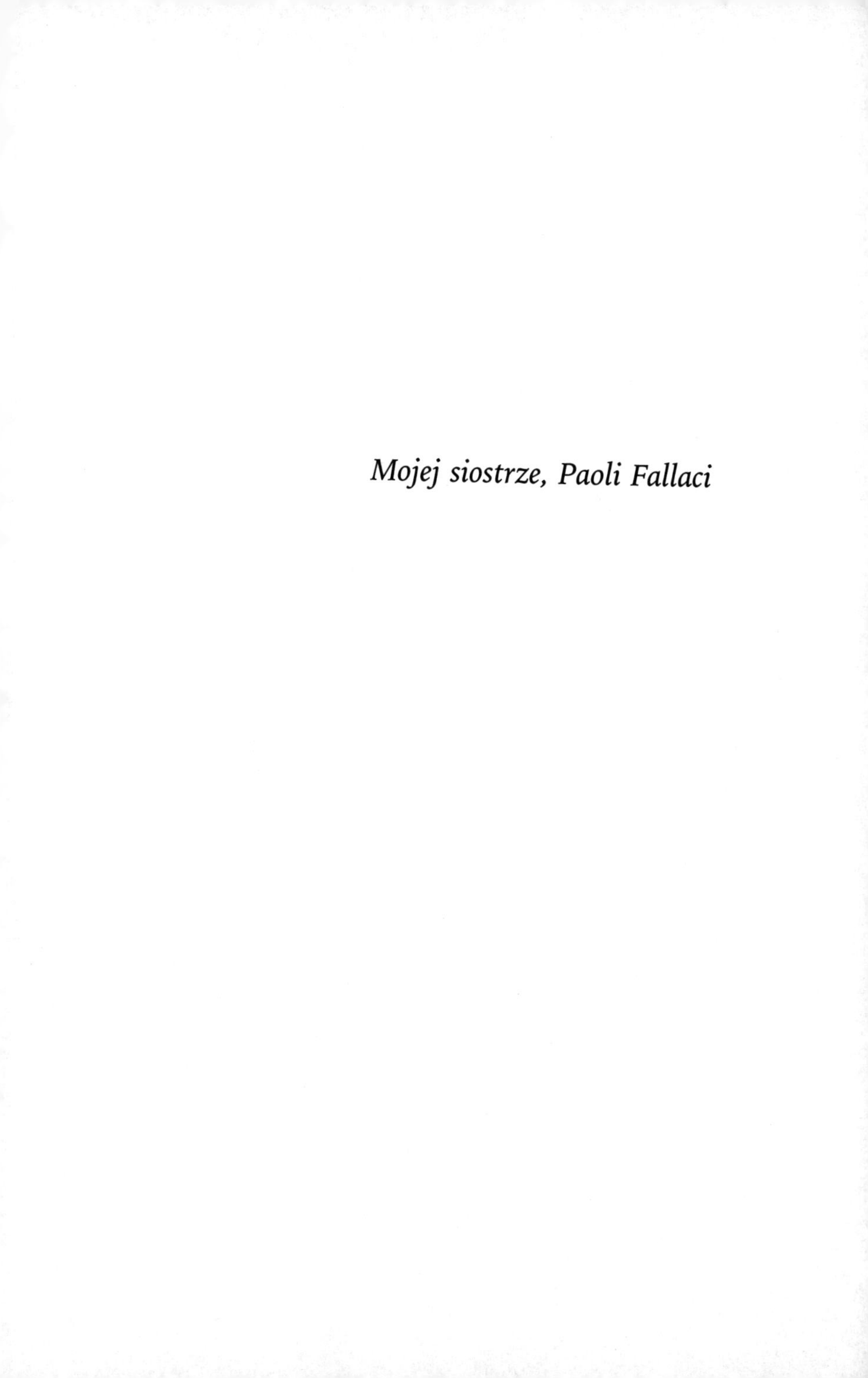

Mojej siostrze, Paoli Fallaci

„Tego jestem pewien: ani odtrącenie, ani uznanie, ani pochwały, ani nagany nie zdołają mnie nigdy odwieść od mojego zamysłu".

Z listu Uga Foscolo

ORIANA FALLACI. *Widzę, że jest Pani bardzo wyczerpana. Bardzo wyniszczona, bardzo wychudzona. Jak się Pani miewa?*

ORIANA FALLACI. Niedobrze, dziękuję. Ale proszę się tym nie martwić. Głowa trzyma się świetnie. W moim przypadku maksyma „Mens sana in corpore sano" musi zmienić się w maksymę „Mens sana in corpore infirmo". Ponieważ rozumuję, piszę, walczę jak dawniej i więcej niż dawniej. To tak, jakby mój umysł był zupełnie niezależny od mojego ciała. Albo jak gdyby cierpienie ciała wzmagało siłę umysłu. Ciekawe zjawisko. Lekarze powinni się tym zająć, powinni odkryć, czy pomiędzy systemem neurologicznym a chorobą istnieje jakiś rodzaj rywalizacji i wreszcie zadać sobie pytanie: czy mózg jest w stanie kontrolować, trzymać na wodzy gromadę oszalałych komórek? Czy umysł może przeciwstawić się śmierci, stanąć jej na drodze, opóźnić ją? Ja uważam, że tak. Nie bez przyczyny utrzymuję, że dusza jest wzorem chemicznym. Cóż, może ów wzór zawiera także przeciwciała, które nie podporządkowując się oszalałym komórkom dają mi, póki co, jakąś szczególną odporność.

Cieszę się z tego i od razu chcę uściślić pewną kwestię. Nasz wywiad nie będzie miał nic wspólnego z tamtymi wywiadami, które przeprowadzałyśmy z możnymi tej Ziemi. A tym bardziej nie pójdzie tropem Ukrytego sojusznika: *opowiadania, w którym Joseph Conrad, dzięki* alter ego *ukrywającemu się na jego statku, przetrząsa własną świadomość, starając się zrozumieć samego siebie. Moją rolą tym razem będzie najzwyczajniejsze zadawanie krótkich pytań, zachęcanie Pani do rozmowy. Zgoda?*

Zgoda, ale co do uściślania, to muszę wyjaśnić jeszcze dwie lub trzy sprawy. Pierwsza: nie znoszę wywiadów. Nigdy nie mogłam ich ścierpieć, poczynając od tych, które przeprowadzałyśmy z tak zwanymi możnymi-tej-Ziemi. Żeby był dobry, wywiad musi wniknąć, wejść w duszę bohatera. A to zawsze budziło moją niechęć. Zawsze postrzegałam to jako akt przemocy, okrucieństwa. Sprawa druga: wyjątkowo nie znosiłam wywiadów, które dziennikarze przeprowadzali ze mną, nierzadko manipulując moimi słowami, zniekształcając je tak, że traciły swój sens, dodając do spisanego tekstu pytania, których nie mieli śmiałości mi zadać, i co za tym idzie także odpowiedzi, których nigdy nie dałam, a później zasłaniali się świętą, lecz pokalaną zasadą Wolności Prasy. I rzeczywiście w pewnym momencie powiedziałam „dosyć", już wam się nie dam złapać. Zaprzestałam udzielania wywiadów i nawet wtedy, gdy ukazała się *Wściekłość i Duma*, nawet wtedy, gdy ukazała się *Siła Rozumu*, wystrzegałam się otwierania ust. Jak Pani wie, moje związki z dziennikarstwem zawsze były trudne. Śmiem twierdzić, że wręcz bolesne. Według mnie dziennikarstwo niemal nigdy nie odzwierciedlało platońskiej idei tego rzemiosła, nie było w stanie sprostać wyobrażeniu, które sobie wytworzyłam. I chociaż poświęciłam mu większą część życia, chociaż jemu zawdzięczam to, że żyłam w samym sercu Historii mojej epoki, czuję się bardziej sobą w samotności pisarza. Nieprzypadkowo najszczęśliwsze lata przeżyłam nie wtedy, kiedy kręciłam się po świecie i pisałam do gazet, lecz wtedy, kiedy przebywałam sama z sobą i pisałam powieści. Na przykład lub raczej przede wszystkim tę, którą musiałam przerwać Jedenastego Września.

A więc czemu zgodziła się Pani ze mną widzieć?

Ponieważ czuję na sobie oddech śmierci. Medycyna zawyrokowała: „Proszę Pani, nie może Pani wyzdrowieć. Nie wyzdrowieje Pani". Zgodnie z tym wyrokiem, mimo przeciwciał mojego umysłu, nie zostało mi dużo czasu. A jednak mam jeszcze wiele rzeczy do powiedzenia, wywiad zaś wydał mi się najkrótszą drogą, by wypowiedzieć przynajmniej niektóre.

A ta trzecia sprawa?

Już mówię. Propozycję, aby Fallaci przeprowadziła wywiad z Fallaci, słyszę od dziesięcioleci. Sto razy zwracano się z nią do mnie, sto razy. W każdym języku mi to mówiono, w każdym kraju. I zawsze odmawiałam z suchym: „Nie, dziękuję". Nie mam ukrytych sojuszników, którzy skrywaliby się na pokładzie mojego statku. Nie mam potrzeby przetrząsania własnej świadomości za ich pośrednictwem. Moja świadomość wyraźnie się uwidocznia w tym co piszę, czyli w poglądach, które wyrażam szczerze i otwarcie. Krótko mówiąc, nie lubię uciekać się do autoportretów. Nie lubię też wydawać mojej twarzy na łup fotografów, kamerzystów, ludzkiej ciekawości. Boli mnie, że robiłam to w przeszłości i zżymam się za każdym razem, kiedy widzę te przeklęte zdjęcia. Nawet jeśli znajdują się na odwrocie mojej książki. Dotarłam już do punktu, który nazywam Złotym Wiekiem Życia, czyli do tego, co słownik określa jako starość. Prowadzę życie bardzo odosobnione, bardzo surowe, czyli bardzo spartańskie, i bardzo się szczycę swoją prywatnością. Co prawda, gdy piszę, posługuję się odniesieniami o charakterze osobistym. Korzystam z nabytych doświadczeń, zdarzeń, w których brałam udział. A ten wywiad rozpoczął się od brutalnego ujawnienia choroby, której obecnie podporządkowana jest moja egzystencja. Ale – poza tym, że nigdy nie ukrywam prawdy o swojej chorobie, a dlaczego, wyjaśnię Pani później – opowiedziałam o niej, żeby wprowadzić zagadnienie, które mi doskwiera. I tym zagadnieniem nie jest Fallaci: to Włochy. Zachód, Europa i Włochy, które zapadły na chorobę cięższą od mojej. Ten wywiad będzie dotyczył polityki, moja droga. Rozumie Pani?

Rozumiem, chociaż od czasu do czasu nie będę trzymać się tej umowy w stu procentach. Bierzmy się zatem do pracy. Mam nadal używać formy grzecznościowej, czy przejdziemy na ty?

Formy grzecznościowej, jeśli łaska. Nie przepadam za uleganiem jakobińskim modom. A poza tym Pani należy do mojej przeszłości. Ja należę do czasu teraźniejszego. Wplątanie się w tę teraźniejszość byłoby wstrząsem, na który nie jest Pani gotowa. Od czego zaczniemy?

Od ośmiuset tysięcy egzemplarzy albo raczej od nie wiedzieć już którego wydania Pani książki Siła Rozumu, *w którym znalazła się nowa, długa dedykacja. Tym razem poświęcona nie tylko ludziom, którzy zginęli w Madrycie, lecz także zabitym Włochom, Amerykanom, Anglikom, Kanadyjczykom, Duńczykom, Francuzom, Polakom, Niemcom, Bułgarom, Japończykom, Rosjanom, Koreańczykom, Irakijczykom, krótko mówiąc, wszystkim ofiarom islamskiego terroryzmu. Jak również tym, którzy powodowani dobrą wiarą nie opłakują ofiar, tak jak powinni. Cóż: powiedziałabym, że to okrutna dedykacja. Bezlitosna i okrutna.*

Nie. Jest uzasadniona i potrzebna. Ponieważ wydarzyły się rzeczy haniebne na przestrzeni tych czterech miesięcy, czyli od dnia, w którym ukazała się *Siła Rozumu*. Dzień w dzień rzezie, porwania, egzekucje... A do tego okaleczenia i obcinanie głów. Rzeczy haniebne, na które jednak odpowiedzią jest nader często obojętność i zwykłe kłamstwa tych, którzy mówią o „irackim ruchu oporu". Zadedykowanie książki ofiarom Madrytu już nie wystarczało. I żałuję jedynie tego, że nie byłam wystarczająco twarda, że mój gniew złagodziłam refleksją. Nazbyt wielu jest tych, którzy milczą. Którzy myślą tak samo jak ja, ale boją się mówić to, co mówię ja. Którzy dla własnej korzyści albo z tchórzostwa udają Greka, udają, że nie widzą tego, co dostrzegam ja. Tak, że ich milczenie jest tym samym milczeniem, ich strach tym samym strachem, ich przebiegłość tą samą przebiegłością, z jakimi w latach dwudziestych, a potem w latach trzydziestych dwudziestego wieku ich dziadkowie powitali faszyzm, narodowy socjalizm i bolszewizm. Wyrwała mi się tak naturalnie jak kichnięcie, ta nowa dedykacja. I nie wzrusza mnie fakt, że pewni ludzie nazwą ją bezlitosną, okrutną. Jestem przyzwyczajona, że się mnie nie rozumie, przywykłam do procesów, do autodafe, do „Spalić-heretyczkę-spalić-ją". Wystarczy, że otworzę usta, a już napadają na mnie swoimi pożal się Boże artykułami, wielkimi tytułami, a wręcz Słowem Od Redakcji. Nawet gdy wygłaszam żartobliwy komentarz dotyczący splunięcia pewnego piłkarza. To dziś już moda. Ale ja nie przestanę mówić, póki starczy mi oddechu. Dla mnie liczy się, aby ten, kto mnie czyta, zaczął wyciągać wnioski i znalazł odwagę, której teraz nie ma. Odwagę zapłakania wraz ze mną i buntu.

Zapłakania? We Wściekłości i Dumie *napisała Pani, że nie potrafi płakać, od kiedy była Pani dziewczynką...*

Nie. Napisałam, że od tamtej pory nie płaczę łzami, nie płaczę na mokro, ale choć nie mam łez, płaczę więcej od tych, którzy mażą się jak beksy. To co innego. Mój Boże! W ostatnich miesiącach tyle płakałam, że mogłabym się odwodnić. Płakałam, kiedy okrutnicy, których szczwane lisy nazywają „partyzantami" albo „członkami ruchu oporu", poderżnęli gardło pacyfiście Nickowi Bergowi. I kiedy Nick Berg ryczał jak wół w ubojni, a oni urżnęli mu głowę nożem do uboju halal, urwali mu ją razem z rdzeniem kręgowym, a potem pokazali przed kamerą, ogromnie zadowoleni. Płakałam, kiedy zrobili to samo amerykańskiemu inżynierowi Paulowi Johnsonowi, a później sfotografowali go z odciętą i położoną na brzuchu głową. Płakałam, kiedy powtórzyli tę nikczemność z obywatelem Korei Południowej, Kimem Sunem, który błagał, aby go nie zabijali. Płakałam tak samo, jak płakałam wcześniej, gdy obcięli głowę Danielowi Pearlowi, mojemu koledze z „Wall Street Journal". Płakałam, jak ja płakałam, kiedy zamordowali Fabrizia Quattrocchiego ginącego ze słowami „Teraz ci pokażę, jak umiera Włoch". Płakałam także wtedy, gdy nasze tchórzliwe władze odmówiły mu państwowych uroczystości pogrzebowych, a także wystawienia zwłok na katafalku, który na Kapitolu przyznają nawet zmarłym aktorom komediowym. I wtedy, gdy nawet krewni trzech zakładników porwanych razem z nim nie przyszli, aby złożyć mu hołd w kaplicy, którą genueńskie klaryski udostępniły na czuwanie przy zmarłym. To samo było z politykami rzekomej Lewicy, ponieważ nie chodziło tu o człowieka Lewicy. I tym sposobem uroczystość pogrzebowa dostała się w łapy przenabożnych bonzów z drugiego obozu. Tych z tatuażami Mussoliniego na szyi. Potem płakałam, kiedy te same bestie obcięły głowę Georgijowi Lazowowi, bułgarskiemu zakładnikowi, którego bezgłowe ciało zostało odnalezione w Tygrysie, i nikt nie kiwnął nawet palcem. Tak jakby już się przyzwyczajono do pewnych rzeczy. A potem płakałam, kiedy Yunesowi Mohammedowi Alemu, zakładnikowi irackiemu, który prowadził pralnię w amerykańskiej bazie w Mosulu, odcięli dłonie i wyłupili oko, chociaż zainkasowali okup w wysokości dwudziestu tysięcy dolarów. Płakałam, tak jak płaczę za każdym razem, kiedy synowie Allacha zarzynają swoje ofiary albo dopuszczają się rzezi, w których giną ich dzieci i bracia. I tak, jak pragnęłam zapłakać, kiedy ci, których nazywam kolaborantami, czyli zdrajcy, chcieli przeszkodzić w naszym Święcie Republiki. Albo jak pragnęłam zapłakać, kiedy tak zwani Niepokorni ze skrajnej Lewicy wywrzaskiwali i wypisywali po murach w Rzymie „Dziesięć, sto, tysiąc razy Nassirija". Kryminaliści.

To dlatego trzyma Pani w oknie tę wielką trójkolorową flagę?

Także dlatego. Umieściłam ją w oknie tej nocy, gdy dowiedziałam się, że Fabrizio Quattrocchi został zabity. Co za noc, mój Boże. Tutaj, w Toskanii, było mroźno jak zimą. Lało jak z cebra, błyskało się, szalał wiatr, a ja byłam bardziej chora niż kiedykolwiek. Czułam okropny ból w płucach, w tchawicy i w przełyku, gdzie Obcy uwił sobie gniazdo. I nie mogłam nawet wstać z łóżka. Mogłam jedynie zacisnąć zęby, nic więcej. Ale gdy tylko usłyszałam, że Quattrocchi został zabity, podniosłam się. Wzięłam trójkolorową flagę, którą trzymałam w komodzie, powlokłam się do okna i przemoczona do suchej nitki, wystawiona na podmuchy wiatru, przypięłam ją do balkonu agrafkami. Nazajutrz rano zadzwoniłam do trzech przyjaciół, robotników z Państwowego Przedsiębiorstwa Energii Elektrycznej, i powiedziałam: „Chłopcy, potrzebna mi wasza pomoc, żeby porządnie przymocować trójkolorową flagę, którą przypięłam agrafkami, bo nie mam drzewca". Przyszli natychmiast. „Już się robi, Fallaci!" Jeden z nich przyniósł pręt. W tajemnicy przed żoną zabrał go z sypialni, gdzie służył za karnisz, i co chwila powtarzał: „Jak zauważy, gotowa się ze mną rozwieść!". Czułam się gorzej niż poprzedniej nocy. Wzmógł się ból, więc kiedy oni mocowali pręt i przytwierdzali flagę, nie obserwowałam ich. Ale kiedy skończyli, poszłam zobaczyć i poczułam wzruszenie. Proszę spojrzeć: czy nie jest piękna? Jeśli ktokolwiek ją ruszy, poślę mu kulkę w tyłek z dubeltówki. Ech! Chociaż moje Włochy to Włochy wyimaginowane, Włochy nieistniejące, które istniały być może jedynie podczas Risorgimento, biada, jeśli ktoś zrani moją patriotyczną dumę.

Ale u dołu trójkolorowej flagi widzę jeszcze dwie małe flagi amerykańskie.

Tak, moi państwo. Dwie małe flagi z wodoodpornego papieru, dwadzieścia centymetrów na piętnaście, które razem z dwiema flagami włoskimi kupiłam w Nowym Jorku, kiedy D'Alema przybył do Ameryki, aby spotkać się, ogromnie podekscytowany, z Billem Clintonem. Amerykańskie flagi wywiesiłam dwa miesiące później, czyli w dniu, gdy stało się wiadome, że żołnierze z Delta Force uwolnili trzech włoskich zakładników i Polaka. Wywiesiłam je i nadal trzymam, aby podziękować im, jak nakazuje dobre wychowanie. Poza Cupertino nikt tego publicznie nie uczynił. Nawet Berlusconi. Nawet prezydent Republiki. Obaj opowiadali nam, że całą zasługę należy przypisać włoskim Tajnym Służbom (a to coś, w co mocno powątpiewam), tymczasem mówiąc o natarciu na kryjówkę nigdy nie zająknęli się o Amerykanach. Zawsze mówili o „Siłach Koalicji", w ten sposób zmuszając nas, abyśmy wierzyli, że takowe Siły składają się z żołnierzy wielu narodowości. A więc także z Włochów i Polaków. Nieprzypadkowo przed zawieszeniem dwóch małych flag amerykańskich szukałam flagi polskiej i nie dołączyłam jej do trójkolorowej jedynie dlatego, że nie zdołałam jej znaleźć. Gorzej: wychodząc z samolotu, który przywiózł ich do ojczyzny, żaden z trzech uwolnionych zakładników nie podziękował Amerykanom. Dziękowali wszystkim. Także dziennikarzom. Bóg wie czemu. Ale Amerykanom nie. Zupełnie jak gdyby otrzymali precyzyjny rozkaz, tak samo jak szef Rady Ministrów i prezydent Republiki mówili wyłącznie o Siłach Koalicji. Jeszcze gorzej: po kilku dniach opowiedzieli, przytaczając słowa ludzi z Delta Force z chwili natarcia, że przed przecięciem łańcuchów ich wybawcy powiedzieli: „Don't worry, we are friends. Nie bójcie się, jesteśmy przyjaciółmi". Nie wierzę w to. Delta Force nie przedstawiają się, mówiąc: „We are friends, jesteśmy przyjaciółmi". Przedstawiają się, mówiąc: „We are Americans, jesteśmy Amerykanami". Tak nakazuje regulamin. I jeszcze, jeszcze gorzej: gdyby „Corriere della Sera" nie opublikował fotografii, na której widać Delta Force kruszących kleszczami kajdanki, dziś wątpiłoby się, czy nasi zakładnicy i Polak w ogóle zostali przez nich uwolnieni. Wierzyłoby się frazesowiczom, którzy przypisując sobie zasługę uwolnienia zachowują się tak, jak gdyby „amerykańscy-imperialiści" z czegoś ich okradali. Co mnie napełnia takim niesmakiem, że dwie małe flagi zostawię sobie na zawsze. Czy teraz mogę wrócić do kwestii płaczu?

Chwileczkę. Najpierw mam pytanie dotyczące Obcego, który, wedle Pani słów, uwił sobie gniazdo w Pani płucach, tchawicy i przełyku. Wiem, że za Obcego uważa Pani raka i choć nie sprawia mi przyjemności zachęcanie do drążenia tego tematu...

Nie, nie, o nim mówię zawsze. Otwarcie. Ze wszystkimi. Mówię o nim również po to, by przełamać tabu, z którego istnienia zdałam sobie sprawę, kiedy zaatakował mnie po raz pierwszy, a chirurg, który mnie operował, powiedział: „Dam Pani radę. Proszę o tym z nikim nie rozmawiać". Osłupiałam. I poczułam się tak dotknięta, że nie znalazłam sił, aby odpowiedzieć: „Co mi Pan tu za bzdury opowiada?!? Mieć raka to nie żadna hańba, to nie żaden wstyd! Nawet nie powód do zażenowania, gdyż nie chodzi tu o chorobę, którą można się zarazić". I tygodniami nieprzerwanie rozważałam te słowa, których nie rozumiałam. Zrozumiałam potem. Ponieważ gdy mówiłam, że mam raka, wielu patrzyło na mnie tak, jakbym cierpiała na dżumę opisaną przez Manzoniego w *Narzeczonych*. Albo jakbym już została pogrzebana za życia. Przerażeni, zaniepokojeni. Niemalże wrodzy. Niektórzy nawet przestali mi się kłaniać. Chcę przez to powiedzieć, że znikali, a jeśli ich szukałam, nie dawali się odnaleźć. I rzeczywiście wtedy ukułam określenie „Obcy". Dziś taka reakcja już się nie zdarza, zgoda. Ale proszę mieć się na baczności, bo z rzadka nazywają go jego prawdziwym imieniem. Gazety na przykład piszą: „nieuleczalna choroba". Gianni-i-Umberto-Agnelli-zmarli-na-nieuleczalną-chorobę. Jacqueline-Kennedy-zmarła-na-nieuleczalną-chorobę. Co utrwala tabu, a na domiar złego rodzi kłamstwo. Na Boga, nie jest prawdą, że raka nie można wyleczyć! Często udaje się go wyleczyć. A jeśli nie daje się go wyleczyć, to się z nim żyje. Ja z moim żyję około jedenastu lat. I dzięki przeciwciałom, które znajdują się w moim mózgu, mogłabym jeszcze trochę pożyć. Czy teraz mogę podjąć wątek ludzi, którzy nie płaczą i się nie buntują?

Jeszcze chwila, jeśli można. Dopiero co powiedziała Pani, że mówi o nim „również po to", by przełamać tabu. To uprawnia mnie do myślenia, że ma Pani także drugi powód. Co to takiego?

Wyperswadować tym, którzy mają raka, by nie szli moim śladem. To moja wina, że się po jedenastu latach przebudził. Tylko moja. Po Jedenastym

Września przestałam się leczyć. Chodzić do onkologów, robić sobie badania. Dyrektor Boston Hospital, szpitala sprawującego wówczas opiekę nade mną, przysłał mi list, w którym pisał: „Ms Fallaci, you are putting in jeopardy the reputation of my equipe. Naraża Pani reputację mojego zespołu". Ale ja nie miałam czasu, żeby jechać do Bostonu. Najpierw wielki artykuł, *Wściekłość i Duma,* i wrzawa, jaka się po nim rozpętała. Potem książka pod tym samym tytułem i wrzawa wybuchła ze zdwojoną siłą. Potem przekłady... Po opublikowaniu książki we Włoszech zabrałam się za tłumaczenie jej na język angielski i francuski, jak również za sprawdzanie, słowo po słowie, edycji hiszpańskiej. Nigdy nie ufam tłumaczom, między mną i nimi jest rodzaj zapiekłej wrogości, a na języki, które znam, wolę przekładać sama. Potem procesy sądowe we Francji, oskarżenia o rasizm religijny, o podżeganie do nienawiści, o ksenofobię. Później pierdoły antyglobalistów, którzy chcieli wtargnąć na Stare Miasto we Florencji i pokiereszować zabytki, a więc przyjechałam do Włoch, aby spróbować im przeszkodzić. Potem wojna w Iraku, do którego się wybierałam i w końcu nie pojechałam, ponieważ nie można wspiąć się na wóz opancerzony ani biec pod seriami z karabinów z ciałem, które odmawia posłuszeństwa. Przez ponad dwa lata te sprawy pochłaniały każdą chwilę mojego życia i kazały mi zapomnieć o Obcym, który pozostawał w uśpieniu. Boże, cóż za brak rozsądku. Istne samobójstwo. A jednak prawdziwe samobójstwo popełniłam, unikając lekarzy po to, aby pisać *Siłę Rozumu*. Nie bez przyczyny moja siostra Paola nienawidzi tej książki wręcz obsesyjnie i kiedy widzi jej egzemplarz, syczy: „Przeklęta. To ty jesteś wszystkiemu winna".

Proszę to wyjaśnić.

Cóż, nie miałam zamiaru pisać następnej książki o nas i o Islamie. Dręczyła mnie powracająca myśl o moim dziecku, czyli o porzuconej powieści, nękało mnie pragnienie, aby wydobyć ją z szuflady, zaś o nas i o Islamie chciałam napisać jedynie Postscriptum do *Wściekłości i Dumy*. Ale przeważyła chęć wypowiedzenia moich słów pełnym głosem, potrzeba pogłębienia pewnych zagadnień stała się sprawą obowiązku. I tak, ni z tego, ni z owego pojawiła się *Siła Rozumu*, a ja, kiedy piszę książkę, zachowuję się niczym kobieta w ciąży, która myśli jedynie o płodzie w swoim brzuchu, o niczym więcej. Liczy się tylko on. Zauważyłam, owszem, że Obcy się przebudził. Pisałam i kaszlałam, pisałam i kaszlałam. Suchy, niedobry kaszel, podobny do tego, który w kilka miesięcy zabrał z tego świata mojego ojca chorującego na raka płuc. Ale zamiast udać się czym prędzej do Bostonu albo poszukać lekarza w Nowym Jorku, nadal pracowałam. Jeśli pojadę, a lekarz potwierdzi, że on się obudził, rozumowałam, podda mnie operacji. A jeśli podda mnie operacji, przerwę swoją ciążę. Poronię. Znalazłam się zatem w sytuacji kobiety, która musi wybrać pomiędzy własnym życiem a życiem swojego dziecka. I wybrałam życie dziecka. Jednak zachowując optymizm. Tak jak zwykłam czynić na wojnie, na przykład w Wietnamie, kiedy decydowałam się iść śladem walczących oddziałów i wiedziałam, że mogę zginąć, ale, jakby to był jakiś zakład, obstawiałam, że jednak nie zginę. Mówiłam sobie: udało-mi--się-poprzednio-i-uda-mi-się-tym-razem. No cóż, przegrałam zakład. Kiedy w marcu przyjechałam do Włoch, żeby oddać do druku *Siłę Rozumu*, chirurg z Mediolanu powiedział mi: „Za późno na operację". I odesłał mnie do onkologa, który przepisuje chemię. Tyle że w moim przypadku nie przynosi ona efektów. Ale teraz proszę pozwolić mi wrócić do poprzedniego wątku. Zależy mi na tym, ponieważ mój płacz bez łez dotyczy innego raka. Raka o wiele bardziej tragicznego, o wiele bardziej nieuleczalnego niż mój. Raka, którego nie mogą pokonać operacje, chemioterapie, radioterapie. To rak nowego hitleryzmu, nowego bolszewizmu, nowego kolaboracjonizmu żywionego fałszywym pacyfizmem, fałszywą czułostkowością, ignorancją, obojętnością, marazmem tych, którzy nie wyciągają wniosków albo się boją. To rak, który toczy Zachód, Europę, a w szczególności Włochy. Rak, z którego powodu cierpię znacznie bardziej niż przez swoją chorobę. Cierpię tak bardzo, że chwilami nie wiem, czy męczarnię powoduje ból ciała, czy też duszy. Zdałam sobie z tego sprawę podczas innej nocy z piekła rodem. Podczas sabatu diabłów, wiedźm, widziadeł, które wiodły swoje wyuzdane tany w deszczu, a tańcząc przeszywały mi serce. Śmiały mi się w twarz, szydziły ze mnie. Krótko mówiąc, było to tej nocy, gdy dowiedziałam się o niegodziwościach z Abu Graib.

Właśnie do tego zmierzałam.

Nie wątpię. I to mi się nie podoba. Ponieważ prasa i telewizja długo odcinały kupony z Abu Graib. Nie mijał dzień, aby nie wtykali kija w mrowisko. A żeby sobie to ułatwić, bagatelizowali ślady niegodziwości popełnionych po drugiej stronie. I tu muszę zaznaczyć, że nie pozwolę, aby ktokolwiek dawał mi lekcje właściwego zachowania. Ja sama udzielałam takich lekcji przez całe życie. Poprzez moje książki, poprzez moją korespondencję wojenną, poprzez moje codzienne postępowanie. Zostałam dobrze wychowana, nie tak jak hipokryci, którzy odgrywają rolę moralistów wyłącznie wobec jednego obozu. Miałam czternaście – piętnaście lat, kiedy na ulicy Ponte alle Mosse we Florencji zobaczyłam, jak moja matka okłada pewną łajdaczkę znęcającą się nad niemieckimi jeńcami. Jeńcami w łańcuchach, stłoczonymi w otwartej ciężarówce. Ciężarówka stanęła przy chodniku, a łajdaczka, poza wszystkim innym żona pewnego byłego faszystowskiego sekretarza (coś, co wiele mówi o Włochach, którzy palą Panu Bogu świeczkę, a diabłu ogarek), zaczęła wymierzać im razy i policzki. No cóż, nie potrafię sobie wyobrazić kobiety, która w tamtym czasie żywiłaby większą nienawiść do Niemców niż moja matka. Ona, która jeszcze dzień wcześniej działała w Ruchu Oporu: pamięta Pani? I nie potrafię sobie wyobrazić osoby lepiej wychowanej, a więc mniej skłonnej do przemocy, niż moja matka. A jednak gdy zobaczyła, że nikt nie reaguje, sama jedna rzuciła się na tę kobietę jak rozwścieczony kocur. Schwyciła ją za szyję i zaczęła bić z dziką furią. Po twarzy, po głowie, po brzuchu. A bijąc ją, krzyczała: „Nędznica, hiena, łajdaczka! Nie rusza się człowieka w łańcuchach! Człowiek w łańcuchach to świętość, nawet jeśli jest takim nędznikiem jak ty!". Nigdy tego nie zapomniałam. Nigdy. I rzeczywiście, w nocy, gdy wiedźmy i diabły, i widziadła wiodły w deszczu swoje wyuzdane tany, szydziły ze mnie, cierpiałam tak samo, jak cierpiałam z powodu zabójstwa Quattrocchiego, a o tych amerykańskich żołnierzach myślałam rzeczy, o jakich zawodowym wrogom Ameryki nawet się nie śniło. To samo o panu Rumsfeldzie, który na pewno o wszystkim wiedział. Poczułam się zdradzona, znieważona, oszukana. Poczułam się jak żona, która nakryła męża w łóżku z inną kobietą, i chciałam się rozwieść. Chciałam porzucić swój dom w Nowym Jorku i oddać Rumsfeldowi moją Permanent Resident Card. I gdybym spotkała tę nędznicę, która przebrana za żołnierza robiła sobie zdjęcia trzymając na smyczy irackiego więźnia, pobiłabym ją tak, jak moja matka pobiła żonę byłego faszystowskiego sekretarza. Udusiłabym ją gołymi rękami.

Bez przeprowadzenia wywiadu, bez zapytania jej o powody?

Oczywiście. I nie zastanawiając się, czy ten więzień był zbirem Saddama Husajna. Czy truł gazem Kurdów, czy torturował i zabijał swoich rodaków. Czy jeszcze w przeddzień swojego uwięzienia zabawiał się okaleczaniem trupów Marines, obcinaniem im nóg, rąk i genitaliów, aby wystawiać je na pokaz rozradowanemu motłochowi. I nie tłumacząc sobie, że wydarzenia jak te z Abu Graib zdarzały się od zawsze. W każdej armii, w każdym społeczeństwie, w każdym momencie dziejowym. Aby nie szukać daleko, proszę pomyśleć o muzułmanach, którzy w Libanie krzyżowali maronickich chrześcijan. Robili to, zwróćmy uwagę, po odcięciu im kończyn i wyłupieniu oczu. Proszę pomyśleć o wstrząsających torturach, którym Wietnamczycy z Północy poddawali w obozach jenieckich schwytanych Amerykanów. Proszę pomyśleć o Wietkongu, który siekał na kawałki noworodki katolickich Montagnardów, a potem wrzucał do chaty naczelnika wioski. Proszę pomyśleć o Czerwonych Khmerach, którzy w Kambodży zabijali policjantów miażdżąc ich ciała kołami jeepów. I o tym, że naszego kolegę Seana Flynna, syna Errola Flynna, zamordowali w taki oto sposób: przywiązali go do drzewa, żywego rozpruli od szyi aż do pachwin, wyrwali mu wątrobę i... Nawet bez wątroby Sean umierał długo. O tej historii hipokryci, którzy odgrywają rolę moralistów wobec jednego tylko obozu, mówili bardzo mało albo zgoła nic. O, tak: tę nędznicę zabiłabym gołymi rękami nie szukając dla niej usprawiedliwień. I nie przypominając samej sobie, że my wstydzimy się naszych występków. Synowie Allacha nie. My sądzimy nasze występki, karzemy je. Synowie Allacha nie[1]. Ale później, dzień po dniu, zaczęłam zastanawiać się nad rzeczami, o których powiedziałam wcześniej. Czyli nad potwornościami, jakich dopuścili się muzułmanie w Libanie, Wietkong i Wietnamczycy z Północy w Wietnamie, Czerwoni Khmerzy w Kambodży, i doszłam do wniosku, że niezależnie od rasy, religii czy przekonań politycznych istoty ludzkie

---

[1] ***Nota od Autorki.*** 21 października 2004 roku trzech żołnierzy oskarżonych o nadużycia fizyczne i seksualne w więzieniu Abu Graib stanęło przed Sądem Wojennym Stanów Zjednoczonych. Trzydziestoośmioletni sierżant Ivan „Chip" Frederick, czyli ten, który został oskarżony o zmuszanie więźnia do masturbacji, a innego o balansowanie na stołku z kończynami oplątanymi przewodem elektrycznym i głową zakrytą kapturem, otrzymał najsurowszy wyrok: osiem lat więzienia. Jakkolwiek przyznał się do winy i poprosił o wybaczenie, został także zdegradowany i wydalony z Korpusu Marines. Co do pozostałych dwóch, szeregowiec Jeremy Sivitz po przyznaniu się do winy został skazany na rok więzienia. Żołnierz wywiadu wojskowego Armin Cruz, także po przyznaniu się do winy, na osiem miesięcy. Również dwudziestojednoletnia żołnierz Lyndie England (ta od Irakijczyka trzymanego na smyczy, odpowiadająca z wolnej stopy, gdyż była w ciąży, a potem w połogu) została postawiona przed Sądem Wojennym i zostanie osądzona 17 stycznia 2005 roku. Zaraz potem zostaną osądzeni pozostali czterej żołnierze. Prokurator wojskowy Michael Holley określił ich jako „zepsute jednostki, mogące w pełni posługiwać się rozumem i wolą, a więc odróżniać Dobro od Zła".

zdolne są do wszystkiego. Przewrotność płynie w ich żyłach jak krew, okrucieństwo stanowi część ich natury. A zatem porzucając swój dom w Nowym Jorku, oddając Permanent Resident Card, nie tylko byłabym niesprawiedliwa wobec Amerykanów, którzy przecież czuli się jeszcze bardziej zdradzeni, znieważeni i oszukani ode mnie: byłaby to woda na młyn hipokrytów, którzy ośmielają się porównywać obciętą głowę z głową w kapturze czy fotografię Irakijczyka na smyczy z nagranym na wideo Nickiem Bergiem ściętym w imię Allacha. A teraz ja zadam dwa czy trzy pytania. Dlaczego gazety w przypadku ścięcia Nicka Berga były takie ostrożne? Dlaczego na czterech dziennikarzy, którzy opublikowali czy przesłali fotografię z obciętą, oderwaną głową, pewien ich kolega złożył doniesienie do prokuratury, i dlaczego zagrożono im sankcjami dyscyplinarnymi? Dlaczego morderstwu na zakładnikach prasa i telewizja nie poświęciły tyle samo miejsca, nie nadały mu takiej samej rangi, co nikczemnościom popełnionym w Abu Graib?

Mnie proszę o to nie pytać. Ja myślę tak samo jak Pani i jestem tu tylko po to, aby zachęcić Panią do mówienia, pamięta Pani?

Poświęciły miejsce, przyznały tę rangę Nickowi Bergowi. Zapewne dlatego, że był pierwszy. Paulowi Johnsonowi i Kimowi Sunowi dały miejsca o wiele mniej. A Georgijowi Lazowowi prawie nic. Chryste! Nikt nie może zaprzeczyć, że w Europie, zwłaszcza we Włoszech, Zło jest odmierzane dwiema miarami. Nikt nie może zaprzeczyć, że dla nieprzyjaciół Zachodu nasze media zawsze wynajdą jakieś usprawiedliwienie. Nikt nie może zaprzeczyć, że islamskim niegodziwościom zawsze towarzyszy bądź jakieś milczenie, bądź jakieś *ale*, jakieś *jednak*. A odpowiedzią na moje pytanie jest właśnie nieuleczalny rak nowego hitleryzmu, nowego bolszewizmu, nowego kolaboracjonizmu. Zwłaszcza kolaboracjonizmu tych, którzy wrzeszczą albo wypisują na murach „Dziesięć-sto-tysiąc-razy-Nassirija". Którzy na stronach internetowych żądają „Dziesięciu Euro na Iracki Ruch Oporu". Którzy podczas swoich pochodów podpalają samochody i rozbijają szyby w McDonaldach. Którzy na swoich zgromadzeniach nazywają Busha zbrodniarzem, katem, mordercą zasługującym na sąd Trybunału Haskiego. Jest to kolaboracjonizm owej Lewicy, która zastąpiła flagi czerwone flagami w barwach tęczy. I która wymachuje tęczowymi flagami zawsze w obronie Islamu. Jest to, wreszcie, kolaboracjonizm tych, którzy się w dobrej wierze przyłączają. Albo zasłaniają sobie oczy, uszy, usta i milczą z tchórzostwa.

Określenie „dobra-wiara" ma tu istotne znaczenie. Zresztą, chętnie powtórzę, że również ludziom dobrej wiary dedykowała Pani nowe wydanie Siły Rozumu.

Uczyniłam to w nadziei, że odzyskają przytomność umysłu. A wraz z przytomnością odrobinę rozsądku i nieco godności. Ponieważ dobra wiara nie wystarczy, aby zmazać winę. Ani strach. W latach trzydziestych dwudziestego wieku, latach, w których rak faszyzmu i nazizmu zaatakował Włochy i Niemcy, wielu kolaborowało w dobrej wierze. Wśród nieprzebranych tłumów wypełniających po brzegi plac Wenecki i Alexanderplatz nie znajdowali się jedynie najwierniejsi, bojówkarze. Byli tam także naiwni i ogłupiali, którzy wierzyli, że manna spada im z nieba. Albo pozbawione godności beczące owce: „Mam-rodzinę-na-utrzymaniu". Bez nich Hitler i Mussolini nie dopięliby swego. A inna rzecz, że ci dwaj najwięcej zyskali dzięki słabości demokracji, dzięki ślepocie albo głupocie polityków, dzięki cynizmowi rządów europejskich. We Włoszech Czarne Koszule brały się do bicia, wprowadzały dyktaturę, a Europa siedziała cicho. W Niemczech Brunatne Koszule i SS czyniły to samo, a Europa siedziała cicho. W Rzymie Mussolini jazgotał swoje idiotyzmy i swoje groźby przeciwko plutokratycznym-demokracjom, a Europa siedziała cicho. W Berlinie Hitler tworzył Trybunały Specjalne, uchwalał ustawy rasowe, zakładał obozy w Dachau i Auschwitz, realizował swoje ekspansjonistyczne marzenia, wyciągając rękę po Polskę, a Europa siedziała cicho. Albo pobłażała. Zresztą milczał także Watykan. Milczał także Pius XII ze swoimi monarszymi pozami. Nieprzypadkowo w owych latach Kościół Katolicki pobłogosławił więcej sztandarów niż ja wypaliłam papierosów w całym swoim życiu. I tak przyszedł 1938, czyli rok, w którym Hitler zagarnął Austrię i świętował Pakt Monachijski. A w owym roku Europa zrobiła coś gorszego, niż gdyby siedziała cicho: Anglia wysłała do niego Chamberlaina, Francja wysłała Daladiera. Obaj narobili w portki ze strachu i... Czy ktokolwiek jeszcze o tym pamięta?

Proszę nie być niesprawiedliwą... Na ten temat fundacja Magna Carta poprowadziła nawet kongres wraz z dziennikiem „Riformista".

Tak, a marszałek Senatu Marcello Pera powiedział, że nad Unią Europejską unosi się, a nawet wieje Duch Monachijski. Duch roku 1938, duch kapitulacji, duch (to dodaję ja) cierpiętnictwa i tchórzostwa. Pera powiedział, że wieje on wtedy, kiedy Europa idzie po pokój, nie zastanawiając się, ile ów pokój kosztuje i komu przyjdzie za niego zapłacić. Albo kiedy Europa atakuje Amerykę, odwraca się od Izraela i (to dodaję ja) usprawiedliwia kamikadze. Albo kiedy, przeciwnie niż Ameryka, nie przyjmuje odpowiedzialności za obronę Zachodu i (to dodaję ja) wydaje go nieprzyjacielowi. Albo kiedy się oburza, choć poniekąd słusznie, podłościami niektórych Marines w Iraku i bagatelizuje nikczemności Saddama Husajna i islamskich terrorystów, albo wręcz o nich zapomina. Albo kiedy wierzy bądź też udaje, że wierzy, iż Rada Bezpieczeństwa ONZ to rodzaj globalnego i demokratycznego rządu, Zgromadzenie Ogólne ONZ to rodzaj globalnego i demokratycznego parlamentu, a nie instytucje, które dziś są już nie na miejscu. Są wytworem i symbolem (to dodaję ja) oszustwa, które nie ma już racji bytu. Na owym kongresie Pera powiedział też o powodach lub raczej niektórych powodach, dla jakich tenże duch wieje. Powiedział, że w relacjach z Islamem Europa przypisuje sobie winy albo wręcz obarcza się winami, których nie ponosi. Winami, za które ma nadzieję odpokutować, przyjmując na siebie ataki reakcyjnego terroryzmu zrodzonego z potrzeby historycznego rewanżu. Pera powiedział, że Europa traktuje pokój, w którego cieple wygrzewa się od sześćdziesięciu lat (a dodajmy, że na straży tego pokoju stoi Ameryka), jak swoje najświętsze i niezbywalne prawo, a nie łut szczęścia, którego, jeśli zajdzie taka potrzeba, trzeba będzie bronić siłą. A w konsekwencji (to dodaję ja) Eurabia stworzyła sobie bajeczkę wielokulturowego pacyfizmu, zastąpiła określenie „lepszy" przez „odmienny-różnorodny", zaczęła jazgotać, że nie istnieją lepsze kultury. Nie istnieją lepsze zasady i wartości, są tylko odmienności i różnice postaw. To uczyniło i wciąż czyni przestępców z tych, którzy wyrażają sądy, wskazują zasługi i przewinienia, odróżniają Dobro od Zła, Zło zaś nazywają jego właściwym imieniem. Wreszcie Pera powiedział to, co od trzech lat ja powtarzam na próżno. Że Europa żyje w strachu i że terroryzm islamski ma swój precyzyjnie wyznaczony cel: zniszczyć Zachód, czyli przekreślić nasze zasady, nasze wartości, nasze tradycje, naszą kulturę. Ale tak samo jak w moim przypadku, jego słowa padły na jałową ziemię.

Dlaczego?

Dlatego, że nikt lub prawie nikt ich nie podchwycił. Dlatego, że także z jego powodu wasale ogłupiałej Prawicy i kłamliwej Lewicy, intelektualiści, prasa i stacje telewizyjne, czyli tyrani Politycznej Poprawności, zawiązali Zmowę Milczenia. Uczynili z tego tematu tabu. I dlatego, że od trzydziestu lat, czyli od czasu, gdy EWG sprzedała nas Islamowi, a w zamian za ropę naftową państwa muzułmańskie wcisnęły nam swoich imigrantów, nikt nie zna już Historii. Albo zna ją w wersji sfałszowanej, okaleczonej, wypaczonej przez łobuzów, o których przy okazji rzekomego Dialogu Europejsko-Arabskiego mówię w *Sile Rozumu*. W rezultacie nikt już nie wie, czym były nasze Krucjaty, czym był ekspansjonizm i kolonializm osmański albo okrucieństwo janczarów, nikt już nie wie, czym był rok 1938. Czym był Pakt Monachijski, co należy rozumieć przez Ducha Monachijskiego.

A co należy rozumieć?

No cóż, należy przez to rozumieć rezygnację ze stawienia czoła kolejnemu Hitlerowi, który nas zniszczy, rezygnację z powstrzymania go. Należy przez to rozumieć tchórzliwą odpowiedź na owego Hitlera – współudziałem albo uległością. Należy rozumieć lęk przed przeciwstawieniem się, przed obroną, przed walką. (Dopóki nie obudzi nas kolejny Churchill, któremu dostanie się za swoje, bo oskarżą go o podżeganie do wojny... Wie Pani, nieprawdaż, że kiedy Chruchill zaatakował hitlerowskie Niemcy swoim wywodem w *Step by Step*, laburzyści okrzyknęli go podżegaczem wojennym?) Ignorując owe oczywistości, większość ludzi nie rozumie, na czym polega podobieństwo pomiędzy dniem wczorajszym a dniem dzisiejszym. Pomiędzy wczorajszym hitleryzmem a tak zwanym integryzmem islamskim dnia dzisiejszego, czyli dzisiejszym naziislamizmem. Do licha! Czasami zadaję sobie pytanie, czy nie należy im właściwie zazdrościć. Ponieważ mnie to podobieństwo spędza sen z powiek. To podobieństwo sprawia mi ból. Ból, który nie pozwala mi rozpoznać, czy pochodzi z ciała, czy z duszy, czy jego sprawcą jest mój Obcy, czy rak Eurabii na nowo sprzedanej przez Chamberlainów i Daladierów. Przez tęczowych, którzy swym pacyfizmem umacniają wroga, przez nędzników, którzy swoją czułostkowością pomagają im narzucać nam Koran. I rozwścieczona krzyczę: „Ileż jeszcze oleju rycynowego będziemy musieli przełknąć, zanim zdamy sobie sprawę, że Eurabia, czyli Unia Europejska, to Europa z roku 1938?". Och, chociaż byłam wtedy zaledwie dziewięcioletnią dziewczynką, pamiętam dobrze rok 1938. Pamiętam dobrze pewien wieczór pod koniec września, kiedy tata wrócił zadyszany do domu. „Ten niespełna rozumu Chamberlain i ten zdrajca Daladier sprzedali Kraj Sudecki Hitlerowi!" A kiedy zapytałam go, kim są mieszkańcy tego Kraju Sudeckiego, odparł: „Narodem, który właśnie kończy tak, jak niebawem skończymy my". Pamiętam także pewien grudniowy wieczór, kiedy zaczął rozmawiać z mamą o jakiejś Nocy Kryształowej. Co mnie bardzo zbiło z tropu, bo dla mnie kryształy oznaczały luksusowe kieliszki i nie rozumiałam, dlaczego poza zabraniem sobie Kraju Sudeckiego naziści zabrali się za tłuczenie kieliszków. Ale potem tata mi wyjaśnił, że oni wcale nie zabrali się za tłuczenie kieliszków. Wzięli się za rozbijanie szyb w sklepach należących do Żydów, za bicie Żydów, za palenie ich książek, za wtrącanie ich do więzień. Poczułam, jak uginają się pode mną nogi. Elena Rubicek, moja szkolna nauczycielka, była Żydówką. A jeśli ją także wtrącili do więzienia? Cóż, później została aresztowana naprawdę. W roku 1944 przez faszystowskich republikanów. Razem ze swoją osiemdziesięcioletnią matką. I obydwie skończyły w Dachau. W piecu krematorium.

Pamięta Pani także wizytę Hitlera we Florencji? Miała miejsce właśnie w roku 1938.

Czy pamiętam! Był maj, upał jak na w połowie sierpnia, a ciotka Febe zabrała mnie do miasta na lody. Właśnie tam, na plac Santissima Annunziata. Na jeden z placów, przez które miał przejść pochód. I nagle w oślepiającym słońcu pojawił się czarny samochód z dwiema stojącymi postaciami. Ten gruby przypominał karnawałowego przebierańca. Na głowie miał wielki hełm z białym pióropuszem, a na brzuchu mnóstwo medali. To był

Mussolini. Drugi był człowieczkiem z dziwacznymi czarnymi wąsikami. I w przeciwieństwie do Mussoliniego, który spod piór patrzył posępnie i krzywo, uśmiechał się nader dobrodusznie. To mnie bardzo uspokoiło, szczególnie z powodu Eleny Rubicek, mojej szkolnej nauczycielki, więc wbiegając do domu wykrzyknęłam wielce zadowolona: „Mamo! Widziałam Hitlera! Wydaje się bardzo miły!". Ale mama spiorunowała mnie wzrokiem i celując we mnie warząchwią powiedziała: „Kretynka, idiotka. Już cię nigdzie więcej nie puszczę z ciotką Febe!". Uderzył mnie także fakt, że na placu Santissima Annunziata było wiele osób, które wołały żarliwie, szalejąc z radości: „Duce, Duce! Führer, Führer!". Zresztą całe miasto wesoło brało udział w święcie. Florentyńska arystokracja zaprosiła na kolację człowieczka z dziwacznymi czarnymi wąsikami, po kolacji markizy, hrabiny i baronowe odkurzyły swoje klejnoty i pospieszyły do Teatru Miejskiego, gdzie odbywał się koncert na jego cześć, a w jego obecności kłaniały się nisko jak służące. Składały mu głębokie ukłony. „Mein Führer, mein Führer". Ech! Niedaleko pada jabłko od jabłoni. Były to babki albo prababki markiz, hrabin i baronowych, które dzisiaj powiewają tęczowymi flagami, popisują się antyamerykanizmem, głosują co najmniej na Demokratów Lewicy, ponieważ głosowanie na Lewicę jest bardzo w modzie, i chodzą do Tepidarium. Do supereleganckiej dziewiętnastowiecznej oranżerii, w której komuniści-miliarderzy wydają przyjęcia ślubne. Jakiś czas temu podczas przyjęcia zamiast cukierków rozdawano zaświadczenia o wstąpieniu do Emergency, organizacji, która uważa się za okradzioną przez Delta Force.

A jednak takich ludzi znajdziemy też na Prawicy.

Jakiej tam znowu Prawicy. Żeby utrzymać się w siodle, dziś trzeba być z Lewicy. I nie tylko dlatego, że opłaca się to finansowo i politycznie, nie tylko dlatego, że zapewnia ci posadę i gwarantuje władzę, ale dlatego, że jest to modne. Tak, moi państwo, dzisiaj jest w modzie być człowiekiem Lewicy. To taka sama moda jak na krótkie spódniczki albo na długie spódnice, na jeżdżenie do Cortiny bądź nie. To konformizm, konwencja. Zwłaszcza w świecie bankierów, potentatów i rzekomych intelektualistów, którzy odwiedzają takie miejsca, jak Tepidarium. Dziennikarzy, dziennikarek i redaktorów naczelnych, którzy odgrywając filoislamizm i antyamerykanizm, pobierają pensje przyprawiające o zawrót głowy. Projektantów mody, którzy sprzedając swoje szmatki za pięćdziesiąt tysięcy euro od sztuki, kupują sobie wiekowe pałace i całe piętra u Bloomingdale'a. W świecie Confindustrii, czyli Związku Przemysłowców Włoskich, który całuje się z języczkiem z Włoską Powszechną Konfederacją Pracy, czyli, krótko mówiąc, tej siły, która w Ameryce nazywa się „the Caviar Left". Kawiorowa Lewica. Do diabła! Nic już z tego nie rozumiem. Kiedy byłam dzieckiem, komuniści pragnęli, aby bogacze wstydzili się, że są bogaci. Utrzymywali, że wszelka własność jest kradzieżą. Dziś, jeśli nie jesteś bogaty, plują na ciebie. A często są zamożniejsi od niegdysiejszych krezusów. Kochają luksus, a mówią, że oburzają ich zbytki. Opisałam to zresztą w *Sile Rozumu*: dzisiaj Prawica i Lewica to dwa profile tej samej twarzy. Kiedy mówię o Prawicy i Lewicy, nie mam na myśli dwóch bytów przeciwstawnych i wrogich, jednego jako symbolu zacofania, drugiego jako symbolu postępu: mam na myśli dwa ugrupowania, które niczym dwie drużyny futbolowe w zmaganiach o puchar gonią za piłką Władzy i które z tego tylko powodu wydają się istotnie bytami przeciwstawnymi i wrogimi. Jednak jeśli przyjrzysz się dobrze, zauważysz, że mimo różnych kolorów spodenek i koszulek są jednorodną masą: jedną drużyną, która walczy sama z sobą. Prawica odpychająca, Prawica reakcyjna i nierozgarnięta, feudalna, nie istnieje już na Zachodzie. Albo raczej istnieje jedynie w Islamie. Jest Islamem.

A jak zareagowały te dwie drużyny futbolowe na drugą książkę o nas i o Islamie?

Jeśli pominąć piłkarzy Ligi, zachwyconych, że występuję przeciwko prawu do głosowania dla imigrantów, wszyscy zachowują zmowę milczenia: dokładnie tak. Zwłaszcza napastnicy w czerwonych koszulkach i spodenkach otrzymali kategoryczny rozkaz z Minculpop[2]: „Nie zabierać głosu. Ignorować ją, tak jak się ignoruje stukniętą staruszkę, już bezwolną i niezdolną do kojarzenia faktów". Albo: „Najwyżej mówić: ja-tego-nie-czytałem-i-nie-zamierzam-czytać". (To ich ulubione powiedzonko.) Dlatego tym razem obyło się bez zniewag, potwarzy, napisów „Fuck-you-Fallaci". Boże, co za ulga. I co za przysługa. Ponieważ dzięki temu Włosi uniknęli zwyczajowego prania mózgów, a książka odniosła wielki sukces. Sukces nawet bardziej błyskawiczny niż *Wściekłość i Duma*. Tamtej trzeba było około roku, aby osiągnęła milion egzemplarzy. Natomiast *Siła Rozumu* doszła do ośmiuset tysięcy egzemplarzy w niecałe cztery miesiące. Co oznacza, że milion tym razem osiągniemy jeszcze prędzej. Ponadto jestem prawie

---

[2] Aluzja do Ministero di Cultura Popolare; jednego z ministerstw faszystowskich Włoch (przyp. tłum.).

zawsze pierwsza na liście bestsellerów. „Prawie", bo w jednym tygodniu wyprzedziła mnie książka Papieża Wojtyły. Ale minął ów tydzień i wróciłam na pierwsze miejsce.

Gratuluję. Pani, nie Papieżowi. A przy okazji, jestem ciekawa, kim są czytelnicy tej książki, która na pozór wydaje się dość trudna.

To ci, co zawsze. W ogromnej większości tacy, których katoni z Caviar Left, Kawiorowej Lewicy, nazywają z odcieniem wzgardy „ludźmi-z--ludu". Przed kilkoma dniami tutaj, w Toskanii, powiedziałam sobie: „Koniec z leżeniem w łóżku w roli obłożnie chorej. Chcę wstać, wyjść z domu". Potem się podniosłam, zawołałam swoją siostrę Paolę i kazałam się zaprowadzić do warzywniaka, żeby kupić hiszpańską fasolę. Wie Pani, tę, którą gotuje się przez całą wieczność, ale potem jest bardziej smakowita od befsztyku. „Proszę mi dać kilogram". Sprawiałam mizerne wrażenie, udręczona powrotem Obcego, i uważałam, a nawet żywiłam nadzieję, że sprzedawca mnie nie rozpozna. Tymczasem ten zacny człowiek zaraz się zorientował: „Do pioruna, toż to Fallaci! Kochana Fallaci, czytałem Pani nową książkę i dam Pani tej fasoli nie tylko kilogram, ale półtora! Za darmo". Słysząc jego słowa, inni klienci także mnie rozpoznali i zaczęli obejmować. „Dziękuję, kochana, dziękuję! Co ja bym dał, żeby mieć przy sobie egzemplarz, żeby mi go Pani podpisała!" Ze sklepu z fasolą poszłam na stację benzynową, gdzie oprócz paliwa sprzedaje się też prasę. Właściciel jest dawnym komunistą, a „Unità" nie chce dotykać nawet jednym palcem. Żeby umieścić tę gazetę na półce, używa samych nadgarstków, a jeśli chcesz ją kupić, mówi ci: „Niech się Pani obsłuży sama". Poprosiłam go o dzienniki, a kiedy przyszło do płacenia, zauważyłam, że nie mam dosyć drobnych. Brakowało ośmiu centów. Ale on także mnie rozpoznał: „Och, to Pani! Moja żona czytała Pani książkę. Mówi, że Orianie należałoby postawić pomnik. Nie chcę żadnych drobniaków. A dzienniki też daję Pani w prezencie". I tak oto znowu dostałam wszystko za darmo. Ze stacji poszłam kupić siatkę, żeby ogrodzić kurnik, do którego ciągle zakrada się lis. I sprzedawczyni mnie nie poznała. Ale kiedy Paola wymówiła imię „Oriana", zrobiło się straszne poruszenie. „Oriana? Po nocach czytam Pani książkę i nie mogę się od niej oderwać. Ale czy Pani jest naprawdę tą Orianą, czy inną Orianą, która się po prostu tak samo nazywa?" Tyle tylko, że za ogrodzenie do kurnika kazała mi zapłacić, i to słono. A co do listów, które do mnie przychodzą...

Od kogo?

Od bardzo różnych osób, także od tych, których katoni nazywają „ludźmi-z-ludu". Od ludzi, którzy poza wszystkim bez zarzutu posługują się w piśmie językiem włoskim. Którzy w przeciwieństwie do wielu polityków i niektórych dziennikarzy, jak również pewnych prezenterów telewizyjnych, doskonale znają następstwo czasów i nigdy nie mylą się przy używaniu trybów. Proszę spojrzeć, ten list przyszedł od młodej kobiety, która w swej dobroci uważa mnie za kogoś w rodzaju Matki Ojczyzny. Proszę posłuchać fragmentu z zakończenia: „Nie jestem wykształcona. Nie znam się na polityce. Dopiero gdy przeczytałam Pani książkę, otworzyły mi się oczy na ten świat, który budzi we mnie grozę. A jednak wierzę, że nasze zachodnie wartości, czyli wartości z Dziesięciorga Przykazań, są słuszne. I zadaję sobie pytanie: czy musimy czekać z założonymi rękami, aż pochłonie nas Potwór? Czy nie jest przypadkiem prawdą, że istnieje potwór bardziej przerażający od biblijnej Bestii i że właśnie jemu pozwalamy się pożreć z założonymi rękami?". A teraz proszę posłuchać drugiego. Napisał go trzydziestoczteroletni kierowca ciężarówki z Bolonii, żonaty, ojciec dwójki dzieci. „Droga Pani, właśnie skończyłem czytać *Siłę Rozumu*: jedyną książkę, jaką podarowałem moim bliskim. Już od czasu, gdy przeczytałem *Wściekłość i Dumę*, chciałem do Pani napisać. Uczucia, które we mnie wzbudziła, były podobne do tych, jakie miałem, czytając *Grona gniewu* Steinbecka. I tak, w nagłym odruchu, wstaję z fotela, szukam papieru, chwytam za pióro i zaczynam od Jedenastego Września, naturalnie. Czuję jeszcze ból, który mnie przeszył na widok tych Palestyńczyków nieposiadających się z radości, podczas gdy Nowy Jork przykrywał popiół. I jak tu nie wspomnieć żałosnych postaci z włoskiej polityki, które na Panią naskakują? Począwszy od godnego politowania piosenkarza antyglobalisty, a kończąc na Politycznie Poprawnych. Od lewicowych intelektualistów do klerykałów. Iluż ludzi wypowiedziało Pani wojnę, Oriano! Ale proszę nie brać sobie tego do serca. Robili to i robią, ponieważ *muszą* Panią krytykować. *Muszą* mówić, że Fallaci nie ma racji. Ale w skrytości ducha myślą tak samo jak Pani. Naród Panią kocha, bardzo kocha, a ja chciałbym Panią poznać. Chciałbym stanąć w progu Pani domu razem z moją żoną, przynieść Pani wielki bukiet kwiatów i pierożki".

I żadnego listu, który by Pani ubliżał?

Do dnia dzisiejszego jedynie dwa. Jak Pani widzi, nadawcy nie podają nazwisk na kopercie, ponieważ w dziewięćdziesięciu dziewięciu procentach przypadków ci, którzy mnie obrażają, nie ujawniają się. Nawet się nie podpisują. Tchórze! A jednak jeden z tych dwóch listów godzi we mnie pośrednio. Ja jestem tylko celem zastępczym. Jego autor opowiada mi z przygnębieniem o tym, że nie może namówić swoich kolegów i studentów z Uniwersytetu Werońskiego, żeby przeczytali *Siłę Rozumu*. Zdaje się, że odmawiają mówiąc, że jestem faszystką. No cóż! Jeśli na Uniwersytecie Werońskim znajdują się ludzie tego pokroju, niewiele możemy się spodziewać po nowych pokoleniach. Mimo to inne listy są dla mnie pocieszeniem. A ja, do licha, sądziłam, że Włosi to w większości takie kopie Alberta Sordiego, tymczasem...

Otwórzmy nawias: nie lubiła Pani Alberta Sordiego?

Nie lubiłam. Drażniły mnie postacie, które obdarzał swoją twarzą i swoim ciałem. Gdy dobrze się zastanowić, wszystkie one zlewały się w jedną, zawsze taką samą. W postać tchórzliwego, niedouczonego, sprytnego albo raczej szczwanego Włocha. Jak również sybaryty, pełnego jadu, samolubnego, zwykłego służyć potężnym i pastwić się nad słabymi. Krótko mówiąc, nie bawił mnie. A wzruszał jeszcze mniej. Ponadto irytował mnie fakt, że jego entuzjaści stawiają go na piedestale jak symbol, któremu należy oddawać cześć. Mój Boże! Anglicy otaczają kultem Robin Hooda, bohatera, który łupi bogatych, aby obdarowywać biednych. Szwajcarzy otaczają kultem Wilhelma Tella, innego bohatera, który walczy w imieniu uciśnionych i broniąc ich, ryzykuje życie własnego syna. Skandynawowie otaczają kultem Świętego Mikołaja, dobrodusznego staruszka, który przynosi dzieciom prezenty. Francuzi otaczają kultem Mariannę, piękną wojowniczkę o bujnym biuście, której sam wygląd budzi uczucie dumy. Amerykanie otaczają kultem Myszkę Miki, która nie daje sobie w kaszę dmuchać i bije się jak Rambo. Włosi natomiast otaczają kultem Alberta Sordiego. Albo raczej jego bojaźliwego bohatera.

Zamykamy nawias i wracamy do listów. Czy piszą je ludzie młodzi?

O, tak. I kiedy patrzę na setki kopert, których jeszcze nie miałam czasu otworzyć, a których prawdopodobnie nie otworzę nigdy, odczuwam rodzaj dojmującej melancholii i myślę: jaka szkoda! Kto wie, ile z nich napisali oni. Kto wie, ilu ciepłych uczuć nie zaznam, trzymając je tam, zamknięte. Widzi Pani: w obecnych czasach wszyscy nadskakują młodym. Wszyscy. Prawica, Lewica, Centrum, prasa, telewizja, kinematografia, handlowcy, Kościół. Ja nie. Jakkolwiek wiem, że bycie młodym jest ogromnie trudne, a często wręcz bolesne, w żadnym razie im nie nadskakuję. A nawet ich upominam, traktuję ich z surowością, której potrzebują. Taką samą surowością, z jaką pięćdziesiąt czy sześćdziesiąt lat temu dorośli traktowali mnie. I słusznie. Poza tym nigdy nie zapominam, że to oni w dużej mierze są odpowiedzialni za przepychanki na placach. Że bojówkarstwo czerwone, czarne i zielone to w dużej mierze ich wina, że skandaliczne hasło „Dziesięć-sto-tysiąc-razy-Nassirija" wykrzykuje się na ich pochodach. Jednakże ci, którzy do mnie piszą, nie należą do tej kategorii. I chociaż niekiedy opowiadają historie, od których robi się słabo, ich listy są rzeczywiście balsamem dla duszy. Są pełne świeżości, szczerości, pociechy. Proszę posłuchać tego. Napisał dwudziestolatek z Padwy, przyzwyczajony zwracać się do wszystkich na „ty". „Droga Oriano, jestem zwykłym chłopakiem. W sobotę wieczorem chodzę do dyskoteki, często wypalam skręta i aż do wczoraj wymachiwałem sztandarem w barwach tęczy. Krótko mówiąc, byłem jednym z gniewnych pacyfistów, nigdy nawet nie rzuciłem okiem na którąkolwiek z twoich książek. Na moim uniwersytecie mówią, że nie-należy-czytać-Fallaci, a mój profesor z Demokratów Lewicy dodaje, że nawet-

-nie-należy-wymawiać-twojego-imienia. Tymczasem moja dziewczyna uwielbia cię do szaleństwa. W maju zeszłego roku wcisnęła mi do ręki twoje dwie ostatnie książki. I warknęła, że jeśli ich nie przeczytam od początku do końca, to mnie rzuci. Przeczytałem i zrozumiałem, że żyję wśród ludzi, którzy wpuszczają mnie w maliny. Ludzi, którzy zniekształcają fakty dla swojej własnej korzyści i na swój własny użytek. A zatem dziękuję ci i powiadamiam cię, że teraz myślę tak samo jak ty. Widzę to, czego wcześniej nie dostrzegałem, rzekomych pacyfistów nazywam dzisiaj fanatykami wojny, a jeśli ktoś w mojej obecności źle mówi o Fallaci, wkurzam się nie na żarty."

Proszę mi przeczytać jeszcze jakiś.

Już się robi. Ten przyszedł od Virgilia: myślącego siedemnastolatka z Castelfiorentino, ucznia czwartej klasy liceum i autora pięknego wypracowania na temat *Siły Rozumu*. Napisał list odręcznie, wspaniałym charakterem pisma, i tak bardzo mi się on podoba, że chciałabym przeczytać go Pani w całości. Ale jest ogromnie długi, ma siedem stron, więc ograniczę się do pierwszych dwóch. Oto one. „Szanowna Pani, dziękuję, że nazwała Pani czarne czarnym, a białe białym. Dziękuję, że miała Pani tyle odwagi.

Posiadanie własnych poglądów jest dzisiaj tak źle widziane. Także wśród nas, nastolatków, wie Pani o tym? Pożałujesz, jeśli porzucisz ubity trakt Politycznej Poprawności, czyli respekt, którym konformiści rozpieszczają synów Allacha. Pożałujesz, jeśli zaryzykujesz i pozwolisz sobie na spostrzeżenie, że w krajach muzułmańskich nie wolno wznosić kościołów i że chrześcijan, buddystów oraz żydów, czyli psy-niewierne, morduje się tam z przyjemnością. Pożałujesz, jeśli będziesz twierdzić, że Islam nie może ścierpieć naszych wartości, a szczególnie pojęcia wolności. W najlepszym razie okrzykną cię rasistą. Proszę sobie wyobrazić, że po to, aby ustalić, czym są Dobro i Zło, spróbować zrozumieć, czym są etyka i moralność, jakiś czas temu odbyła się klasowa dyskusja. Ja podałem przykład talibów, którzy zabijali kobiety malujące paznokcie, i konformiści śmiertelnie się obrazili. Jeden z nich skrzyczał mnie, oburzony, że złamałem fundamentalną zasadę: nigdy nie wyrażać osądów na temat cudzych postaw, obyczajów, wyznania. Inny mnie zbeształ, jazgocząc: »Nie zapominajmy, że to chrześcijanie wywołali Krucjaty!« I w tym momencie naprawdę się zdenerwowałem, ponieważ mam powyżej uszu przedstawiania krzyżowców jako niecnych morderców, zaś Srogiego Saladyna jako dżentelmena we fraku. Mam powyżej uszu usprawiedliwiania

Krucjatami nadużyć, arogancji, podrzynania gardeł, obcinania głów. A poza wszystkim, kto wywołał te Krucjaty? Kto jako pierwszy przywłaszczył sobie Grób Pański? Kto pod znakiem półksiężyca podbił połowę Europy, kto zdobył połowę świata razami bułatów? Kto dzisiaj panoszy się w naszym domu? Czy także fakty historyczne da się poddać pod dyskusję?!? O ile się wydaje, tak. Wczoraj wieczorem, podczas kolacji, przyjaciele mojej rodziny oświadczyli, że w roku 1945 Francja i Niemcy nie zostały wyzwolone przez Amerykanów, lecz przez Związek Radziecki, i prawie zostałem zjedzony żywcem, kiedy powiedziałem, że Stalin był tyle samo wart, co Hitler". Och, to doprawdy zajmujący list, ten list od Virgilia. Ale najciekawsza historia, jaką przytacza, to historia pączków z marsalą.

Historia pączków z marsalą?

Tak, ponieważ jest w niej znaczący fragment dotyczący rzekomej asymilacji, która ma nam kazać uwierzyć, że istnieje Islam zupełnie inny niż Islam terroryzmu. Islam łagodny, postępowy, umiarkowany, a więc gotów zrozumieć naszą kulturę i szanować nasze swobody. Otóż Virgilio ma siostrzyczkę, która chodzi do szkoły podstawowej i babcię, która robi pączki z marsalą, zgodnie z toskańską tradycją. Czyli dodając łyżkę wina marsala do ciasta. Jakiś czas temu siostrzyczka Virgilia zaniosła pączki do szkoły, poczęstowała kolegów z klasy, a między nimi był pewien muzułmański chłopczyk. Właśnie muzułmańskiemu chłopczykowi pączki smakowały szczególnie, a więc wracając ze szkoły do domu tego samego dnia zawołał w progu wielce zadowolony: „Mamusiu, zrobisz mi pączki z marsalą? Jadłem je dzisiaj w szkole i...". Świat zatrząsł się w posadach. Następnego dnia ojciec rzeczonego chłopczyka stawił się u dyrektorki z Koranem w ręku. Powiedział jej, że poczęstowanie jego syna pączkami z likierem było zniewagą wobec Allacha, zażądał wyjaśnień i oskarżył ją, że pozwoliła przynieść do szkoły to bezbożne jadło. I z tego powodu Virgilio przypomina mi, że w przedszkolach nie wystawia się już Szopki, że w salach szkolnych zdejmuje się ze ścian krzyże, że ze stołówek została wycofana wieprzowina. A potem stawia to nieszczęsne pytanie: „Ale kto ma się integrować: my czy oni?".

My, jak się wydaje. Też jestem takiego zdania. A teraz proszę mi powiedzieć, czy znalazł się wśród czytelników ktoś, kto miał Pani coś do zarzucenia.

Tak. Na przykład pewien inteligentny lekarz z Rzymu, który pisze do mnie w faksie: „Właśnie skończyłem czytać *Siłę Rozumu*, książkę, którą dosłownie pochłonąłem w tych rzadkich wolnych chwilach, na jakie pozwala mi moja praca; książkę, która pokazuje zasadność przypuszczeń, odczuć, obaw, wątpliwości, jakie w niejasny i niesprecyzowany sposób mną targały. Teraz wszystko jest bardziej jasne. A jednak w mojej głowie mnożą się pytania. Pierwsze: co ja osobiście mogę zrobić? Strona po stronie szukałem Pani odpowiedzi. Ale jej nie znalazłem. A więc powiadam: jeśli my wszyscy, uwikłani w codzienne życie, tak mało przykładamy uwagi do tego, co się dzieje na naszych oczach, jeśli Pani analizę sytuacji bierzemy za czystą spekulację filozoficzną, a po lekturze tylko zwieszamy głowy, to jak możemy ocalić naszą kulturę? W demokracji obywatel wybiera swojego reprezentanta spośród innych jednostek, ale po lekturze Pani analizy (z którą się zgadzam) nie wiadomo, komu powierzyć nasze pełnomocnictwo w słusznej sprawie obrony Zachodu. Co zatem czynić? Wstrzymać się od głosu w wyborach? Kandydować samemu, porzucając dotychczasowy zawód? Żywię nadzieję, że mi Pani na to odpowie". Cóż, chciałabym. Ale nie mogę. I prawdziwym powodem nie jest wcale fakt, że dostaję za dużo listów. Przychodzą z każdego zakątka świata, w rozmaitych językach i gdybym chciała odpowiadać na wszystkie, musiałabym się poświęcić tylko temu zajęciu. A muszę poświęcić czas na pracę, na rzeczy, które powinnam powiedzieć, zanim odejdę... Ale w tym przypadku prawdziwy powód jest taki, że nie znajduję odpowiedzi na pytanie miłego i inteligentnego lekarza.

Naprawdę jej Pani nie znajduje?

Naprawdę, ponieważ to pytanie ujawnia ograniczenia i zakłamanie demokracji. Nie ma alternatywy dla demokracji. Gdy się ją odrzuci, jeśli ona zamrze, wolność pójdzie z dymem, a my co najwyżej trafimy do gułagu, do lagru, czy też do masowego grobu[3]. Krótko mówiąc, pójdziemy za kraty albo do piachu. Jednak choć zapychamy sobie usta słowem „Demokracja", dobrze wiemy, że jest ona jak dziurawy okręt. Dobrze wiemy, że stanowi system rozpaczliwie niedoskonały i pod pewnymi względami oszukańczy. Obstaję przy tym także w *Sile Rozumu*. Powołując się na Tocqueville'a, który dobrze znał się na tych sprawach. Dwa są, powiada Tocqueville, pojęcia, na których zasadza się demokracja, to pojęcie Równości i pojęcie Wolności. Ale ludzie kochają wol-

---

[3] Autorka pisze tu o *foibe*, czyli o masowych grobach, w których pod koniec drugiej wojny światowej grzebali swoje ofiary partyzanci Tity (przyp. tłum.).

ność o wiele mniej od równości, wolność często obchodzi ich tyle co zeszłoroczny śnieg. Wymaga więcej poświęceń, więcej dyscypliny i czy przypadkiem nie jest prawdą, że można być równymi także w niewoli? Na domiar złego, ludzie nie rozumieją pojęcia równości. Albo udają, że go nie rozumieją. Otóż przez Równość demokracja rozumie równość wobec prawa, która wywodzi się z uświęconej zasady „Prawo Jest Jednakowe Dla Wszystkich". Nie równość umysłów i sumień, równość wartości i zasług. Nie równość zasług osoby inteligentnej i osoby głupiej, równość osoby prawej i osoby nieuczciwej. Taki rodzaj równości nie istnieje. Gdyby istniał, nie byłoby Życia. Nie byłoby indywidualności, nie istniałaby rywalizacja. A nawet nie byłoby Olimpiad, zawodów, meczów piłki nożnej, w których Włosi są tak rozmiłowani. Bo bylibyśmy wtedy wszyscy identyczni jak samochody, które dopiero co zjechały z taśmy produkcyjnej. Bieda w tym, że demokracja pomaga głupim i pysznym zaprzeczać tej prawdzie, owej oczywistości. Pomaga im poprzez wybory, w których głosy się liczy, a nie waży, czyli zawierza się ilości, nie jakości. Pomaga im swoją retoryką, demagogią i populizmem. W rezultacie każdy nicpoń albo niedołęga może kandydować i zostać wybranym. Może nawet zwyciężyć ogromną przewagą głosów. A ponieważ wiele istot ludzkich nie ma nic z Leonarda da Vinci i świętego Franciszka, reprezentantami elektoratu zostają często niedołęgi i nicponie. I w rzeczy samej, któż jeśli nie oni są pierwszymi wśród winnych katastrofy, na którą patrzymy? Któż jeśli nie oni wydają, już wydali naszą cywilizację na pastwę antycywilizacji?

Tak, ale to naprawdę niewesoły osąd ze strony Alexisa de Tocqueville i Pani...

Jest taki, ponieważ pokazuje, że ograniczenia demokracji są naszymi własnymi ograniczeniami. Że jej oszustwa są naszymi oszustwami. Odbiera nadzieję. Cóż mogę zrobić, gdy ktoś zarzuca mi, że nie daję odpowiedzi, nie wskazuję rozwiązania? Proszę zrozumieć, ja nic nie mogę. Mogę jedynie poradzić mu, żeby nie milczał, nie żywił lęku, nie godził się z sytuacją, nie dał sobie wyprać mózgu. A poza tym mogę mu przypomnieć słowa Alekosa Panagulisa. Tuż po wyjściu z więzienia Boiati, gdzie przez pięć lat tkwił w ciasnej celi z wyrokiem śmierci, Alekos zapragnął zobaczyć Partenon. Zawiozłam go więc, żeby znów nacieszył się tym widokiem, a on wybuchł szlochem i szlochając powtarzał: „Pieprzona demokracja, ale zawsze demokracja... Pieprzona demokracja, ale zawsze demokracja...".

Zacytowała Pani słowa Alekosa Panagulisa. To przywołuje temat, którego inaczej nie ośmieliłabym się poruszyć. O Pani życiu osobistym wiadomo bardzo niewiele. Znane są najwyżej wymysły, fałszywe przypuszczenia, domniemania, którymi Pani nie zaprząta sobie głowy nawet na tyle, abv im zaprzeczać. Na temat Alekosa i waszej miłości napisała Pani książkę pod tytułem Un uomo. *Po jej lekturze wszystko staje się jasne. Albo raczej: wszystko poza powodem, dla którego nie pojechała Pani więcej do Grecji. Dlaczego nigdy nie ujawniła Pani przyczyny takiej decyzji?*

Ponieważ jest to przyczyna, u której źródła leży zbyt wiele rzeczy haniebnych, niegodnych i haniebnych, jakie zdarzyły się po jego śmierci. Rzeczy, o których mówienie budziło we mnie zawsze wstręt. Mam nadzieję, że nigdy nie będę musiała podać nazwisk zamieszanych w nie osób. Na przykład ta historia z pierścionkiem, który zdjęłam z palca w kostnicy i włożyłam na jego palec, a tymczasem pewien głos, wstrząśnięty pomysłem, że tak drogocenny przedmiot zostanie zakopany, protestował: „Taki diament, nie! Och, nie!". Pierścionek był obrączką wysadzaną brylantami. W następnych miesiącach ciało Alekosa zostało poddane ekshumacji, nie wiem dlaczego. Na oczach przerażonych świadków wydarzenia drogocenny przedmiot został wydobyty i również z tego powodu poprzysięgłam sobie, że moja noga więcej w Grecji nie postanie. Pewnego razu samolot, którym wracałam z Hongkongu, miał trzygodzinne międzylądowanie w Atenach i w oczekiwaniu na lot wszyscy pasażerowie opuścili pokład. Przenieśli się do hali lotniska. Ja nie. Aby nie dotknąć stopą greckiej ziemi, pozostałam na pokładzie. Sama jedna. I rzeczywiście nigdy nie położyłam choćby jednego kwiatka na grobie Alekosa. Ale każdego Pierwszego Maja, czyli w każdą rocznicę jego śmierci, wysyłam mu trzydzieści siedem czerwonych róż; tak. (Miał trzydzieści siedem lat, kiedy go zabili.) Ale nigdy osobiście nie zaniosłam na jego grób nawet jednego kwiatka. Na moim rodzinnym cmentarzu we Florencji ufundowałam mu płytę pamiątkową. Kazałam ją postawić w miejscu, gdzie kiedyś zostanę pochowana. Ale nigdy nie zobaczyłam jego grobu i nigdy nie zobaczę. Nie chcę go widzieć. Poza tym, jaki sens miałoby jego oglądanie? Tam spoczywają jedynie jego kości, zbezczeszczone przez drapieżców, którzy odzyskali „taki-diament" i przez sępy, które sprzedają koszulki z wizerunkiem bohatera-który-zginął-w-Glifadzie. Jego dusza jest w moim sercu. Ale na tym koniec. Wróćmy do rozważań o demokracji, która mimo swoich przywar, mimo swoich przewin, nie ma alternatywy.

Już się robi. Zapomnijmy o tym. I w nadziei, że zdoła Pani wyrzucić z pamięci tamtą okropną historię, zadam niedyskretne pytanie: na kogo głosowała Pani w ostatnich wyborach? Na kogo oddaje Pani swój głos?

Napisałam to już czarno na białym we *Wściekłości i Dumie*. Na nikogo. Nie potrafię przejrzeć się w nikim i nikomu nie powierzam jakże trudnego zadania reprezentowania mnie. Głosuję jedynie w referendach, czyli wtedy, gdy chodzi o przyjęcie bądź odrzucenie jakiegoś prawa, nie zaś jakiegoś mężczyzny czy jakiejś kobiety. Popełniam błąd, wiem. Daję zły przykład, wiem. Montanelli mawiał, że kiedy w nikim się nie rozpoznajemy, musimy zacisnąć zęby i głosować mimo wszystko. I ja to rozumiem. Rozumiem też, że nie zaciskając zębów wyświadczam przysługę nieprzyjacielowi. I rzeczywiście, w ostatnich wyborach lokalnych zamierzałam zacisnąć zęby, aby oddać głos przeciwko burmistrzowi Florencji z Demokratów Lewicy, który wespół z Prezydentem Regionu z Demokratów Lewicy podarował miasto obcym. Który wobec synów Allacha wiernych bin Ladenowi, Chińczyków właścicieli Prato, Somalijczyków i Nigeryjczyków szpecących Stare Miasto nielegalnym handlem, Rumunów i Albańczyków nocami regularnie okradających domy w toskańskich wioskach, zachowuje się tak jak markizy, hrabiny i baronowe, które w roku 1938 oddawały cześć Hitlerowi „Mein Führer, mein Führer." Ale w końcu nie zacisnęłam swoich biednych zębów. Nie byłam w stanie. Nigdy nie jestem. I zdaje się, że mają słuszność ci, którzy oskarżają mnie o manicheizm.

A czy kiedyś rozważała Pani wejście na scenę polityczną, zajęcie się polityką bezpośrednio, nie poprzez reprezentantów?

Tak, pewnego razu tak. Jestem zwierzęciem politycznym. Wywodzę się z rodziny owładniętej obsesją na punkcie polityki i żyję nią od dzieciństwa. Od czasów młodzieńczych polityka jest moją wielką namiętnością. A trzydzieści lat temu Pietro Nenni chciał, abym została senatorem i nalegał, żebym wystartowała jako kandydat niezależny z listy Włoskiej Partii Socjalistycznej. „Zrób mi tę przyjemność! Gwarantuję, że zostaniesz wybrana!" No cóż, jakiś czas się wahałam. A potem odmówiłam. „Przykro mi, Nenni. Nie mogę, nie mogę". Nawet pomijając fakt, że na czele Włoskiej Partii Socjalistycznej stał Craxi, a między mną a Craxim nigdy nie nawiązała się nić porozumienia, tak mi nakazał mój manicheizm, który zabrania mi głosować na symbol, w którym się nie rozpoznaję. I ta pokusa nigdy już nie powróciła. Widzi Pani, dla mnie „polityka" nie jest brzydkim wyrazem. To słowo pełne chwały. To zaszczytna misja, obowiązek. Nie sposób zrobienia kariery, zapewnienia sobie niezasłużonych przywilejów, zaspokojenia własnej próżności albo żądzy władzy. A jak świat światem, polityką zajmują się niemal zawsze ci, którzy myślą przeciwnie. „W polityce – powiedział mi kiedyś Mieczysław Rakowski, ówczesny polski premier – nawet anioł staje się dziwką". No cóż, nie sądzę, żebym w parlamencie miała stać się dziwką. Ale jest tam nazbyt wiele postaci, dla których polityka to sposób, aby zrobić karierę, zapewnić sobie niezasłużone przywileje, zaspokoić własną próżność albo żądzę władzy. Pognębiłyby mnie i na nic bym się nie przydała. Tymczasem pisząc, na coś się przydaję. Jest wiele dróg, aby uprawiać politykę rozumianą jako zaszczytną misję, jako obowiązek. Ja ją uprawiam piórem.

A zatem jak się Pani poczuła, kiedy La Malfa i Sgarbi zaproponowali Pani publicznie, aby wystartowała Pani w wyborach do Europarlamentu z ich listy?

Ściśle biorąc, nic o tym nawet nie wiedziałam. Ta sprawa wydarzyła się w dniach, gdy lekarze potwierdzili, że Obcy się przebudził i że już za późno na operację. Nie czytałam gazet, nie utrzymywałam kontaktów ze światem i myśli miałam zajęte zupełnie czym innym. Później o tym usłyszałam i poczułam się nieswojo. Pomyślałam, że przed nagłośnieniem propozycji powinni byli ze mną porozmawiać, zapytać, czy jest mi ona miła, czy też nie. Pomyślałam także, że nie musieli czekać na ukazanie się *Siły Rozumu*, aby przekształcić „Partię Piękna" w „Partię Piękna i Rozumu". Gdyby to uczynili, zaoszczędziliby sobie potem trudu wyjaśniania, że Spadolini kocha słowo „Rozum". Tak czy inaczej, nie wdałam się w próżną dyskusję. Czyli zachowałam milczenie, nie chciałam, by łączono moje nazwisko z zuchwałymi wyczynami, których się już dopuścili. Może dopuścili się ich, ponieważ mało mnie znają. Sgarbiego widziałam jeden raz w życiu, ze dwa lata temu. Wtedy, gdy był w Nowym Jorku i poprosił o spotkanie ze mną, a ja zaprosiłam go do domu, stawiając dwa warunki: że później nie naskrobie artykuliku i że nie narazi mnie na jedno ze swoich legendarnych spóźnień. Zjawił się puktualnie, a nawet pięć minut przed czasem, i te dwie czy trzy godziny, które razem spędziliśmy, sprawiły mi przyjemność. Jest naprawdę inteligentny i sympatyczny. A poza tym bardzo dobrze wychowany, przynajmniej tak się zachowywał wobec mnie, i obdarzony jakąś głęboko skrywaną nieśmiałością, której mu zazdroszczę. Mimo to artykulik naskrobał. Gorzej: naskrobał dwa. A co do Giorgia La Malfy, jego także widziałam jeden jedyny raz. Dwadzieścia albo trzydzieści lat temu, w siedzibie włoskiego ambasadora przy ONZ. Siedział na czerwonej kanapie, cały nadąsany, i nie zaszczycił mnie nawet jednym spojrzeniem. Nawet nie odpowiedział na pytanie, które mu zadałam, żeby zacząć rozmowę. Co mnie zdumiało, ponieważ od dzieciństwa widywałam jego ojca Ugo La Malfę i dobrze wiedziałam, jak bardzo Ugo La Malfa był kulturalny, błyskotliwy. C'est tout.

A gdyby zaproponowali Pani stanowisko, z którym nie wiąże się wchodzenie do polityki, stanowisko dożywotniego senatora?

To niemożliwe. Nieprawdopodobne. Obsadzanie stanowisk senatorów należy do prezydenta Republiki. A Ciampi woli ode mnie Mike'a Bongiorno i Stefanię Sandrelli, chwała Niebiosom.

Wróćmy do wyborów, do ostatniej kampanii wyborczej... Wiem, że w pewnym momencie śledziła ją Pani z bardzo bliska.

Niestety tak. Przykuwając mnie do łóżka, Obcy całymi tygodniami ułatwiał mi to masochistyczne zajęcie. Z tej przyczyny przeczytałam, zobaczyłam, usłyszałam rzeczy, które przyprawiły mnie wręcz o konwulsje. Ponieważ były bolesnym potwierdzeniem, dowodem na raka, którego nie można leczyć ani chirurgią, ani radioterapią, ani chemioterapią. A już zwłaszcza nie samochwalstwem. Nie grubiaństwem, nie ludożerstwem, którym drużyna futbolowa nosząca spodenki i koszulki Lewicy nęka swoich przeciwników. Pierwszy z brzegu przykład: jak to możliwe, że w debatach telewizyjnych komuniści nie pozwalają mówić drugiej stronie?!? Tak samo ich *compagnons de route*, czyli neo-Kiereńscy, którzy podtrzymują im tren, na przykład ten nieznośny i bijący rekordy bezczelności zielony, który obwieścił, że jest biseksualistą. Tak samo ludzie Stokrotki. Kiedy tylko przeciwnik otwiera usta, przerywają mu. A jeśli uciszany mówi mimo wszystko dalej albo domaga się prawa do wygłoszenia swojej opinii, przekrzykują go jak ujadające psy. „Wybacz, ale to moja kolej – protestuje uciszany – ja ci nie przerywałem, więc pozwól mi odpowiedzieć". Ale tamten dalej ujada. A prowadzący mu nie przeszkadza, ponieważ dziewięćdziesiąt procent prezenterów telewizyjnych rozgrywa mecz w drużynie noszącej czerwone spodenki i czerwone koszulki. W tym także ci ze stacji telewizyjnych należących do Berlusconiego. Pewnego wieczoru widziałam debatę, w której brali udział Rutelli i Tremonti. Cóż, jeszcze kilka lat temu wierzyłam, że Rutelli jest bardziej liberalny niż jego *compagnons de route*. Kiedy ukazała się *Wściekłość i Duma*, powiedział na łamach „New York Timesa", że moje życie upłynęło w służbie obywatelskiego obowiązku i że należy wysłuchać mojego głosu, nawet jeśli ma się odmienne poglądy. Ale prawdą jest, że kto z kim przestaje, takim się staje. Tamtego wieczoru Rutelli wygłosił więcej niż wypowiedź, raczej niekończące się przemówienie. W stylu Fidela Castro. I my, telewidzowie, byliśmy ciekawi, co też Tremonti mu odpowie. Lecz gdy nadszedł jego czas, Rutelli przerwał mu w charakterystyczny sposób. „Przepraszam cię, ale teraz moja kolej. Moja kolej", popiskiwał ten nieprawdopodobnie grzeczny Tremonti. No cóż, bez skutku. Pozwoliwszy mu wypowiedzieć zaledwie kilka słów, człowiek, który na łamach „New York Timesa" bronił mojego prawa do wygłaszania herezji, ponownie go zakrzyczał. A prowadzący nadal na to pozwalał. Cienki głosik jego przeciwnika znikł w tej przemowie w stylu Fidela Castro, która trwała aż do końca transmisji, i nigdy się nie dowiedzieliśmy, co Tremonti zamierzał odpowiedzieć.

To się zdarza, niestety, w każdej kampanii wyborczej. I nie tylko we Włoszech.

Zdarza się przede wszystkim we Włoszech. W tych Włoszech, które powiły Czerwony Tydzień i oddały się Mussoliniemu, wówczas już członkowi partii socjalistów i redaktorowi „Avanti!". W tych Włoszech, które wymyśliły Czarne Koszule, bicie przeciwników politycznych i olej rycynowy jako środek na przeczyszczenie. W tych Włoszech, które ukuły hasło „Musi przyjść Wąsacz". I które dzisiaj tolerują zuchwalstwo Zakapturzonych. Na początku roku śledziłam prawybory amerykańskiej Partii Demokratycznej i zgadzam się: to prawda, że w kampaniach wyborczych dochodzi do głosu to, co najgorsze u ludzi pożądających Władzy. To prawda, że dopuszczają one każdą niegodziwość. To prawda, że nawet w Ameryce kanibalizm wyborczy tryumfuje w najbardziej oburzający sposób. Ale w porównaniu z naszymi kandydatami bohaterowie tamtych prawyborów wydali mi się dżentelmenami. Najdworniejszymi Monsignori Della Casa. A nasi... Nigdy nie zapomnę, co pewnego wieczoru ten-o-czystych-rękach powiedział do telewizyjnych mikrofonów, aby poprzeć wycofanie naszych wojsk z Iraku. „Amerykanie sodomizują żony, siostry i córki Irakijczyków, irackie dziewczynki", oświadczył. A jeśli wątpi w to Pani, jeśli nie słyszała Pani tego na własne uszy jak ja, proszę poszukać nagrań dziennikarzy, którzy trzymali mikrofony przy jego twarzy. Cóż, powiedział to z takim przekonaniem, że wydało mi się, iż widzę na ulicach Bagdadu hordy pedofilów w mundurach, Marines owładniętych zamiarem dręczenia kobiet i dziewczynek tą straszliwą czynnością. I zdezorientowana, oburzona zadałam sobie pytanie: czy ten tam zdaje sobie sprawę, co mówi? Zna znaczenie czasownika „sodomizować"? Możliwe, że nie. Zarówno gdy chodzi o składnię, jak i o dobór rzeczowników oraz czasowników, on jest tym, który najbardziej kaleczy język włoski. A potem zadałam sobie pytanie: ilu Włochów dało mu wiarę? I doszłam do wniosku, że wiele rzeczy nie zależy zupełnie od ich kultury politycznej. I rzeczywiście, kiedy Zakapturzeni wywrzaskują „Dziesięć-sto-tysiąc-razy-Nassirija", mojej pogardzie towarzyszy rodzaj litości. Pytam sama siebie: czy to kryminaliści, czy ofiary? Czy to ich wina, czy klasy politycznej, która ich deprawuje swoim prostactwem, swoim anachronizmem, swoją demagogią, swoim zanikiem idei?

Jak wiadomo, ceniła Pani Berlinguera.

Tak, ceniłam. I miałam z nim dobre relacje. Mam liberalną naturę. Aby akceptować jakąś osobę, aby ją szanować, nie potrzebuję bynajmniej, żeby myślała tak samo jak ja! Gdyby było inaczej, jak mogłabym żywić tyle ciepłych uczuć wobec Pietra Nenniego? Jak mogłabym odczuwać sympatię do Giorgia Amendoli? Jak mogłabym pójść na kolację z Pajettą, który (co relacjonuję w *Sile Rozumu*) na rozkaz swojej partii gotów był mnie zastrzelić? Lubiłam Berlinguera, ponieważ był to wielki pan. Arystokrata w najlepszym sensie tego słowa. Człowiek poważny, rozsądny, elegancki, a ponadto serdeczny. Taki, który dzwoni, żeby ci życzyć powrotu do zdrowia, jeśli masz gorączkę. Pewnego razu dopadł mnie okropny atak malarii. Dowiedział się i zatelefonował. „Ja także na to chorowałem, to męczarnia. Ale Pani jest z natury stoikiem, wiem. Proszę taką pozostać. W życiu stoicyzm jest koniecznością". Zgoda, jeśli chodzi o przemówienia, on także przebierał miarę. Kiedy wrzeszczał z wykrzywioną gębą, przypominał doktora Jekylla zmieniającego się w pana Hyde'a. Mimo to nie wierzę, aby mógł kazać Pajetcie mnie zastrzelić. W jego psychice było miejsce na liberalizm. Kiedyś dałam mu prezent. Piękną osiemnastowieczną rycinę, obrazek przedstawiający konklawe kardynałów. Kupiłam go od pewnego sztokholmskiego antykwariusza i wręczyłam Berlinguerowi, wypowiadając to prowokujące zdanie: „Kupiłam go, ponieważ ci księżulkowie przypominają mi Pański Komitet Centralny". Wybuchł najserdeczniejszym śmiechem, jaki kiedykolwiek słyszałam, i zauważył: „Ma Pani zupełną słuszność". Poza tym nie był próżny, nie był zarozumiały. To rzadka cnota wśród komunistów.

Komuniści zawsze wierzą, że są panami Ziemi, na innych spoglądają zawsze z idiotycznym poczuciem wyższości. A czy chce Pani wiedzieć, jak bardzo Berlinguer był odmienny również pod tym względem? Kilka lat przed jego śmiercią przeprowadzałam z nim wywiad dla „Corriere" i „Washington Post" i w którymś momencie powiedziałam: „Podczas Zimnej Wojny pewien dziennikarz zadał Ticie pytanie: „Gdyby zamiast w Jugosławii urodził się Pan w Ameryce, kim byłby Pan dzisiaj?". I Tito odparł: „Amerykańskim ultramiliarderem, naturalnie". Zadałam to pytanie Berlinguerowi zastępując słowo „Jugosławia" słowem „Włochy". Długo milczał, a potem odpowiedział: „Skromnym profesorkiem, na przykład jakimś profesorem filozofii na małej uczelni w małym amerykańskim miasteczku".

Zna Pani Fassina?

Trochę. Spotkałam go późnym latem 2002 roku, kiedy antyglobaliści chcieli wtargnąć na Stare Miasto we Florencji i zbezcześcić zabytki, a ten najgorszy z burmistrzów i najgorszy z prezydentów Regionu nie ruszył nawet palcem. A wręcz na koszt mieszkańców wynajął im twierdzę Fortezza da Basso, gdzie pewnego wieczoru bojówkarze usiłowali spalić moje książki. Spalić je, tak jak w roku 1933 naziści spalili książki napisane przez Żydów. Cóż, aby przeszkodzić tym dżentelmenom we wtargnięciu na Stare Miasto, zadałam sobie wiele trudu. Mówiłam już o tym, opowiadając o powodach, dla których tamtego roku zapomniałam o Obcym. A zatem przyjechałam do Włoch i zwróciłam się do całego zatrzęsienia tak zwanych władz. Do Prawicy i do Lewicy. I był wśród nich Fassino, który przybył odwiedzić mnie w Mediolanie w domu mojej siostry Paoli. Tak, kiedy go przyjmowałam, czułam pewne zaciekawienie. Poza wszystkim był człowiekiem, który w owym czasie zajmował miejsce Berlinguera, wypełniał misję, w której jego poprzednicy zdecydowanie zawiedli. Z tym zaciekawieniem otworzyłam drzwi. Wszedł nadzwyczaj wysoki, szczapowaty młodzieniec, z ogromnym spiczastym nosem i w ołowianoszarym garniturze, ze spłoszoną miną i rozbieganymi oczami Karola Alberta. Tak, że...

Karola Alberta, księcia z dynastii sabaudzkiej i di Carignano, króla Piemontu i Sardynii, tego, który ogłosił statut albertyński w 1848 roku?

Nie inaczej. Ten sam wzrost, to samo wychudzenie, ta sama niepewna mina. Brakowało mu tylko wąsów, dziewiętnastowiecznej brody, niebieskiego munduru i szpady. I naprawdę pomyślałam: Jezusie, on także jest Piemontczykiem. Czyżby jakaś jego antenatka zadała się z Karolem Albertem? Był z niego wielki *tombeur de femmes*, z Jego Wysokości. Biednej Marii Teresie z dynastii habsbursko-lotaryńskiej przyprawił rogi większe niż ma byk, a tego rodzaju podobieństwo nie może być dziełem przypadku. Z Karola Alberta miał także wyniosłość hamowaną przez iście królewską uprzejmość i bardzo mnie zdziwił, kiedy już po kilku zdaniach zapytał: „A może przejdziemy na ty?". Odparłam na to, że jestem człowiekiem starej daty: mówię „ty" tylko wypróbowanym przyjaciołom, osobom, z którymi byłam na wojnie, i dzieciom. Na tę odpowiedź zareagował nonszalancją, czyli wzruszając ramionami, jakby chciał powiedzieć: „Twoja strata". I chociaż uważam, że główną zasługę przypisać należy ministrowi spraw wewnętrznych, czyli Pisanu, sądzę, że florentyńskie zabytki udało się uratować także dzięki jego uprzejmości. (Mówię „uratować", ponieważ gigantyczny pochód z plakatami „Jebana Oriana" i transparentami „Fallaci, terrorystką jesteś ty" został przesunięty na boczne ulice. Zakazano im wstępu na Stare Miasto i przemknęło tamtędy tylko kilku chuliganów, którzy, wypisując kolejne bzdury na mój temat, zadowolili się mazaniem po murach i opuszczonych żaluzjach.) Jednak podczas kampanii wyborczej już nie dostrzegłam śladu tej uprzejmości, a jego zachowanie wydało mi się niezbyt dworne, niezbyt godne monarchy. Napadał na swoich przeciwników, ujadając jak jego towarzysze, w debatach telewizyjnych przerywał im z całkowitym brakiem klasy, a Karola Alberta przypominał mi już tylko swoimi wątpliwościami. Swoim wahaniem, swoimi zmianami stanowiska. Szczególnie w kwestii wycofania włoskich oddziałów z Iraku. Wystarczy przypomnieć jego wypowiedź: „Zapatero to nie Biblia", a później przyklaśnięcie decyzji Zapatera, który poza wszystkim innym jest żałosnym szczwanym lisem, niewartym złamanego grosza. Zresztą swoją niekonsekwencję Fassino zademonstrował także wtedy, kiedy lżył Busha językiem antyglobalistów, wymyślając jemu i Amerykanom od „zbrodniarzy", choć przyznał potem, że Amerykanie ginęli za nas, kiedy uwalniali nas od hitleryzmu. Także Karol Albert był chorągiewką na wietrze jakich mało. Zmieniał zdanie co pięć minut, zapalał ludziom Risorgimento świeczkę, a Austriakom ogarek. I nigdy nie można mu było zaufać.

Ale czy dziś na Lewicy nie ma zupełnie nikogo, kto wzbudzałby w Pani choć odrobinę zaufania?

Obawiam się, że nie. Im więcej o nich myślę, tym bardziej dochodzę do wniosku, że wszyscy są identyczni. Począwszy od tych, którzy kwestionując Historię, a wręcz żądając napisania jej na nowo, mieszają młodym w głowach swoimi bajeczkami. Proszę spojrzeć na tego pyszałka z głową ogoloną na Yula Brinnera. Tego, który należy do Partii Włoskich Komunistów i który, jak ów arogancki ponad wszelką miarę zielony co ogłosił, że jest biseksualny, męczy nas nieustannie swoim zamiłowaniem do ekshibicjonizmu. Opowiadając, jak tamten, tylko błahostki lub głupstwa. Pamięta Pani, co powiedział w pożal się Boże debacie wyborczej zorganizowanej przez Sgarbiego i La Malfę na placu Navona? Powiedział: „Od Florencji w górę Włochy zostały wyzwolone przez komunistyczną partyzantkę". Krew we mnie zawrzała. Ciemniaku, wykrzyknęłam, czy to właśnie opowiadasz swoim Zakapturzonym przyjaciołom?!? Nie znasz nawet historii najnowszej? A jeśli kłamiesz świadomie, to jak śmiesz zmyślać na temat faktu, który znają nawet studenci Uniwersytetu Werońskiego?!? Florencja nie została wyzwolona przez komunistyczną partyzantkę, na Boga! Została wyzwolona 11 sierpnia 1944 roku przez Ósmą Armię i Piątą Armię Aliantów! Pozostałe ziemie północnej części Włoch Środkowych tak samo. Od Morza Tyrreńskiego do Adriatyku Niemcy stawiali opór Linią Gotów, którą utrzymywali przez ponad dziewięć miesięcy. Żeby wyzwolić La Spezię,

Bolonię, Modenę, Cesenę, Reggio Emilia i tak dalej, Anglicy, Kanadyjczycy i Amerykanie zapłacili ponad sześćdziesięcioma siedmioma tysiącami zabitych, rannych i zaginionych. Sześćdziesiąt siedem tysięcy! Powiedz im chociaż „dziękuję", prostaku! Niewdzięczniku! Co do Północy, to wyzwoliliśmy ją sami, wzniecając powstanie natychmiast po przełamaniu Linii Gotów: to prawda. Ale uczyniliśmy to, kiedy pobitych Niemców ścigała już amerykańska ofensywa depcząca im po piętach. Gdyby nie ona, nie byłoby powstania. Nawet byśmy o nim nie pomyśleli. A w całych Włoszech, tak samo jak we Florencji, walczyli nie tylko komuniści. W Komitecie Wyzwolenia Narodowego kierowanym przez Ferruccia Parriego, człowieka ze Sprawiedliwości i Wolności, czyli z Partii Czynu, nie partii komunistycznej, byliśmy także my, ludzie Sprawiedliwości i Wolności. I było nas niemało, do diabła. Byli także partyzanci demochrześcijańscy, jak ci pod wodzą Enrica Mattei. Byli także partyzanci liberałowie i monarchiści, jak ci pod wodzą Edgarda Sogno. Człowieka, który bił się w Ruchu Oporu jak mało kto. A komuniści podziękowali mu, obrzucając go błotem, oczerniając, prześladując, aresztując jak jakiegoś kryminalistę! Byli także karabinierzy i wielu żołnierzy armii rozwiązanej 8 września, nieuku! Zamiast tego zabierz raczej głos w sprawie masowych grobów. Albo w sprawie partyzantów-niekomunistów, których partyzanci-komuniści rozstrzeliwali w Toskanii, Piemoncie i Lombardii!

Już dobrze, niech się Pani nie denerwuje...

To moje święte prawo, denerwować się. Ponieważ ja tam byłam. Byłam tylko małą czternastoletnią statystką. Statystką z warkoczykami. Ale byłam tam. I nie muszę czytać podręczników do Historii, których pyszałek ogolony na Yula Brinnera nie czytał albo udaje, że nie czytał, aby rzucić mu w twarz prawdę, którą chciałby zafałszować. Byłam tam, tak, byłam. We Florencji 11, 12 i 13 sierpnia 1944 roku moim zadaniem było nosić amunicję partyzantom, którzy za Arno pomagali Aliantom eliminować straż tylną Niemców i faszystowskich republikanów. Jako że saperzy z Wehrmachtu wysadzili mosty i miasto zostało podzielone na dwie części, nosiłam im amunicję, przekraczając rzekę na wysokości Pescaia di Santa Rosa, gdzie tamtego sierpnia był niedobór wody i powstało szerokie na trzydzieści centymetrów przejście. Z taśmami nabojów przewieszonymi przez ramię, z pociskami karabinów maszynowych przekraczałam rzekę pod ostrzałem snajperów, którzy strzelali do mnie z dachów, mój Boże! I nie byłam partyzantem komunistycznym. Byłam partyzantem Sprawiedliwości i Wolności. Zabici, których w czasie mojej trzeciej przeprawy znalazłam na Lungarno, tak samo. Pięciu z nich poznałam kilka miesięcy wcześniej na Monte Giovi. W strefie, gdzie Amerykanie na spadochronach zrzucali nam broń. Broń, z której pewnego razu partyzanci komunistyczni nas okradli. Ci zabici należeli do Brygady Rossellego i mieli niewiele więcej lat ode mnie, mój Boże! Denerwuję się, tak, denerwuję się. Ponieważ już od półwiecza komuniści usiłują przypisać sobie całe zasługi Ruchu Oporu, każąc nam wierzyć, że był on ich dziełem i nikogo innego. Kiedy składa mu się hołd na placach, pozwalają sobie nawet na przepędzanie tych, którzy nie wymachują czerwonym sztandarem. Kilka lat temu tak się stało w Mediolanie. Zresztą to samo miało miejsce w Wietnamie. Narodowy Front Wyzwolenia Wietnamu składał się z mężczyzn i kobiet o różnej przynależności politycznej: na Południu nie walczyli jedynie komuniści. Byli tam także buddyści, katolicy, liberałowie. Ale o nich nigdy się nie wspomina. Już w roku 1967, czyli w roku, w którym po raz pierwszy pojechałam do Wietnamu, mówiło się jedynie o Wietnamczykach-komunistach. Słowo Wietkong weszło do powszechnego użycia, a nawet do słownika i wchłonęło inne, a wie Pani, dlaczego? Ponieważ już wtedy komuniści przywłaszczyli sobie Front Wyzwolenia Narodowego, czyli Ruch Oporu. Zupełnie tak jak pewni włoscy komuniści próbowali, wciąż jeszcze próbują, czynić we Włoszech. A to nie tylko znieważenie Historii: to znieważenie innych poległych. To jakby powiedzieć, że w niemieckich obozach ginęli tylko Żydzi i nikt więcej. Że nie-Żydzi, czyli polscy katolicy, rosyjscy jeńcy, Cyganie, homoseksualiści, antyfaszyści wszelkich narodowości i każdego wyznania, począwszy od Mafaldy di Savoia i córki Nenniego zabitej w Dachau, byli tam na wakacjach. A jednak powody, dla których na Lewicy nikt mi się nie podoba, są zupełnie inne.

A więc jakie?

Takie, o których mówię w ostatnich dwóch książkach. Które wszyscy znają. Terroryzm intelektualny, jaki Lewica uprawia od sześćdziesięciu lat, stosując tę samą strategię, której używa, aby przywłaszczyć sobie Ruch Oporu. Pranie mózgu, które funduje ludziom, wmawiając im, że kto nie gra w jej drużynie futbolowej, jest kretynem, a nawet dinozaurem, reakcjonistą, istotą godną pogardy i skazaną na Piekło. Potem hegemonia kulturowa, którą Lewica ustanowiła na wszystkich najistotniejszych obszarach życia społecznego. W szkołach, na uniwersytetach. W prasie, w telewizji. W wydawnictwach, w świecie muzyki, kina. W armii, nie wyłączając karabinierów, w policji. W sądach. Proszę pomyśleć o czerwonych urzędnikach sądowych, których Lewica wywindowała w górę, o sędziach pierwszej instancji, którzy przyznają rację muzułmaninowi występującemu przeciw obecności krzyży, o sędziach, którzy wypuszczają z więzień wspólników terrorystów albo skazują ich na kary będące czystą kpiną. I o tych, którzy twierdzą: „Ustawa Turco-Napolitano była słuszna, ustawa Bossi-Fini jest niesprawiedliwa". Dobry Boże, jedynie Kościół Katolicki potrafił narzucić podobną hegemonię kulturową. Trzeba wrócić pamięcią do tyranii, którą Kościół Katolicki otumaniał nas i zastraszał przez całe stulecia, do jego prania mózgów, do jego Inkwizycji, aby znaleźć porównanie z tym, co od ponad sześćdziesięciu lat dzieje się, owszem, w całej Europie, ale przede wszystkim we Włoszech. Dyktatury Hitlera i Mussoliniego przetrwały zaledwie dwie dekady. Ta natomiast trwa od ponad sześćdziesięciu lat i wraz z nadejściem Roku Dwutysięcznego osiągnęła straszliwą kulminację. Niech Pani pomyśli o tęczowych flagach, które zastąpiły flagi czerwone. Stały się nowymi sztandarami maryjnymi, owe tęczowe flagi. I biada ci, jeśli zamiast nich wywieszasz, jak ja, trójkolorówkę. Wywieszanie trójkolorówki jest dzisiaj herezją. Zaraz cię uznają za reakcjonistę, faszystę, podżegacza wojennego, jeśli wieszasz w oknie naszą narodową flagę. Czy wie Pani, że już prawie nigdzie się jej nie sprzedaje?!? Wie Pani, że wielu boi się, powtarzam, boi się, ją sprzedawać?!? Wie Pani, że trzeba udać się do sklepu z militariami, aby ją kupić?!? Sklepu-z-militariami! A to nie wszystko.

O mój Boże, co jeszcze?

Fałszywy pacyfizm: tą kartą Lewica gra od czasu, gdy dała ją sobie wcisnąć Związkowi Radzieckiemu, gdzie królowało niepodzielnie słowo Pacyfizm, ale Pierwszy Maja fetowano istną orgią dział, wozów opancerzonych, pocisków rakietowych, bomb, oddziałów, które maszerowały w równych szeregach jak oddziały Hitlera. Tą kartą w ostatnich wyborach Lewica zagrała z jeszcze straszliwszą hipokryzją pod postacią swoich antyliderów i wojujących pacyfistów, którzy w imię Pokoju ubliżali nawet Fassino z tęczowym szalikiem na szyi. I chwała Bogu, że tego samego dnia zawsze wierna telewizja zgodziła się pokazać w dzienniku policjanta, który do pewnej „pacyfistki" z mikrofonem dziennikarskim w ręku mówił oburzony: „Panienko, pokój to jedno, a pacyfizm drugie". I jeszcze jad antyamerykanizmu, którym Lewica, niegdyś na usługach Związku Radzieckiego, przepłukuje sobie usta. I jeszcze bezczelny filoislamizm, czyli sigridhunkizm, z którym Lewica, już zatruta antysemityzmem, bezwstydnie się pożeniła. Ten sigridhunkizm, który przywołuję w *Sile Rozumu*, kiedy opowiadam o nazistce Sigrid Hunke i jej książce *Słońce Allacha świeci nad Zachodem*. I jeszcze antyokcydentalizm, którym Lewica hańbi się, samookalecza. Wspierając wrogów naszej kultury, naszej cywilizacji. Nazywając terrorystów „bojownikami" albo „członkami ruchu oporu". Hołubiąc ich, bagatelizując albo ignorując ich rzezie. Pomagając im rękoma ekstremistów, których nigdy nie karze jak powinna. Albo dystansuje się od nich w pustych gestach, a równocześnie wynajmuje im lokale na konferencje prasowe Zakapturzonych. I jeszcze wyrachowany cynizm, z jakim wspiera inwazję islamską, z jakim narzuca nam żałosne pojęcie „gościny", z jakim zachęca i chroni nielegalnych imigrantów, z którym na wszelkie możliwe sposoby propaguje tak zwaną kulturę islamską. Zresztą czy to nie za rządów Prodiego i D'Alemy ta propaganda wybuchła z całym impetem, a inwazja zmieniła się w gangrenę?

A co z drugą stroną, stroną obecnego rządu?

Proszę mnie nie wyprowadzać z równowagi po raz kolejny. Co takiego uczynili ci z drugiej strony, aby przeszkodzić Europie w staniu się Eurabią, czyli kolonią Islamu, a Włochom bastionem tej kolonii?!? Co takiego uczynili, aby ugasić, przynajmniej we Włoszech, to, co nazywam Pożarem Troi?!? Pomijając kilka potyczek stoczonych przez Ligę, która jednak zawsze idzie na kompromis, pomijając niewystarczającą ustawę Bossi-Fini, którą Fini splamił swoją niekonstytucyjną propozycją prawa głosu dla obcokrajowców, odpowiem: bardzo mało. Przyznaję, mniej motorówek z imigrantami przybija do naszych brzegów. A jednak ten proceder ma miejsce, jest nieunikniony. Latem dociera tu nawet tysiąc osób dziennie. A jeśli łódce nie udaje się dobić do brzegu, nasza Straż Przybrzeżna zatroszczy się, aby ułatwić im sprawę. Nawet jeśli znajdują się na wodach międzynarodowych... To samo dotyczy szczodrego przyznawania azylu politycznego. To samo dotyczy coraz większej liczby nielegalnych imigrantów i niedołęstwa albo tchórzostwa stawiających temu zjawisku czoła Komend Policji. Pomalutku, po cichutku meczety wyrastają, jak okiem sięgnąć, a zuchwalstwo najeźdźców tak już wzrosło, że nikt nawet nie zwraca na nie uwagi. Proszę mi powiedzieć: kto dzisiaj buntuje się przeciw temu, że w Colle Val d'Elsa, czyli w krajobrazie Simone Martiniego, Duccia Boninsegni i Ambrogia Lorenzettiego, niebawem wyrośnie meczet z minaretem wysokim na dwadzieścia cztery metry? Meczet, który będzie drugim po megameczecie w Rzymie, powstałym w wyniku nadużycia, o którym opowiadam w *Sile Rozumu*. Kto się dzisiaj oburza z powodu jakiegoś Marokańczyka, który łamiąc Kodeks Karny żyje z dwiema lub trzema żonami i miałby chętkę mnie także zmusić do noszenia burki? Kto dzisiaj pała gniewem wobec Albańczyka, który szerzy prostytucję i po pijanemu potrąca samochodem przechodniów, zabija ich? Kto się dzisiaj sprzeciwia, gdy jakiś Sudańczyk sika na zabytki i rozprowadza narkotyki po zakrystiach? Kto dzisiaj protestuje przeciwko Somalijczykowi, który, aby zachować barbarzyński zwyczaj obrzezania dziewczynek, wymyśla i praktykuje w szpitalu publicznym farsę tak zwanej infibulacji w wersji soft? Kto się dzisiaj gorszy, kiedy jakiś Algierczyk napada na policjanta albo grozi mu, gdy ten chce go aresztować? „Uważaj-bo-jeśli-się-zbliżysz-odetnę-sobie-fiuta-tą-żyletką-a-potem-powiem-że-ty-mi-to-zrobiłeś-i-w-więzieniu-skończysz-ty" mówią, prawie zawsze, w takich okolicznościach. Kogo dziś zdumiewają artykuły-wyciskacze łez tak zwanej niezależnej prasy albo oburzające nonsensy wypisywane przez tych, którzy jak „l'Unità" przyznaliby pozwolenie na pobyt nawet bin Ladenowi? Ludzie już się przyzwyczaili. Już przywykli, stracili czujność. Biernie przyjmują sprawy, akceptują je jak zmianę pór roku. A winna wszystkiemu jest także Druga Strona.

Zawieszam na chwilę rolę potakującej słuchaczki, bo chcę Pani coś powiedzieć: to my dwie podczas wojny w Wietnamie opowiadałyśmy o okrucieństwach, jakich dopuszczano się zarówno po jednej, jak i po drugiej stronie. To my pisałyśmy prawdę tak z Hanoi, jak i z Sajgonu. Dlatego rozumiem Pani święte oburzenie. A jednak nie można mierzyć wszystkich tą samą miarą. Nie można przypisać wszystkim takiej samej winy.

Przyznaję. Nieszczęście polega na tym, że nieprzyjaciela, dobrowolnie lub niedobrowolnie, można wspierać na wiele sposobów. Jeden z nich to milczenie, marazm albo dwuznaczne zachowanie charakterystyczne dla Drugiej Strony. Proszę im się dobrze przyjrzeć, tym z Drugiej Strony. W stosunku do obcego, który panoszy się w naszym domu, zawsze zachowują się niejednoznacznie. Palą Panu Bogu świeczkę, a diabłu ogarek, zmieniają front w zależności od tego, skąd wiatr wieje, albo milczą. Czy zdaje sobie Pani sprawę, że w ostatniej kampanii wyborczej żaden z nich nie zabrał głosu na temat imigracji, na temat problemów, które ona powoduje?!? Żaden. Nawet nikt z Ligi. To temat, który dotyczył i dotyczy Europy, a zatem i deputowanych do Parlamentu Europejskiego: tak czy nie?

Temat najbardziej oczywisty. Wymagający błyskawicznej reakcji. Najbardziej dramatyczny. A oni tymczasem kłapali dziobami tylko o Iraku, czy wycofać wojsko, czy też nie, czy włączyć w to ONZ, czy też nie. A na temat obcego, który panoszy się w naszym domu, który przybija do naszych brzegów, kiedy chce i jak chce, który na wszelkie możliwe sposoby stroi sobie z nas żarty – kamienne milczenie. Jakby podpisali na ten temat jakieś porozumienie ze swoimi przeciwnikami. Ech! Może i faktycznie podpisali. Bo publicznie kąsają się jak wściekłe psy, tak. Albo pozwalają się kąsać. Ale prywatnie całują się z języczkiem. Do barów wybierają się razem, na kolację razem, na mecz razem, nad morze razem. Poklepują się po plecach, uważają się za „kolegów". Wczoraj wieczorem widziałam w telewizji znaczącą scenkę. Na tle placu Montecitorio można było zobaczyć dwóch spacerujących jegomościów. Przechadzając się, ucinali sobie serdeczną pogawędkę, powiedziałabym, że nader przyjazną, uśmiechali się do siebie jak parka narzeczonych. Wytężyłam wzrok i proszę zgadnąć, któż to był taki: sekretarz Związku Chrześcijańskich Demokratów i Demokratów Centrum oraz sekretarz Włoskich Komunistów. Cóż, jestem pewna, że wiele osób skomentowało to tak: „Jakież kulturalne zachowanie". Ja nie. Według mojej etyki, według mojego kręgosłupa moralnego nie jest wcale dobrze, kiedy dwaj panowie, z którymi ich wyborcy związali tak odmienne nadzieje, chodzą sobie razem na spacer, uśmiechając się do siebie jak parka narzeczonych. Jakby sobie mówili: „Widziałeś? Ci kretyni nie spostrzegli się, że w kwestii imigracji obaj trzymaliśmy buzie na kłódkę". Nie mówiąc już o błędach i niedostatkach Drugiej Strony, które mnie przygnębiają czy wręcz oburzają.

Na przykład?

Na przykład (mówiłam już, ale chętnie powtórzę) o tym, że zabrakło im jaj, aby przepchnąć te państwowe uroczystości pogrzebowe dla Quattrocchiego. Na przykład o fakcie, że nie zdołali zdobyć ocenzurowanego filmu wideo od sługusów Al-Kaidy, czyli od podejrzanej stacji telewizyjnej noszącej miano Al-Dżazira. Dlaczego? Czyżby kat, do którego Quattrocchi powiedział w naszym języku: „Teraz ci pokażę, jak umiera Włoch", był naszym współobywatelem? Czy był wspólnikiem Czerwonych Brygad albo Zakapturzonych, albo jakichś antyglobalistów? Ci z Drugiej Strony powinni byli to wyjaśnić. Powinni byli także wyjaśnić, kto stał za wypowiedzią, którą – aby uwolnić trzech pozostałych zakładników – Zielone Brygady Mahometa zaatakowały Berlusconiego. Tą wypowiedzią z kampanii wyborczej, w której zażądały pozwolenia (i otrzymały) na pacyfistyczną demonstrację. Pytanie: kto podszepnął Zielonym Brygadom Mahometa pomysł tej wypowiedzi? Kto ją zredagował? A co gorsza: kto zredagował albo kto poddał bin Ladenowi pomysł wystąpienia, w którym informuje on nas w języku włoskim, że jego następnym celem będzie Italia-Berlusconiego-sługusa-Białego-Domu i tak dalej? Nawet styl był podobny do stylu Czerwonych Brygad, Zakapturzonych, niektórych antyglobalistów. A ja wykluczam, że bin Laden jest wytrawnym znawcą włoskiej polityki. Wykluczam, że Berlusconi interesuje go bardziej niż Bush i Blair. A zatem sądzę, że w tym wystąpieniu maczał palce jakiś nasz rodzimy oprawca. I powtarzam: ci z Drugiej Strony powinni to wyjaśnić, powiedzieć to głośno. Ale nie wyjaśnią. A jeśli wyjaśnią, to nie powiedzą głośno.

Widzę, że moja próba pohamowania Pani świętego oburzenia, przypominanie, że nie można wszystkich mierzyć tą samą miarą, nie na wiele się zdała.

Rzecz w tym, że nie mogę się skłonić do Pani rozumowania. O ile obserwowanie piłkarzy w czerwonych, różowych, zielonych lub tęczowych spodenkach i koszulkach doprowadza mnie do szału, o tyle oglądanie tych w spodenkach i koszulkach białych, czarnych albo błękitnych budzi mój niesmak. Choćby estetyczny. Jest wśród tych panów jeden, który przypomina Jokera granego przez Jacka Nicholsona w filmie *Batman*. W jego lodowatym uśmieszku kryje się coś złowieszczego. Czy to prawda, że kiedyś był dentystą? Dobry Jezu. Wolałabym ścierpieć ból zębów niż oglądać ten szyderczy uśmiech nad sobą. Setnie się ubawiłam, kiedy dziennik „Libero" opublikował na pierwszej stronie jego fotografię pod nagłówkiem: „Wpadliśmy w ręce tego typa". Jest też drugi, który wygląda jak wioskowy głupek. Ma tak mało inteligentną twarz, biedaczek, i jedną wargę tak obwisłą, że nachodzi człowieka chęć opłacenia mu operacji plastycznej. A co do jego wypowiedzi, no cóż: nie tak dawno temu poważnie się poślizgnął, bełkocząc w jakiejś przemowie, że Mussolini był Ojcem Narodu. Jest jeszcze jeden, który przypomina herszta bandytów z westernu. Gdybym była reżyserem westernów, zaraz zaproponowałabym mu rolę czarnego charakteru. Poza tym budzi we mnie niedobre wspomnienia. Wspomnienia z czasów, gdy byłam dzieckiem, a politykę uprawiało się za pomocą oleju rycynowego. Zresztą ideologicznie jego partia z owych czasów się wywodzi i tak jak w przypadku ekskomunistów, nie wierzę, że pewne korzenie łatwo się usuwa. A co do dawnych chrześcijańskich demokratów, o mój Boże. Wszyscy nasuwają mi na myśl Mortadelę, czyli Prodiego.

Nigdy nie dojdziesz, z kim trzymają i za czym gonią. Poza, rzecz jasna, władzą. Odkryłam, że na przestrzeni dziesięciu lat ten, który miał zostać komisarzem Unii Europejskiej, zmienił adres pięć razy. W roku 1994 mieszkał w lokum, które nazywało się PPI: Włoska Partia Ludowa. W roku 1995 w innym, które się nazywało CDU: Unia Chrześcijańsko-Demokratyczna. W roku 1998, w innym, które się nazywało UDR: Unia Demokratyczna na rzecz Republiki. (Czyżbyśmy jej jeszcze nie mieli, Republiki?) W roku 1999 w czwartym, które się nazywało Gruppo Misto. W roku 2002 w piątym, które ciągle jeszcze nazywa się UDC: Związek Chrześcijańskich Demokratów i Demokratów Centrum. Och, wiem, że mówiąc to wyświadczam przysługę sobowtórowi Karola Alberta i pyszałkowi z głową ogoloną na Yula Brinnera oraz samemu Mortadeli. Wiem, że odgrywając tu Salomona zniechęcam tych, co później zadadzą mi pytanie, na które nie potrafię odpowiedzieć: „A zatem z kim trzymamy, na kogo głosujemy?". I bardzo mnie to boli. Ale ja przynajmniej nie stosuję podwójnej miary.

Co prowadzi nas prosto do Berlusconiego.

Tak, chociaż bez nadmiernego zapału. Nie chcę pastwić się nad nim na wzór karykaturzystów, którzy zasypują go gradem strzał niby jakiegoś świętego Sebastiana, aby sprawić przyjemność Demokratom Lewicy. Nigdy nie byłam sojuszniczką Berlusconiego. We *Wściekłości i Dumie* poświęciłam mu pełen potępienia fragmencik, niemalże niegrzeczny, w *Sile Rozumu* wytargałam go za uszy. Ale nie będę jego Maramaldem. Czyli tym tępym i okrutnym najemnym żołnierzem, który w roku 1530 podczas oblężenia Florencji zabił rannego i spętanego Francesca Ferrucciego. Tak, że Ferrucci wyzionął ducha mówiąc z pogardą: „Maramaldo, zabiłeś martwego człowieka".

A więc widzi w nim Pani konającego, a nawet nieboszczyka?

Nie, nieboszczyka nie. Jeszcze nie. Lewica nie wygrała ostatnich wyborów. We Francji i w Niemczech wybory europejskie przegrała z wielkim hukiem, a we Włoszech zaledwie zremisowała z Centrolewicą. Co do wyborów administracyjnych, zwyciężyli w nich ekstremiści, z którymi Drzewo Oliwne będzie musiało pójść na ugodę. I już widzę to pierze, te kogucie grzebienie, te indycze korale fruwające po kurniku: czy to możliwe, że antyglobaliści i Bertinotti, i Cossutta zdołają ścierpieć Mortadelę? W roku 1998 Bertinotti zostawił go na lodzie i jeszcze dziś jest z tego dumny. Używam porównania do Maramalda, ponieważ Berlusconi jest ranny, ciężko ranny, i spętany łańcuchami. Jest też, przede wszystkim, więźniem samego siebie. Swoich błędów, swoich wad. Największą jego wadą jest zasmucający brak pokory. Największym błędem niezrozumienie, że Włosi wybrali go z desperacji, a nie z przekonania. Czyli dlatego, że nie byli już w stanie znosić nieudolności i bezczelności Lewicy, jej żenujących Prodich, jej nadętych D'Alemów, jej sigridhunkistów od siedmiu boleści. A jednak w roku 1994 Berlusconi to wyczuł. Świetnie pamiętam, jak zareagował w telewizji na informację, że wygrał wybory. Wydawał się zdumiony, nie dowierzał. Zdawało się, że mówi sobie: „Do licha, czy to zdarzyło się właśnie mnie?!?". A nawet w pewnym sensie wypowiedział to na głos. Nie potrafię zacytować tego zdania, ale z grubsza wyraził się, że polityka nie jest jego rzemiosłem, że on jest tylko skromnym przedsiębiorcą, ale postara się sobie poradzić i jeśli mu się nie powiedzie, to wróci do domu. Te słowa jednocześnie mnie przeraziły i ucieszyły. Nie bez kozery pomyślałam: „Młody człowieku, jeśli boisz się, że ci się nie powiedzie, że nie podołasz, to po co startowałeś w wyborach?!?". A potem, niemalże urzeczona mimowolną prostodusznością tych słów: „Do diabła! Kto kiedykolwiek powiedział coś podobnego?!?".

Wróćmy do jego ran i do łańcuchów.

Jest więźniem samego siebie i swoich niewiernych sprzymierzeńców, jak powiedziałam. Ich podłości, ich zasadzek, ich zdrad, ich szantażu, ich zmiany kursu, która nieuchronnie nastąpi. I jest ranny, ciężko ranny, z powodu ludożerstwa swoich przeciwników, którzy paplają o demokracji, ale w gruncie rzeczy są takimi demokratami jak ja muzułmanką. Berlusconi zewsząd krwawi, przeszywany strzałami jak święty Sebastian. Wrogowie capnęli go wszystkimi zębami, jakie mieli. Czerwoni urzędnicy sądowi. Związki zawodowe, które od sześćdziesięciu lat są osobistym lennem Karola Marksa. Bankierzy, którzy gwiżdżąc na Naród, stoją na straży miliardów dawnej Włoskiej Partii Komunistycznej. Redaktorzy naczelni, którzy marzą, aby ujrzeć go zwisającego głową w dół z jakiegoś haka na placu Loreto. Telewizje, których on sam jest właścicielem, co jednak w niczym mu nie pomaga. Wojujący pacyfiści, strony internetowe, na których można szerzyć każde oszczerstwo. Konstytucyjny Olimp, który nie ma wobec niego długów wdzięczności, a zawdzięcza swoje szczęście Lewicy, więc jest wobec niej uprzedzająco grzeczny, jemu zaś zawsze stara się okazać wszelkimi sposobami, że nie może go ścierpieć. I sama Confindustria, która, nie licząc komunistów z Kawiorowej Lewicy, zawsze idzie tam, gdzie ją prowadzą finansowe kalkulacje. A więc nie dziwmy się, że nowy przewodniczący pokazuje się niczym jakiś Agnelli na bankiecie, który Włoska Powszechna Konfederacja Pracy zorganizowała w Serravalle Pistoiese, i że robotnicy oklaskują go tak samo, jak oklaskiwali Togliattiego i Berlinguera. Jest też ranny, konkludując, ponieważ nie należy do mafii politycznej, ponieważ jest w tym towarzystwie prawdziwym parweniuszem. Parweniusze, czyli *new-comers*, *self-made men* cieszą się uznaniem w Ameryce, która wynalazła nowoczesną demokrację. Nie w Europie, gdzie nawet Rewolucja Francuska nie zdołała wykorzenić psychicznego uzależnienia od idei arystokracji. Zgoda, od końca dziewiętnastego wieku historia Europy pełna jest parweniuszy, *new-comers* i *self-made men*, którzy dochodzą do władzy. Począwszy jednak od Napoleona, który, aby go naprawdę zaakceptowano, musiał zostać królem i cesarzem, ich czas nigdy nie trwał długo. A we Włoszech doprowadzić do ich upadku jest szczególnie łatwo, ponieważ Włosi są niestali. Niecierpliwi i niestali. Raz cię kochają, raz nienawidzą, raz wychwalają, raz wyrzucają za drzwi. A co więcej, w przeciwieństwie do narodu amerykańskiego, zazdroszczą tym, którzy mają dużo pieniędzy. Wreszcie, z powodu braku kultury politycznej albo lenistwa, albo ospałości nigdy nie przyjmują na siebie odpowiedzialności. Przerzucają ją zawsze na władzę. Pada-bo-rządzą-nami-złodzieje.

Pomówmy o wadach.

Wynikają z jego braku pokory. Berlusconi nie jest głupcem: głupcami są ci, którzy go takim widzą. Berlusconi to człowiek inteligentny. Gdyby nie był inteligentny, nie osiągnąłby wielkiego sukcesu jako przedsiębiorca i jako polityk-amator. Nie stałby się jednym z trzydziestu najbogatszych ludzi świata. Nie byłby bogatszy od szejka Emiratów Arabskich, Zayeda Bin Sultana Al-Nahyana. O wiele bogatszy od królowej Elżbiety i od Busha. Ogłosił to w lutym ubiegłego roku magazyn „Forbes", który nigdy nie myli się w tych sprawach. Gdyby Berlusconi nie był inteligentny, nie wykreowałby w pięć miesięcy partii, która z miejsca wygrała wybory, czyli zgarnęła całą pulę jak w totolotku, co w roku 1994 zdumiało nawet jego samego. Prawdziwy sukces nie zdarza się przypadkiem, nie zależy od szczęścia. Rodzą go osiągnięcia, dzieci inteligencji. A jednak jako człowiek ten biedny Berlusconi jest bezprzykładnie zarozumiały. Zawsze wierzy, że jest najlepszy. Najzdolniejszy, najsprytniejszy, istny geniusz, który potrafi rozwiązać każdy problem. Między innymi problem, jak w pojedynkę rządzić państwem.

A rządzenie państwem jest naprawdę najtrudniejszym zadaniem, jakie istnieje. Żeby się tym zajmować, potrzeba wielkiej pokory. Osobiście Berlusconiego nie znam. Ale w ostatnich latach dokładnie mu się przyjrzałam. Poddałam dokładnej analizie to co robił, to co mówił, i za każdym razem dochodziłam do identycznego wniosku: ten człowiek jest zbyt zarozumiały. Jest bardziej zarozumiały od komunistów, największych pyszałków, jakich nosi ziemia. Nawet jego potknięcia związane z brakiem wyczucia biorą się z zarozumialstwa. Proszę sobie przypomnieć, co zrobił w zeszłym roku, kiedy zamiast udać się do Iraku i podziękować naszym żołnierzom, ulotnił się, żeby zrobić sobie lifting. Po prostu opadły mi ręce. Wykrzyknęłam oburzona: „Do pioruna, wszyscy pojechali do Iraku! Nawet ten bałwan Karol Windsor. A on jeszcze tu jest i traci czas wygładzając sobie zmarszczki jak Gloria Swanson w *Bulwarze Zachodzącego Słońca*". Potem podsumowałam: do krocset, stryj Bruno miał zupełną rację, kiedy mówił o skretyniałych inteligentach, a właściwie o inteligentnych kretynach! Inna sprawa, że w porównaniu z jego najważniejszym błędem tamto potknięcie było drobiazgiem. Nic nieznaczącą błahostką.

A co jest, Pani zdaniem, tym najważniejszym błędem?

To, że uważając się za geniusza zdolnego sprostać wszystkiemu w pojedynkę, otacza się zawsze ludźmi niewartymi splunięcia. Przeciętniakami, yes-menami, czyli potakiwaczami, którzy zawsze mówią „tak". Skoro-już-tu-jestem-o-wszystko-zadbam-sam, myśli Berlusconi. Napoleon też był zarozumialcem. Był bogiem i ikoną pychy. A jednak zawsze wybierał najlepszych. Najlepszych generałów, najlepszych dyplomatów, najlepszych prawników, najlepszych uczonych, najlepszych architektów, najlepszych artystów, najlepszych doradców. Nawet jeśli budzili w nim wstręt, tak jak Talleyrand. („Monsieur Talleyrand, vous êtes une merde dans un bas de soie. Jest Pan gównem w jedwabnych pończochach", mówił Talleyrandowi.) Berlusconi nie. A kiedy kogoś zwalnia, bez wahania sam zajmuje jego miejsce. Zostaje ministrem spraw zagranicznych, środowiska, finansów, skarbu, edukacji narodowej, sportu, sprawiedliwości, zdrowia, opieki społecznej, równouprawnienia. Gorzej. Jeśli Niebiosa zsyłają mu porządnego człowieka, który myśli za pomocą własnej głowy, prędzej czy później Berlusconi go wyrzuca albo sprawia, że tamten sam odchodzi. Miał dobrego doradcę, istotnie. Był nim Giuliano Ferrara. Nie pałam sympatią do Ferrary. Nie dlatego, że jest zbyt tłusty, ale dlatego, że jest niegodziwy. Wywodzi się z partii komunistycznej, drzemie w nim jeszcze coś z bolszewickiego ducha. Ponadto nie może ścierpieć cudzych sukcesów i jakkolwiek o wielu sprawach myśli tak samo jak ja, napisał o mnie i kazał opublikować obrzydliwe rzeczy. Nieprawdziwe, zniesławiające, obrzydliwe. Nie bez kozery pozwałam go do sądu i gdyby we Włoszech sprawiedliwość była jeszcze w modzie, zostałby skazany przynajmniej na dożywocie. A jednak nikt nie może zaprzeczyć, że jest inteligentny. Że jest wykształcony, że jego umysł świetnie pracuje i że na polityce Ferrara zna się jak mało kto. Cóż: jak się wydaje, Berlusconi go wyrzucił. Albo raczej sprawił, żeby wyrzucił się sam. Zapewne nie słuchał go i w końcu Ferrara dostał białej gorączki. Powiedział mu: „Rób, co tam sobie chcesz, do diabła".

A co Pani sądzi o przypadku Tremontiego?

Nigdy nie mówię o rzeczach, na których się nie znam. A o ekonomii, o finansach nie mam zielonego pojęcia. Nawet o tym, czym są pieniądze, banki, giełda i tak dalej. Albo inaczej: rozumiem tylko, że w całej Eurabii ekonomia miewa się źle z powodu Klubu Finansowego, który nosi nazwę Unii Europejskiej. Czyli z powodu tego pieprzonego euro, które stoi o wiele wyżej od dolara, więc za pomidory płacisz górę złota, a produktów europejskich sprzedaje się mniej niż amerykańskich. Jeśli dwa sklepy oferują po różnej cenie identyczny towar, pójdziesz do tego, w którym zapłacisz mniej: a może się mylę? A więc nie mogę wiedzieć, czy w rządzie Berlusconiego profesor Tremonti był kimś w rodzaju Adama Smitha, Einsteina Ekonomii, kimś, przed kim należy uchylić kapelusza. Wiem jednak, że oburzyło mnie jego odsunięcie dokonane za pomocą zwykłego zawiadomienia o dymisji. Zobaczyłam w tym gest uległości wobec opozycji, która pragnie władzy, która przeszkadza Berlusconiemu nawet wtedy, gdy on chce korzyści ludu. Jak w przypadku podatków, które Berlusconi próbuje obniżyć, a ci frazesowicze mu nie pozwalają. Dostrzegłam w zdymisjonowaniu Tremontiego wręcz akt masochizmu. I bardzo bym chciała, aby okazała się prawdziwa ta historia z docinkiem, którym Tremonti ponoć odgryzł się Berlusconiemu.

Jakim docinkiem?

„Drogi Berlusca, na tym srebrnym półmisku ja kładę swoją głowę. Ale ty kładziesz jaja".

Niezłe. A teraz wróćmy do J'accuse.

Cóż, moim zdaniem Berlusconi mało się uczył. Ma dyplom z prawa, owszem, ale dyplom to nie wszystko: poznałam w życiu więcej idiotów z dyplomami niż bez. Ignorancja jest cechą bardzo częstą wśród polityków, wiadomo. Proszę pomyśleć o tych, którzy tak potwornie kaleczą składnię: to moja obsesja. A nie da się rządzić w pojedynkę, ignorując podstawy polityki. Czyli Historię i Filozofię. Bardzo bym się zdziwiła, gdyby Berlusconi okazał się znawcą Historii i Filozofii. Ponadto wydaje mi się, że na temat Władzy ma wyobrażenie dosyć płytkie. Powierzchowne. Że dla niego Władza oznacza rezydowanie na tronie. Nie na tronie autorytetu moralnego czy intelektualnego, lecz na tronie autorytetu politycznego. Za bardzo się ekscytuje, kiedy stoi obok Busha albo Putina. A nawet kiedy spotyka się z tymi dwoma zerami, które zwą się Schröder i Chirac. Jego nieustający uśmiech rozszerza się wtedy od ucha do ucha, a właściwie aż po kark, on zaś cały się rozpromienia, pewnie kiedyś zapomni o swojej pysze i wyrwie mu się: „Patrz, z kim stoję!". W gruncie rzeczy wydaje się tym trochę onieśmielony. Zupełnie jak parweniusz, który zważając jedynie na dystynkcje i pozory, a nie na istotę rzeczy, uważa, że został wreszcie zaakceptowany. Że dotarł na szczyt. Nie rozumie, krótko mówiąc, że w przytłaczającej większości przypadków ten, kto zasiada na tronie autorytetu politycznego, jest przeciętnym biedaczyną, który miał szczęście wygrać na loterii. Może Ferrara zapomniał mu to wyjaśnić. Gdybym go spotkała, o czym wcale nie marzę, ponieważ musiałabym wtedy pokłócić się z nim na śmierć, wyjaśniłabym mu to sama. Powiedziałabym mu, że poznałam więcej ludzi władzy niż on. Aby przeprowadzić z każdym wywiad, spędzałam z nimi całe dnie i mogę go zapewnić, że w pięciu przypadkach na dziesięć byli godnymi politowania gnojkami, więc pozwalać im się onieśmielać byłoby nonsensem. Zresztą to ja ich na ogół onieśmielałam... Albo byli figurami, których nie sposób brać poważnie. Na przykład Kissinger, który tego śmiechu wartego Pokojowego Nobla dostał za Pokój, do którego nigdy nie doszło. I który nawet przy mnie miał całą masę wpadek, choćby wtedy, gdy zakwestionował sławne zdanie o kowboju i gdy powiedział, że na fotografii wydawałam się piękną kobietą, a w rzeczywistości jestem brzydkim kaczątkiem. „A little ugly duck". Albo gdy napisał w swojej książce *Lata w Białym Domu*, że zgodził się ze mną spotkać „z próżności", czyli dlatego, że chciał dołączyć do mojego „Olimpu Możnych". I gdy w kolejnej książce napisał, że wobec niego byłam nieprzyjemna, ale za to dla Le Duca Tho słodka jak cukierek. Dureń! Le Duc Tho nigdy nie był bohaterem mojego wywiadu. Nigdy go nie spotkałam. Nie widziałam nawet z daleka. Powiedzmy sobie jasno i otwarcie, droga przyjaciółko: tych, których należało brać serio, mogłyśmy policzyć na palcach jednej ręki. Chomeini, Deng Xiaoping, Golda Meir, może Indira Gandhi. A oni także wygrali na loterii.

Zawieszam ponownie rolę potakującej słuchaczki, żeby powiedzieć, co następuje: uważam, że największą winą Berlusconiego było to, iż nie umiał, nawet nie próbował stworzyć klasy zarządzającej, która byłaby w stanie przeciwstawić się hegemonii kulturowej Lewicy. Hegemonii, która poza wszystkim innym wspiera się na starej ideologii. Na starej demagogii, na starej retoryce. Na tym wszystkim, co przeżyło się razem z upadkiem komunizmu, i na dobrobycie, jakiego nigdy wcześniej nie było. A w konsekwencji jest to hegemonia wytarta na łokciach, nieświeża, trzymająca się na nogach jedynie dzięki ciemnocie i przemocy.

Także hegemonia kulturowa Kościoła była wytarta na łokciach i nieświeża, kiedy we Florencji rozkwitł Renesans. A jednak Savonarola trzymał w garści całą społeczność i dzięki ciemnocie, dzięki przemocy ta hegemonia trwała przez wieki. Przetrwała nawet Oświecenie, Rewolucję Francuską, Napoleona. A więc odpowiadam: nawet gdyby Berlusconi miał wrodzone zdolności, czyli ten rodzaj inteligencji, który jest potrzebny, aby wzniecić jakiś Renesans, nawet gdyby był Wawrzyńcem Wspaniałym i wydał swoje pieniądze, aby Pałac Chigich wypełnić Arystotelesami, Platonami, Leonardami da Vinci i Galileuszami, to i tak nie zdołałby nawrócić Korei Północnej. Ponieważ nie wystarczyłoby mu czasu. Lewica umacniała się na swojej pozycji hegemona przez ponad sto lat dzięki biurokratycznemu aparatowi, którego on nie posiada. A przez siedemdziesiąt cztery lata pod potężnym patronatem Związku Radzieckiego, jak też przy wsparciu znakomitych umysłów. Zaś Berlusconi, który nie ma zresztą znakomitych umysłów, miał na wszystko nie więcej niż kilka lat. Dziesięć lat, licząc od roku 1994, czyli od czasu, gdy po raz pierwszy wszedł do rządu, a za sprawą zdrady Ligi został w nim jedynie przez dziewięć miesięcy. Licząc od 2001, czyli roku, w którym powtórnie wygrał wybory, trzy lata. To naprawdę niewiele czasu na dokonanie tego, czego brak Pani, i nie tylko Pani, mu zarzuca. Poza tym Berlusconi jest liberałem. Wolność bardzo leży mu na sercu, jestem tego pewna. Aby to wiedzieć, wystarczy przyjrzeć się, jak cierpliwie znosi wrogość należących do niego kanałów telewizyjnych. Jedyny wyjątek stanowi ten, który jest mu tak oddany, że wręcz go ośmiesza. Antyliberalizm zaś źle zwalcza się cierpliwością, której wymaga z kolei poszanowanie wolności.

Jak Pani sądzi, ile czasu przetrwa Berlusconi?

Hm! W odwiecznej dżungli włoskiej polityki Berlusconi otworzył nadzwyczaj dziwny nawias. I nie wiem, czy ten nawias zamknie się za dzień, czy za miesiąc, czy za rok, czy za dwa lata, czy za siedem. Berlusconi, w gruncie rzeczy, zrobił coś dobrego. Nie podrabiał cynicznego populizmu Zapatera. W polityce zagranicznej okazał więcej odwagi, niż sądziłam, że ma, kiedy go oskarżyłam o brak jaj i rzuciłam mu w twarz przykład mojej matki rzucającej się na mężczyznę, który jej powiedział: proszę-Pani-jutro-rano-o-szóstej-rozstrzelamy-Pani--męża. Pohamował też nieco, powtarzam, ordy islamskiej ofensywy. I koniec końców: nie pogwałcił przy tym wszystkim wolności. Wiem jednak, że Maramaldami, którzy są w stanie go zniszczyć, nie są jego przeżarci rozkładem oponenci. To jego obłudni sojusznicy. Ci panowie, którzy na placu Montecitorio chadzają na spacer z opozycją. Którym z powodu garstki głosów przewróciło się w głowie i którzy go dręczą swoimi szantażami. Którzy jako zapłatę za to, że go nie zdradzą, żądają kolejnych foteli w ministerstwach. Oni go zniszczą, tak. Albo wyślą na Świętą Helenę. Potem uczczą zwycięstwo Kongresem Wiedeńskim, w gruncie rzeczy podobnym do tego, na którym w roku 1815 Metternich przeprowadził Restaurację, i wpadniemy wszyscy z deszczu pod rynnę. Ale już dosyć. Jestem zmęczona, źle się czuję. Miałyśmy przeprowadzać wywiad, a tymczasem piszemy na poczekaniu książkę.

Rzeczywiście. Nie zorientowała się Pani wcześniej? Proszę zatem czerpać siłę ze swoich przeciwciał, a mnie pozwolić zachęcić Panią do mówienia za pomocą jeszcze kilku pytań. Na przykład następującego. Lubi Pani Busha?

Gdyby grad zniewag, oskarżeń, obelg i złorzeczeń nie bił w Busha jak Biblijny Potop (grad, w porównaniu z którym krzyżowanie Berlusconiego wydaje się drobnostką), odpowiedziałabym Pani krótko i węzłowato: „Nie. Lubię jego żonę". Co jest prawdą, *by the way*. Lubię jego żonę, i to bardzo, ponieważ jest sobowtórem mojej matki. Do takiego stopnia, że kiedy widzę ją w telewizji, zawsze zrywam się i krzyczę: „Co ty tam robisz, mamo?!". Moim zdaniem Laura Bush została sklonowana z komórki mojej matki przed jej śmiercią. Ta sama twarz, to znaczy te same usta, ten sam nos, te same policzki, te same oczy, te same włosy. Ta sama sylwetka, to znaczy ten sam wzrost, ta sama waga, te same biodra, te same nogi. Ten sam głos, ten sam uśmiech, ten sam śmiech, ten sam sposób poruszania się i ubierania. Jak również ta sama miłość do szkoły. Laura Bush jest dumną ze swojej pracy nauczycielką. Moja matka zawsze żałowała, że nie jest nauczycielką, i bardzo chciała, abym ja nią została. Natomiast grad zniewag, zarzutów i obelg zabrania mi krytyki, więc na temat Busha nie powiem nigdy niczego, co mogłoby posłużyć tym, którzy malują jego obraz jako Antychrysta. Nie jest orłem, przyznaję. A poza tym nie jest zbyt sympatyczny, raczej nieprzyjemny i, obawiam się, niezbyt mądry. W istocie, kiedy został wybrany na prezydenta, ucieszyłam się tylko dlatego, że mieć go w Białym Domu oznaczało uniknąć tych ciepłych klusek, Ala Gore'a. Ale również liderzy-antyliderzy europejscy, zwłaszcza włoscy, nie są orłami. A często są wręcz gęsiami, które potrafią tylko bić skrzydłami. Nasza epoka pozbawiona jest przywództwa, wiadomo. Jeśli pomyśleć, że ten pijaczyna Jelcyn miał władzę cara, a grubianin i świętoszek Wałęsa był symbolem Wolności, dech ci odbiera. A jednak w pierwszej połowie dwudziestego wieku nasza epoka wyprodukowała wielu przywódców. Proszę pomyśleć o Leninie, o Stalinie, o Hitlerze, o zgrozo. Albo o Churchillu, o Roosevelcie, o Mao Tse-tungu, o Ticie, o Mahatmie Gandhim. W drugiej połowie jest natomiast tylko trzech: Wojtyła, Chomeini i bin Laden. A co gorsza, wydała ich nie myśl laicka, lecz religia. Religia, bez której, jak się wydaje, większość ludzkości nie potrafi się obejść. Tak, że nawet jeśli lecą na Księżyc albo na Marsa, nadal praktykują. Religia, do której trzeba odnosić się za każdym razem, gdy mowa o zasadach, wartościach, moralności, myśli. Toteż kiedy stwierdzam, że jestem ateistką, muszę dodać, że jestem ateistką-chrześcijanką, muszę bronić chrześcijaństwa...

Chwileczkę. Pomiędzy przywódcami, których myśl religijna wydała w ostatnich dziesięcioleciach, wymienia Pani także bin Ladena?

Och, tak. Oczywiście, że tak. Żeby było jasne: wojny, którą Islam prowadzi przeciwko Zachodowi, nie rozpętał bin Laden. Po tej stronie Atlantyku rozpoczęła się ona pięćdziesiąt lat temu przy udziale Braci Muzułmanów, po tamtej stronie, czterdzieści lat temu, przy udziale Black Muslims, a na całym świecie zaczęła się ponad dwadzieścia lat temu za sprawą Chomeiniego. Czyli od defenestracji szacha Rezy Pahlawiego, islamizacji Iranu, uwięzienia amerykańskich zakładników w Teheranie i tego, co nastąpiło później. Bez Chomeiniego nie byłoby bin Ladena. Nie byłoby Jedenastego Września, a dziś nie byłoby Eurabii. Ale schedę po Chomeinim przejął właśnie bin Laden. I nikt nie może zaprzeczyć, że ten kat jest autentycznym przywódcą. To geniusz Zła, owszem, ale także niewątpliwy i niekwestionowany przywódca: to Napoleon, a ściślej Napoleon Islamu. Jest nim z każdego punktu widzenia. Ideologicznego, politycznego, militarnego, strategicznego. Jest nim ze względu na swoją nadzwyczajną umiejętność wykorzystywania nienawiści Islamu wobec Zachodu. Jest nim ze względu na swoją demoniczną zdolność wcielania tej nienawiści w życie, nadawania jej realnego kształtu, przeobrażania dzień w dzień za pomocą nowych niegodziwości. Jest nim z powodu swojej złowieszczej inteligencji, swojej makabrycznej wyobraźni, swojej powagi. Jest nim w takim stopniu, że, w przeciwieństwie do Wojtyły i kiedyś Chomeiniego, nie potrzebuje zatłoczonych placów ani pokazywania się każdego dnia w telewizji. Wojnę, którą oficjalnie wypowiedział Jedenastego Września, może prowadzić nawet zmieniając rysy twarzy, całymi miesiącami nie dając znaku życia, ukrywając się w jakichś zapadłych dziurach. A na jego korzyść działa to, czego Chomeini nie miał: nasz internet, nasze telefony komórkowe oraz absolwenci naszych uczelni, których mu wykształciliśmy. Czyli nasza technologia i nasz kretynizm. Nasz tryumf intelektualny i nasz rak moralny. Jednym słowem, nasze absurdalne samobójstwo...

Z ciekawości czysto osobistej i ciekawości politycznej: chciałaby Pani przeprowadzić wywiad z bin Ladenem?

Tak. To jedyny człowiek na świecie, dla którego sprzeniewierzyłabym się obietnicy, że nigdy więcej nie będę mieć do czynienia z dziennikarstwem. I jestem pewna, że wyszłoby z tego spotkanie, a może wręcz starcie niezapomniane i dla mnie, i dla niego. Szkoda, że on wolałby mnie raczej zamordować.

Szkoda, że stoi za groźbami śmierci, pośród których żyję od trzech lat. Ech! W tym sensie mądrzejszy był Chomeini, który pozwolił mi na sześciogodzinny wywiad i zadbał, aby włos nie spadł mi z głowy. Ograniczył się do nawymyślania mi, żałosny starzec, na wideo z Kom, które nagrał po zakończeniu wywiadu: na filmie wideo, w którym oskarżał mnie o to, że ja oskarżyłam jego o obcinanie kobietom piersi. A kiedy osiem miesięcy później wróciłam do Teheranu, żeby przeprowadzić wywiad z ówczesnym pierwszym ministrem Bani Sadrem, gdy tylko wyszłam z samolotu, zostałam aresztowana przez mudżahedinów, którzy zamknęli mnie w tym tekturowym kartonie.

Ach, tak: pamiętam. Warto by o tym powiedzieć...

Nie warto. My dwie nigdy nie nagłaśniałyśmy naszych przygód zawodowych. Nie jesteśmy jak ci, którzy odstawiają bohaterów i bohaterki, bo jadą do kraju ogarniętego wojną, gdzie zarobią przypadkiem jakieś zadraśnięcie, chociaż cały czas przesiadują w hotelu. Jedyna przygoda, o której opowiedziałyśmy, przydarzyła nam się w stolicy Meksyku, gdzie podziurawiono nas kulami, a potem wrzucono do kostnicy. I mówiłam o niej dlatego, że wszyscy już wiedzieli. Ponieważ wszyscy opublikowali sławną fotografię z momentu, kiedy zostałyśmy trafione. Z punktu widzenia mudżahedinów, z drugiej strony, rozumiem moje zatrzymanie. Chomeini powiedział milionom Irańczyków, że jestem zła, więc nie było słuszne, abym przeprowadziła wywiad również z Bani Sadrem: tak czy nie? A inna rzecz, że ten tekturowy karton przedziurawiłam w dziesięć minut. Wyszłam na zewnątrz, przeklinając jak kapral, żałosne-gnoje-tu, żałosne-gnoje-tam, i żeby nie ogłuchnąć, musieli poprzestać na przewiezieniu mnie do aresztu domowego, czyli do pokoju w hotelu Sheraton.

Wróćmy do bin Ladena. O co by go Pani zapytała, gdyby zgodził się na wywiad?

Zaskoczę Panią. Zaczęłabym od pytania o jego dzieciństwo i młodość. O fakt, że jego ojciec był tak bogaty i tak blisko związany z królem Fajsalem, choć przepych saudyjskiego Dworu był dla niego nieosiągalny. Jestem absolutnie przekonana, że tu kryje się klucz do postaci bin Ladena: w dzieciństwie i młodości. Na tym pierwszym etapie życia musiało wydarzyć się coś, co podsyciło jego dumę i megalomanię. Ponieważ nie wierzę, że sprawiła to religia, wiara w Allacha. Jest na to zbyt inteligentny. Podejrzewam, że prawdziwym bodźcem była jego potrzeba wybicia się, osobistego awansu. Zupełnie jak w przypadku Napoleona i wszystkich przywódców wielkiego formatu, których dała nam Historia Ludzkości, z wyjątkiem Jezusa Chrystusa. Widzi Pani, aby ich zrozumieć, nie wystarczy znać epokę, w której żyli, albo okoliczności, w których rozpoczyna się ich wspinaczka ku Władzy: tu potrzeba psychologii. Zapytałabym go na przykład o dzień, w którym, mając zaledwie szesnaście lat, udał się do pałacu królewskiego, aby zobaczyć się ze swoim towarzyszem zabaw, czyli przyjacielem księciem. A jako że król Fajsal umarł, nie pozwolono mu wejść. Zabieraj-się-stąd-zabieraj-się-stąd-teraz-kiedy-Jego-Wysokość-nie żyje-twój-ojciec-nic-już-nie-znaczy. Zapytałabym o jego matkę, która była Syryjką i, jak mi się zdaje, drugą albo trzecią żoną, i która wiązała z nim wielkie plany. A potem zapytałabym go o czasy, gdy ubierał się jak Europejczyk, w marynarkę i krawat, i koszule kupowane na Bond Street, i gdy chodził do nocnych klubów. Pił whisky i piwo, zadawał się z pięknymi dziewczętami. Wreszcie zapytałabym go o jego prywatny samolot, nieprzyzwoicie luksusowy odrzutowiec, na nie wiem ilu pasażerów, którego używał, aby latać z Londynu do Sudanu, kiedy założył już Al-Kaidę. Ale czy wie Pani, że chyba spotkałam raz bin Ladena?

Kiedy? Gdzie?

W latach osiemdziesiątych, w Bejrucie. Kiedy w Bejrucie Arafat panoszył się w Zachodniej Strefie, a Izraelczycy strzelali do niego ze Strefy Wschodniej. Może się mylę, ale...

Ten nieprawdopodobnie wysoki i pełen dostojeństwa młodzieniec, ubrany w śnieżnobiałą dżelabę, spacerujący powoli tam i z powrotem po salonie wielkiego hotelu, do którego dopiero co się przeniosłyśmy? Ten, który dwa lub trzy razy okrążył nasz fotel, spoglądając na nas wrogo, a w każdym razie z zimną niechęcią?

Ten sam. I pomyślałyśmy wtedy: czyżby ten tam miał nam coś za złe? Czyżby z powodu wywiadu z Chomeinim, czy rozpoznał nas na fotografii z Chomeinim? Potem, tknięte dziwnym, nieprzyjemnym uczuciem, wstałyśmy i odeszłyśmy.

Mhm... Teraz, kiedy już sobie przypominam, ja także w to wierzę. Ale przejdźmy do trzeciego przywódcy, którego wydała druga połowa dwudziestego wieku: do Wojtyły.

O Boże, znowu do Wojtyły. O czymkolwiek się mówi, zawsze wraca się do Wojtyły... To prawda, że wszystkie drogi prowadzą do Rzymu. Nie, Wojtyła nie. Nie złamałabym dla niego mojej obietnicy. Zresztą Wojtyła nigdy nie chciał, żebym przeprowadziła z nim wywiad. Chociażby po to, by wynagrodzić mi niegrzeczność, jakiej dopuścił się w stosunku do mnie, kiedy był arcybiskupem Krakowa, czyli kiedy w swoim krakowskim miesięczniku dał do przetłumaczenia i opublikowania w odcinkach moją książkę *List do nie narodzonego dziecka*. Napisałam mu, że po to, aby przetłumaczyć i opublikować czyjeś dzieło, potrzebna jest zgoda autora i że każdego autora chroni *copyright*, on zaś kazał mi odpowiedzieć przez sekretarza, że w Polsce *copyright* nie istnieje. Mówię „nie", ponieważ w jego przypadku wywiad musiałby się przerodzić w płacz. W gwałtowny szloch. Wobec Zachodu Papież był i jest winny zbyt wielu błędów. Przede wszystkim nie wypowiedział nigdy ani jednego słowa przeciwko naszym nieprzyjaciołom. Nie wskazał w sposób jasny i jednoznaczny ich niegodziwości. Nie potępił nawet tych, którzy podrzynają nam gardła i obcinają głowy. Nie potępił nawet tych, którzy usuwają krzyże ze szkół albo je wyrzucają przez okna szpitali. Jednym słowem, nie broni nas, i w imię ekumenizmu, w imię Jednego Boga naśladuje odrażające milczenie ONZ. A jednocześnie głosi hasło gościny bez granic, czyli ułatwia im ekspansjonizm, kolonializm, rasizm. Ten rasizm, którego nikt nie ośmiela się nazwać właściwymi słowami. Jeśli dzisiejsza Europa to Eurabia, jeśli strażą przednią Eurabii są Włochy, zawdzięczamy to także Wojtyle. I jego Caritasom, jego Wspólnotom Sant'Egidio, jego prałatom, jego księżom, jego ojcom kombonianom: nowym janczarom w tęczowych habitach i z tęczowymi szarfami. To tak się broni chrześcijaństwa?!? Ja, chrześcijanka-ateistka wzdrygam się, kiedy kardynał Touran, szef dyplomacji watykańskiej, komentuje zamachy na cztery chrześcijańskie kościoły w Bagdadzie, mówiąc: „Mam wrażenie, że chodzi tu o coś w rodzaju *ballon-d'essai*, że propaganda podjudza nieświadome i zmanipulowane masy do widzenia w chrześcijanach sojuszników Zachodu postrzeganego jako nieprzyjaciel". I ani słowa o chrześcijanach, którzy prześladowani, nazywani „świniami", uciekają z Iraku, z Syrii i z Jordanii. (W dwa tygodnie ponad czterdzieści tysięcy.) Wzdrygam się, kiedy, za przyzwoleniem Kurii, podczas ślubu włoskiej katoliczki i tureckiego muzułmanina proboszcz z małego piemonckiego miasteczka udostępnia imamowi ołtarz w swoim kościele parafialnym, aby ten czytał przy nim Koran. A po przeczytaniu fragmentów Koranu, z tegoż ołtarza imam wywrzaskuje swoje peany na cześć Mahometa i swoje „Allach akbar, Allach akbar". Och, tak: choć nieświadomie, Wojtyła wyrządził i wyrządza wielkie zło Zachodowi. Chrześcijaństwu, Jezusowi Chrystusowi, Matce Boskiej, do której modli się tak żarliwie. Nie powinien się zatem dziwić, gdy kolaboracjonizm Unii Europejskiej rodzi Konstytucję, w której ignoruje się nasze chrześcijańskie korzenie.

A jednak wiem, że wiele rzeczy ceni Pani w Wojtyle.

Tak, cenię jego wielki wkład w upadek Związku Radzieckiego. Cenię jego upór, upór, w którym trwa nawet wtedy, gdy błądzi. Cenię fakt, że mimo swojego wieku, a konkretnie mimo swojego fatalnego stanu zdrowia, rzuca się w wir pracy z taką zaciekłością. Na przykład pisze. Pisanie to zajęcie bardzo uciążliwe, także fizycznie. Zajęcie, które wyczerpuje, wyniszcza. Jest trudne nawet dla mnie, młodszej i reagującej na chorobę tak, jak to Pani opisałam wcześniej, a wyobraźmy sobie jego, osiemdziesięcioczterolatka, z chorobą, która trzęsie nim jak liściem na wietrze... Choć można by pomyśleć, że jego pokazywanie się nieprzebranym tłumom zdradza niejaką tęsknotę za władzą doczesną, doceniam także fakt, że nie przestaje podróżować. Naprawdę bardzo się wzruszyłam, kiedy w Lourdes był bliski utraty przytomności i słabym głosem poprosił o szklankę wody. Poczułam, że jest mi drogi jakby był moim bratem, i sama zapragnęłam podać mu tę szklankę wody.

Ja tak samo. A zamknąwszy wątek trzech przywódców, wróćmy do Busha. Tego Busha, którego lubi Pani jedynie za jego żonę podobną do naszej mamy.

Bush nie jest orłem, jak już mówiłam. Nie jest przywódcą z prawdziwego zdarzenia. A nie będąc ani orłem, ani przywódcą z prawdziwego zdarzenia, jeszcze przed Irakiem wiele razy trafił do własnej bramki. Na początek otoczył się, jak Berlusconi, niewłaściwymi ludźmi. Przeciętnym Sekretarzem Stanu, czyli bezbarwnym Powellem. Kontrowersyjnym Sekretarzem Obrony, czyli bezczelnym Rumsfeldem. Kłopotliwą Doradczynią ds. Bezpieczeństwa Narodowego, czyli Condoleezzą Rice, która bynajmniej nie jest głupia, przeciwnie, jest nadzwyczaj inteligentna, ale tkwi w tym samym bagnie co Rumsfeld i to może być niebezpieczne. Do tego trzeba dodać szefa CIA i szefa FBI, których należałoby postawić przed sądem za nieudolność, nieporadność. Wszyscy ci państwo razem zaprowadzili Busha do Iraku, gdzie nie zdołali znaleźć broni chemicznej ani biologicznej, prawdopodobnie dlatego, że została błyskawicznie ukryta w Syrii albo w jakimś banku szwajcarskim... Ale na temat nienawiści, jaką ściągnął na siebie republikanin Bush wojną w Iraku, muszę poczynić dwa spostrzeżenia.

Proszę, proszę.

Spostrzeżenie Numer Jeden: frazesowicze z włoskiej lub raczej europejskiej Lewicy, którzy linczują Busha za wojnę w Iraku, zapominają albo udają, iż zapomnieli, że to dwaj prezydenci z Partii Demokratycznej prowadzili wojnę w Wietnamie. Wojna ta została wszczęta przez przenajświętszego Johna Kennedy'ego, nie przez republikanów. Miała swój ciąg dalszy dzięki demokracie Lyndonowi Johnsonowi, który otrzymał ją w spuściźnie po przenajświętszym Johnie Kennedym. I została zakończona przez Nixona, który był republikaninem. Spostrzeżenie Numer Dwa: kiedy frazesowicze z amerykańskiej partii demokratów atakują Busha za wojnę w Iraku, zapominają albo udają, iż zapomnieli, że dali na nią swoją pełną zgodę. A to począwszy od cierpiącego na zanik pamięci Johna Kerry'ego, któremu Lewica europejska, zwłaszcza włoska oddaje pokłony, z którego powodu rozmaici Fassinowie i Rutelli siląc się na wiarygodność jadą na Konwencję w Bostonie i plotą niewybaczalne głupoty. Tego Johna Kerry'ego, który popierał wojnę w Wietnamie, tak samo jak popierał wojnę w Iraku. Który za wojnę w Wietnamie dostał coś ze trzy medale, czyli trzy Purpurowe Serca, i który dziś staje przed tłumem podczas Konwencji, mówiąc jak jakiś Marine: „Melduje się John Forbes Kerry". A później wykonuje idiotyczny gest salutowania. W obydwu przypadkach zatem frazesowicze powinni trzymać dzioby na kłódkę, czyli okazać odrobinę wstydu. I tak oto wracamy do Busha. Nie, nawet po Jedenastym Września Bush nie zabłysnął. Owszem, poślizgnął się na Iraku. Ale tak czy inaczej ma jakieś zasługi. Na przykład tę, że jest człowiekiem dosyć odważnym i że uczynił coś, aby podjąć walkę z terroryzmem, którego nie zwalcza się za pomocą całusków i uścisków, czyli „kochajmy się" Wojtyły. I taką, że jest człowiekiem z marmuru, czyli typem, który dochowuje wierności swoim wyborom i nie daje się zastraszyć szantażami i groźbami. I cokolwiek powiedzą na ten temat ci dranie reżyserzy z Hollywood, jest osobą godną szacunku. Także w życiu prywatnym. Nie wyobrażam sobie Busha ośmieszającego Biały Dom, jak to uczynił Clinton w czasach swojej żałosnej i superupublicznionej zdrady popełnionej z grubaską. Nie wyobrażam sobie Busha przyprawiającego Laurze rogi w Gabinecie Owalnym, czyli w pokoju, w którym prezydenci Stanów Zjednoczonych decydują o losach własnego kraju, a właściwie całego świata, i nierzadko wysyłają ludzi na śmierć. Nie wyobrażam sobie Busha, jak w tym uświęconym miejscu rozpina spodnie i zabawia się z grubaską, a potem celuje palcem wskazującym w kamery telewizyjne i grzmi, patrząc ci prosto w oczy: „Nie znam tej kobiety". A w mojej ocenie pewne rzeczy mają znaczenie. I to jeszcze jakie.

A co Pani sądzi o Kerrym, poza tym, co już Pani powiedziała?

To, co mogę sądzić o człowieku ubiegającym się o urząd prezydenta, który nie ma nic do zaoferowania poza takimi samymi inicjałami, co John Fitzgerald Kennedy: JFK. I tylko dlatego został stworzony, wylansowany, wepchnięty nam przez najgorszego polityka, jakiego Ameryka wyprodukowała w ciągu ostatnich trzydziestu lat: Teda Kennedy'ego. Kennedy'ego od Chappaquiddick, czyli zatoki, do której zsunął się z samochodem i gdzie, ratując własną skórę, pozwolił utonąć młodej sekretarce, z którą był w momencie wypadku. Kerry to mały oportunista, nikt inny. Żeby to wykazać, wystarczy pamiętać, że po zabraniu do domu trzech medali i przyjęciu roli bohatera (roli, którą kwestionuje wielu weteranów walczących razem z nim w Wietnamie) stawił się *w Meet the Press*, programie telewizyjnym NBC, i odgrywając skruszonego mafiosa, powiedział: „W Wietnamie popełniałem okrucieństwa każdego rodzaju. Paliłem wioski, prowadziłem misje Znajdź-i-Zniszcz, złamałem wszystkie konwencje genewskie. Przekroczyłem wszystkie zasady, z powodu których złamania odbył się Proces Norymberski". A jednak nie zwrócił medali, trzech Purpurowych Serc. Dzisiaj zaś używa ich do pozowania na herosa. Jest także człowiekiem bardzo chwiejnym, bardzo niezdecydowanym. Małym Karolem Albertem z Kolorado. A prezydent Stanów Zjednoczonych nie może sobie pozwolić na bycie małym Karolem Albertem z Kolorado: musi być co najmniej kimś w rodzaju Busha. Wreszcie jest gadułą, który nie ma najmniejszego pojęcia o tym, co należy zrobić, aby wyrwać Amerykę z trzęsawiska Iraku. Na temat Iraku mówi jedynie: „Będziemy musieli tam zostać przynajmniej do roku 2006". Och, przyjrzałam mu się dobrze ubiegłej zimy podczas prawyborów. I przyjrzałam mu się jeszcze lepiej podczas Konwencji, gdy po żałosnym oddaniu honorów wygłosił po prostu upiorną przemowę. Ciskając w kąt stare przebranie skruszonego mafiosa, powiedział, że chce silniejszej armii i że jeśli zostanie prezydentem, to powiększy ją o czterdzieści tysięcy żołnierzy. Powiedział, że nigdy nie zrezygnuje z użycia sił zbrojnych, że jego pierwsze „dziękuję" powędruje do żołnierzy. A na temat możliwego bądź niemożliwego wyciągnięcia Ameryki z trzęsawiska Iraku znowu nie miał nic do powiedzenia. Znowu! Także w jego przypadku, jeśli zwycięży, wpadniemy z deszczu pod rynnę. Może nawet ze łzami w oczach wspominając Clintona.

Clintona? Niedawno wyraziła się Pani o nim z wielką surowością.

Rzeczywiście. Nie lubię Clintona. Nigdy go nie lubiłam. Ani jako człowieka, ani jako prezydenta.

Nie podoba mi się jego wiecznie czerwony nochal, zupełnie jak nochal pana Bronlowa z powieści Dickensa *Oliver Twist*. Nie podoba mi się jego chytry uśmieszek, nie podoba mi się jego populistyczny zwyczaj grania publicznie na trąbce, nie podoba mi się jego buta, a właściwie zuchwałość. I nie podoba mi się sposób, w jaki wypełniał dwa razy z rzędu swój mandat prezydencki. Począwszy od ogromnej odpowiedzialności, jaka spoczywa na jego barkach za Jedenasty Września. Ale przede wszystkim nie podoba mi się jego postępowanie jako człowieka i jako prezydenta podczas tego romansiku z grubaską. Kiedy wycelował palcem wskazującym w kamery telewizyjne i patrząc nam w oczy, powiedział: „Nie-znam-tej-kobiety", naprawdę się wściekłam i wrzasnęłam: „Co ty sobie myślisz?!?". Gdyby powiedział: „Panie i Panowie, moja grubaska to nie wasza sprawa, to rzecz pomiędzy mną a Hillary", przyklasnęłabym mu. Albo raczej: upomniałabym go jedynie, że posłużył się Gabinetem Owalnym, i tyle. Jego życie prywatne nas nie dotyczy, a prezydent może być dobrym prezydentem nawet gdy zdradza swoją żonę. Wielu prezydentów było niepoprawnymi kobieciarzami. Z Johnem Kennedym na czele, który zdradzał Jacqueline z każdą napotkaną spódniczką i który także z Marylin Monroe postąpił bardzo niegodziwie. Wykorzystał ją jak jakąś *call-girl*, potem odstąpił bratu Bobowi, aż w końcu biedaczka odebrała sobie życie. Na temat tej niepięknej sprawki powstały dziesiątki książek i tysiące artykułów, czyż nie? Ale zamiast powiedzieć co powinien był powiedzieć, Clinton powiedział co powiedział. Nigdy nie zrozumiem, dlaczego później Amerykanie wybrali go powtórnie. Jednak nie jest to jeszcze rzecz naprawdę poważna. Dużo poważniejsza jest odpowiedzialność, o której mówiłam wcześniej. Na Boga, Clinton świetnie wiedział, kim jest bin Laden. Świetnie wiedział, że za rzeziami w Nairobi i w Dar es-Salam stał bin Laden. Świetnie wiedział, że jeśli się go nie powstrzyma, to dojdzie do wojny. A w tamtych czasach bin Laden nie ukrywał się po zapadłych dziurach. Podróżował z kraju do kraju, był łatwym celem. A jednak Clinton go nie powstrzymał. Poza kilkoma głupimi i zbytecznymi atakami z powietrza, czyli dwoma czy trzema rakietami, które wystrzelił w błędnie wybrane obiekty (między innymi w fabrykę wyrobów farmaceutycznych należącą do pewnego zacnego człowieka, który wytoczył mu sprawę za poniesione straty), nie kiwnął nawet palcem. Dalej tracił czas, folgując sobie cieleśnie, a bin Laden, przez nikogo nie niepokojony, poszedł swoją drogą. Pod tym czerwonym nochalem przygotował mu Jedenasty Września. Zwykły przypadek politykiera, który myśli tylko o upływie terminu ważności swojego mandatu. „Après moi le déluge". Po-mnie-choćby-potop. Nie, moim zdaniem Bill Clinton nie był dobrym prezydentem. Nie przejdzie do Historii jako dobry prezydent. Ale już dosyć. Krępuje mnie pastwienie się nad Clintonem.

Dlaczego?

Dlatego, że dowiedziałam się, iż w stosunku do mnie jest znacznie bardziej wspaniałomyślny niż ja w stosunku do niego.

Kto tak twierdzi?

Siostry Naomi, Adina i Judy Cohen, trzy właścicielki Argosy Bookstore. Antykwariatu w Nowym Jorku, do którego chodzę za każdym razem, gdy mam chęć się przejść i zanurzyć w zakurzonych tomach, które są dla mnie istnym oceanem rozkoszy... Przepysznie ilustrowane tomy Szekspira, tomy Arystotelesa z tekstem greckim i łacińskim, traktaty medyczne z recepturami z siedemnastego wieku... A oto historia. Może dlatego, że moja miłość do starych książek kosztuje mnie fortunę, a ta fortuna trafia w dużej mierze do ich kieszeni, Naomi, Adina i Judy są mi bardzo życzliwe. I żeby mi okazać życzliwość, trzymają na składzie także moje książki. Trzymają je w położonym centralnie saloniku, blisko wejścia, zupełnie jakby chodziło o druki opublikowane wieki temu. W otoczeniu około dwunastu ochroniarzy zajrzał tu rok temu Bill Clinton. Wszedł, zobaczył *Wściekłość i Dumę*, która właśnie ukazała się w języku angielskim, i zdumiony powiedział: „Look at that, patrzcie no! Macie też *The Rage and the Pride!* Hillary to uwielbia. Bez przerwy mówi o tej książce, zgadza się z nią w zupełności". „A Pan, Panie Prezydencie?", zapytała Naomi, ta najbardziej wygadana. „Ech! Fallaci pisze, że nigdy nie darzyła mnie sympatią... Ale w wielu innych sprawach ma rację", odparł Clinton. Potem, bardzo rozbawiony: „Czy to prawda, że jest bardzo twardą kobietą, że ma charakterek?". Mając pewnie na myśli moją niezdolność do wytargowania obniżki na Szekspira i Arystotelesa, Naomi odpowiedziała, że nie: że jestem najmilszą, najłagodniejszą kobietą pod słońcem. Ale on nie uwierzył i powiedział, że bardzo lubi ludzi z takim charakterem. Nawet jeśli mówią źle o Clintonie.

A co Pani powie o Hillary?

Wcześniej ona także nie wydawała mi się zbytnio sympatyczna. Ale od kiedy wiem, że się ze mną zgadza, że, jakkolwiek w skrytości ducha, całkowicie podziela moje opinie na temat Islamu, mam nadzieję, że zostanie przynajmniej prezydentem

Stanów Zjednoczonych. I jest bardzo prawdopodobne, że nim zostanie. Już czas, żeby w Gabinecie Owalnym gospodarzem była kobieta.

A co Pani powie na temat Iraku?

Powiem to, co napisałam w *Sile Rozumu* i, jeszcze wcześniej, w artykule, który w przeddzień wojny opublikowałam w „Wall Street Journal", aby wyrazić swoje wątpliwości. Artykule, w którym tłumaczyłam, dlaczego pozwoliłabym Irakijczykom nurzać się w ich własnym bagnie, czyli dalej męczyć się z Saddamem Husajnem. Żeby było jasne: jestem zadowolona, że Saddam Husajn został usunięty. I jakkolwiek Procesy Norymberskie wywołują we mnie głęboką przykrość, zażenowanie sięgające czasów, gdy starożytni Rzymianie wlekli za sobą pokonanych w łańcuchach, nie zapłaczę, kiedy zostanie skazany. Najwyżej wymamroczę: „Szczęście się od niego odwróciło. Wiesz, ilu Saddamów Husajnów umarło spokojnie, ilu umiera we własnym łóżku?". Ale cena za usunięcie go była zbyt wysoka. Terroryzm islamski urósł w siłę, martwi zrodzili nowych martwych, nadal ich rodzą i wciąż będą rodzić więcej martwych. I, jak przewidywałam w tym artykule, prędzej czy później powstanie Islamska Republika Iraku. Czyli kraj, w którym mułłowie i imamowie zmuszają do noszenia burki, kamienują kobiety chodzące do fryzjera, wieszają ludzi na stadionie. A więc warto było powstrzymać Husajna. Proszę mnie zrozumieć, nigdy nie przestanę powtarzać, że demokracji nie można podarować jak tabliczki czekolady. Demokrację trzeba sobie wywalczyć. A żeby ją sobie wywalczyć, trzeba jej pragnąć. A żeby jej pragnąć, trzeba wiedzieć, czym jest. Irakijczycy nie wiedzą. A jeszcze mniej ją rozumieją. I w konsekwencji jej nie pragną. Nie tyle dlatego, że po dwudziestu czterech latach krwawej dyktatury są ignorantami, ale dlatego, że są muzułmanami tłamszonymi przez teokrację, nie potrafią stać się kowalami własnego losu. Teokracja nie uczy rozumować, wybierać, decydować o własnym losie. Uczy poddawać się, służyć i być posłusznym Bogu, który jest władcą absolutnym, panem, który kontroluje każdą chwilę i każdą dziedzinę twojego życia, jest gorszym tyranem niż Saddam Husajn. Być może za sto lat lub dwieście wszystko ulegnie zmianie. Dzisiaj świat szybko się przeobraża. Ale teraz rzeczywistość jest jaka jest i nie zgadzać się z tym to czysta demagogia. Wczoraj widziałam film dokumentalny, w którym pewna wykształcona i inteligentna kobieta, architekt z Bagdadu, ubrana jak nakazuje Koran, mówiła: „I hope so much that we will reach democracy. Islamic style, of course. Mam wielką nadzieję, że osiągniemy demokrację. W stylu islamskim, oczywiście". *W stylu islamskim*. Czyli regulowaną przez mułłów, imamów, prawa Mahometa, Boga, władcę absolutnego. Łudzić się, że te wybory mogą zmienić stan rzeczy, jest głupotą.

Głupotą?!?

Głupotą. Widać to po tłumach, które na ulicach Bagdadu nie posiadają się z radości na widok umęczonych, okaleczonych zwłok w amerykańskim mundurze. „Watahya, hurra, Watahya!" Widać po „bojownikach", którzy codziennie mordują jakiegoś ministra albo premiera rządu tymczasowego, a żołnierzy zabijają setkami. Widać po barbarzyńcach, którzy w imię Allacha Miłosiernego obcinają głowy zakładnikom, a przy okazji: czy zdołała Pani obejrzeć film wideo, który pokazuje obcięcie głowy Paulowi Johnsonowi, amerykańskiemu inżynierowi porwanemu w czerwcu ubiegłego roku? Ja nie. Poprosiłam jednak kogoś, kto to widział, żeby mi opowiedział, i... Cóż, Johnson leży wyciągnięty na kanapie przykrytej prześcieradłem. I płacze. Ma na sobie czerwony dres, który teraz zakładają zakładnikom skazanym na śmierć, ręce ma skrępowane sznurem i płacze. Płacząc, jęczy coś, czego nie można zrozumieć. Może prosi o litość. Kat natomiast ma na sobie biały fartuch, jakby lekarza albo pielęgniarza. A ponieważ jest odwrócony, żeby nie można go było rozpoznać, widzi się jedynie jego prawą dłoń, która trzyma około trzydziestocentymetrowy nóż-piłę, i lewą, na której nadgarstku widać piękny złoty zegarek. Spokojnym krokiem kat zbliża się do Johnsona, który nie przestaje płakać. Lewą dłonią, ozdobioną pięknym złotym zegarkiem, chwyta go za twarz mokrą od łez. Prawą dłonią opiera nóż na jego szyi i zaczyna ciąć. Powoli, precyzyjnie. Bez pośpiechu. I nie przejmując się wrzaskami, które szybko zmieniają się w rzężenie, a potem w bulgot, aż wreszcie cichną. Tymczasem w pokoju z płyty płynie kojący, monotonny śpiew. Głos kobiety, która śpiewa: „Niszczcie ich, niszczcie ich! Zabijajcie ich, gdziekolwiek spotkacie! Unicestwiajcie ich!". Co do głowy Johnsona, tej umęczonej głowy, która na fotografiach w prasie była umieszczona na jego brzuchu, wie Pani, gdzie ją znaleźli? W zamrażalniku w domu jednego z hersztów Al-Kaidy aresztowanego w Rijadzie. Zatrzymał ją sobie. Trzymał ją jak trofeum.

Dlaczego opowiedziała mi Pani tę potworność i to z taką dbałością o szczegóły, dlaczego?

Żeby Panią przerazić. Przestraszyć, oburzyć. A także, aby zrozumiała Pani, dlaczego ich nienawidzę tak samo, jak oni nienawidzą mnie. Ach! Śmiać mi się chce, kiedy słyszę frazesowiczów deklamujących: „Terroryzmu nie zwalcza się za pomocą siły".

Ale sama Pani napisała, że ta wojna jest wojną kultur, nie armii...

Napisałam to o powolnej, pozornie pacyfistycznej inwazji, za pomocą której podbijają Europę, do pioruna! Napisałam tak o ich wzmagających się najazdach na nasze wybrzeże i o Polityce-Brzucha. Napisałam tak o narzucaniu nam przemocą ich obyczajów, na przykład każąc nam wyrzucić wieprzowinę z naszych stołówek albo zabraniając naszym dzieciom częstowania ich dzieci pączkami z likierem! Nie pisałam tego o ich terroryzmie! A jak chciałaby Pani walczyć z ich terroryzmem, który nas wykrwawia, obcina nam głowy, wysadza nas w powietrze setkami, a nawet tysiącami za jednym razem? Czy naprawdę za pomocą całusków i uścisków, puszczania wszystkiego w niepamięć, „kochajmy się" Papieża Wojtyły? Czy teraz jest już nawet zakazane bronić się przed tym, kto nas morduje?!?

W porządku. Zapomnimy o tym nożu-pile, o tej głowie w zamrażalniku, mówiąc o Europie.

O jakiej Europie? Nie ma już Europy. Jest Eurabia. Co Pani rozumie przez pojęcie Europy? Tak zwaną

Unię Europejską, która w swojej żałosnej i oszukańczej Konstytucji odpycha, a zatem neguje nasze chrześcijańskie korzenie, naszą tożsamość? Twierdzę, że Unia Europejska to tylko klub finansowy. Klub powstały z woli odwiecznych panów tego kontynentu, czyli Francji i Niemiec. To kłamstwo mające wesprzeć pieprzone euro i antyamerykanizm, nienawiść wobec Zachodu. To pretekst, aby wypłacać oburzające pensje i zwalniać od podatków eurodeputowanych, którzy tak jak urzędnicy Komisji Europejskiej używają sobie do woli w Brukseli. To wybieg, aby wetknąć nos do naszych portfeli i wprowadzić żywność modyfikowaną genetycznie do naszych organizmów. Mięso, które nie jest już mięsem, ryby, które nie są już rybami, warzywa, które nie są już warzywami, parmezan, który nie jest już parmezanem, mleko, które nie jest już mlekiem, wino, które nie jest już winem. Tak, że nowe pokolenia wzrastają nie tylko w nieświadomości smaku Prawdy, lecz także w nieświadomości smaku dobrego jedzenia. I zapadają na raka, nie tylko na raka duszy. Ale przede wszystkim Unia Europejska jest narzędziem, które ma coraz bardziej ułatwiać najeźdźcom wejście na nasze terytorium, a potem pozwolić im włóczyć się bez przeszkód po naszym domu. Proszę pomyśleć o historii Cap Anamur, niemieckiego statku, który wpłynął na nasze wody terytorialne z zamiarem zapewnienia azylu politycznego trzydziestu siedmiu Sudańczykom, którzy nie byli Sudańczykami, czyli nieszczęśnikami uciekającymi przed ohydnym niewolniczym reżimem Chartumu, lecz spryciarzami z Ghany i Nigerii. Zatrzymany przez Straż Przybrzeżną statek stoi na morzu przez trzy tygodnie, gdy tymczasem Roberto Castelli, minister sprawiedliwości, mówi Niemcom: „Co my z tym mamy wspólnego? Znaleźli się na wodach międzynarodowych. Znaleźli się na pokładzie niemieckiej łodzi z załogą niemiecką i kapitanem niemieckim. A więc o azyl polityczny poprosili was. Wy im go dajcie". Ale Niemcy, te Niemcy, które nie chciały przyjąć Kurda Öcalana, choć ciążył na nim niemiecki nakaz aresztowania, odpowiedziały: nie-piękne-dzięki. I podczas gdy włoscy kolaboracjoniści wychwalają kapitana, który jest tęczowym, orędownikiem nielegalnej imigracji (a więc handlarzem niewolników, który zanim wziął na pokład tych spryciarzy, kazał sobie zapłacić po tysiąc dolarów od głowy), podczas gdy o tych trzydziestu siedmiu spryciarzach dziennikarze-wyciskacze łez piszą artykuliki „humanitarne", minister Pisanu kapituluje. Pozwala im wpłynąć do Porto Empedocle, zejść na ląd, umieszcza ich w Ośrodku dla Uchodźców w Agrygencie. Lecz na koniec recytuje, święcie oburzony albo skruszony, dwa znaczące wersy z Montalego: „Ta fala miłosierdzia, która na nas spada, jest ostatecznym kłamstwem".

Widzę, że wciąż topnieje Pani wiara w Europę...

Miałam tę wiarę, kiedy była jeszcze Europą, kiedy nie stała się jeszcze Eurabią. Wierzyłam w nią od dzieciństwa, mój Boże. Nie bez powodu wychowana zostałam w wartościach europejskiego federalizmu. Wierzyłam tak bardzo, że kiedy taksówkarz pytał mnie, jaka jest moja narodowość, odpowiadałam mu: „europejska". Nie mówiłam: „włoska". Mówiłam: „europejska". Teraz mówię „włoska" i basta. Nie chcę nawet słowem wiązać się z Oszustwem. Z Oszustwem, które, tak czy owak, nie potrwa długo. Ponieważ (mówiłam to już we *Wściekłości i Dumie*, ale powtórzę tutaj dobitnie, aby zobaczyć, czy trafi do mózgownic tych, którzy udają głuchych) narody nie mogą wyzbyć się własnych języków, własnej przeszłości, własnej dumy, własnych praw, własnych obyczajów, własnej Ojczyzny po to, by stać się umocnieniami w murze jakiejś Nadojczyzny. Jakiegoś Nadnarodu, jakiegoś Nadpaństwa, w którym mówi się co najmniej czterdziestoma językami, ale liczą się tylko francuski, niemiecki i arabski. Prędzej czy później ci, którzy nie mogą ścierpieć francuskiego, niemieckiego i arabskiego, zbuntują się. Dowodzi tego także fakt, że w wyborach europejskich wiele narodów praktycznie nie głosowało... Droga przyjaciółko, to nie potrwa długo. Prędzej czy później się roztrzaska. A ponieważ nie będzie mnie już wtedy na tym świecie, ależ będzie mnie korcić, żeby móc burknąć: „Ostrzegałam was. Ostrzegałam".

Tym bardziej, że to niemożliwe Nadpaństwo, niemożliwy Nadnaród, niemożliwa Nadojczyzna, do czegoś się jednak przydały: do zaprzestania bratobójczych wojen, do tego, byśmy się już wzajemnie nie wyniszczali...

Och, już inni zatroszczą się, żeby przekreślić nawet tę jedyną korzyść. Cóż to za Nadojczyzna, która nie ma nawet własnej armii, aby się bronić? Chciałabym wiedzieć, kto tym razem odeprze Sulejmana Wspaniałego albo Kara Mustafę.

Hm, w tym punkcie trudno nie zacząć mówić o ONZ.

ONZ? O jakiej ONZ?!? ONZ to suma wszelkich hipokryzji, koncentrat wszelkiej obłudy. Banda darmozjadów, która w Nowym Jorku pozwala sobie na każde przekroczenie prawa jak długo ma immunitet dyplomatyczny. To mafia opóźnionych w rozwoju i oszustów, którzy wodzą nas za nos. Wystarczy pomyśleć, że synom Allacha ONZ pozwoliła nie podpisywać Karty Praw Człowieka i zastąpić ją „Kartą Praw Człowieka w Islamie". Czyli listą okropieństw zatwierdzonych lub pochwalanych przez Koran. Democracy-Islamic-style... Human-Rights-Islamic-Style... Jaka ONZ?!? Ta ONZ, która wśród swych Sekretarzy Generalnych, wszystkich albo prawie wszystkich niewartych splunięcia, miała Kurta Waldheima, czyli typa, na którym dziś jeszcze ciąży zarzut uczestniczenia w aresztowaniach Żydów w czasach, gdy był oficerem Wehrmachtu? Typa, który, sprawując swój mandat dwukrotnie, nigdy nie zaniedbał okazji, aby ukarać Izrael i bezwstydnie faworyzować Arabów? Trzeba działać naprawdę w złej wierze, aby miauczeć: „Zwróćmy-się-do-ONZ, wyślijmy-do-Iraku-siły-ONZ". Co takiego kiedykolwiek zrobiła ONZ, poza tym, że przepuszcza tysiące miliardów i odcina kupony od słów Pokój i Humanitaryzm? Czy ONZ kiedykolwiek ruszyła palcem, aby pozamykać gułagi i obronić ofiary Stalina? Czy kiedykolwiek otworzyła usta, żeby powstrzymać nieludzką dyktaturę Mao Tse-tunga, żeby potępić maoistów, którzy niszczyli tysiącletnie świątynie w Lhasie, mordowali buddyjskich mnichów i tybetańskich wieśniaków? Czy kiedykolwiek wstrzymała ludobójstwa, jakich dopuszczali się w Kambodży Czerwoni Khmerzy Pol Pota? Czy kiedykolwiek pogroziła palcem kanibalowi Bokassie, który będąc prezydentem Republiki Środkowoafrykańskiej przyrządzał dania ze swoich przeciwników, jadał ich jak potrawkę z dziczyzny? Czy kiedykolwiek wykurzyła niewolniczy reżim z ultraislamskiego Sudanu? Czy kiedykolwiek poddała krytyce talibów z Afganistanu? Trzydzieści lat temu jej oddziały nie były w stanie nawet obronić Greków z maleńkiego Cypru, powstrzymać gwałtów, jakie tureccy żołnierze popełniali na cypryjskich kobietach, staruszkach i dzieciach. A teraz nie chce nawet powstrzymać ludobójstwa, które Janjaweed, czyli Diabły na Koniach, filoarabskie i muzułmańskie oddziały popełniają na czarnych chrześcijanach z Darfuru.

No tak: Darfur... ONZ była tak zajęta prawieniem grzeczności Islamowi, że nie miała dość czasu, aby zająć się Darfurem.

Na Boga, w niecałe dwa lata jakieś pięćdziesiąt tysięcy czarnych, w większości chrześcijan, zostało zmasakrowanych w Darfurze. Niemal sto tysięcy trafiło do przerażającego obozu uchodźców w Kalmie. Około dwustu tysięcy uciekło do graniczącego z Sudanem Czadu, który, rozdrażniony, zamknął granice. A ponad milion schronił się w innych rejonach Sudanu. Sudanu, który ich nie chce, nie toleruje tych, którzy wyznają Jezusa Chrystusa, Buddę, Jehowę albo Wisznu. Janjaweed przybywają na koniach albo na wielbłądzich grzbietach, a kiedy tylko przybędą na miejsce, mordują wszystkich. Mężczyzn, kobiety, starców, noworodki, kozy, świnie. Oszczędzają tylko dziewczęta, które gwałcą albo uwożą ze sobą, żeby je sprzedać na targach niewolników, tak jak robili w czasach „mamuniu-Turcy". Potem, aby uniemożliwić jakiemuś niedobitkowi powrót i odbudowanie wioski, palą chaty. Niszczą obozy, zatruwają studnie, a rebelianci z Sudan Liberation Army nic tu nie mogą poradzić. Cóż, wszyscy wiedzą, że mamy do czynienia z czystką etniczną, z ludobójstwem. Ale ONZ nigdy nie mówi o czystce etnicznej, o ludobójstwie. Gdyby to uczyniła, musiałaby zastosować swój Statut. Wysłać wojska, wziąć w opiekę tych chrześcijan. A to uraziłoby muzułmanów. Więc Kofi Annan ogranicza się do jazgotania: „Chartum-przerwij-ogień, Chartum-połóż-kres-przemocy" albo do wysyłania urzędników, którzy rozdają wśród uchodźców trochę jedzenia dostarczonego (jak zwykle) przez Amerykanów. Zresztą nawet Unia Europejska nie przyznaje, że chodzi tu o ludobójstwo. Jej Mortadele twierdzą, że chodzi o „złożoną sytuację", o „wojnę domową", o „kryzys humanitarny". A pomiędzy jej tęczowymi, jej pacyfistami nie znajdzie się pies z kulawą nogą, który zaimprowizowałby jakiś lament albo pochód z pochodniami na cześć czarnych z Darfuru. A co do roli, jaką ONZ może albo jakiej nie może odegrać w Iraku, Chryste! Całymi miesiącami nasi frazesowicze z Prawicy i Lewicy recytowali komedyjkę: „zwróćmy-się-do-ONZ, wyślijmy-do-Iraku-oddziały-ONZ". A odpowiedź Kofiego Annana była następująca: „Przykro mi, ale nie wyślę. To zbyt niebezpieczne".

Pomówmy o Kofim Annanie.

Nie darzę go sympatią. Nie lubię Kofiego Annana. Kofi Annan nie jest tym, kim się wydaje. Czyli dobrodusznym monarchą w krawacie, bezstronnym afrykańskim arystokratą, przeciwieństwem Waldheima. Początkowo obudził we mnie nieco nadziei i ceniłam w nim nawet walory zewnętrzne. Jego elegancję, wyszukany sposób mówienia, wytworność. Jego głos, głęboki i przekonujący, jego łagodny zez. Ale potem przyjrzałam mu się lepiej, posłuchałam go lepiej i zauważyłam, że w jego łagodnym zezie jest coś podejrzanego. Coś nieszczerego, fałszywego. I teraz rozumiem, dlaczego Blair podsłuchuje jego rozmowy telefoniczne. Co widzi Kofi Annan, skoro prawym okiem patrzy na jeden punkt, a lewym na inny? Z pewnością jego perspektywa nie jest punktem widzenia Zachodu, mimo że Annan należy do Kościoła Ewangelickiego i studiował w Minnesocie, potem w Genewie, a potem w Bostonie: jego stanowisko zawsze było korzystne dla Islamu. Jak Kurt Waldheim znajduje zawsze sposób, aby zganić ludzi Zachodu i przyznać słuszność ich nieprzyjaciołom. Czyżby i on był uczniem Sigrid Hunke? Ech! Może jest tylko zimno kalkulującym strategiem, posłusznym Zgromadzeniu Generalnemu zdominowanemu przez kraje Trzeciego Świata, czyli przez najbardziej zaciekłych i niekompetentnych muzułmanów. Albo może po prostu jest przeciwnikiem Ameryki, który zasługuje na Nagrodę Nobla, przyznawaną dziś jedynie jej wrogom. Do licha, ONZ nigdy nie wypowiedziała się jasno i dobitnie przeciwko porwaniom i morderstwom popełnianym przez islamskich terrorystów. Nigdy. Tak samo pan Kofi Annan. Zgromadzenie Generalne nigdy nie wskazało palcem bin Ladena i jego obcinaczy głów. Tak samo pan Kofi Annan. Pan Kofi Annan nigdy nie nakłonił państw Trzeciego Świata do opowiedzenia się przeciwko rzeziom, jakich kamikadze z Hamasu dopuszczają się w Izraelu. Nigdy. A wręcz pozwala, żeby kraje Trzeciego Świata głosowały za Nasserem Al-Kidwą, obserwatorem palestyńskim. Pomijam nawet sprawę trzynastu funkcjonariuszy ONZ, którzy w ostatnich czterech latach, czyli podczas nowej Intifady, zostali aresztowani przez władze izraelskie jako poplecznicy Hamasu. Wymienię tylko przypadek ambulansu ONZ przechwyconego przez izraelski samolot szpiegowski; ambulansu, który zamiast rannego na noszach wiózł wyrzutnię rakietową Qassam. Albo przypadek Duńczyka Petera Hansena, komisarza generalnego UNRWA, czyli organizacji humanitarnej zależnej od ONZ, który niedawno przyznał, że finansował zwolenników Hamasu. Czyż muszę to powtarzać? Gdziekolwiek mamy do czynienia z antyamerykanizmem, tam także jest antyokcydentalizm. Gdziekolwiek mamy do czynienia z antyokcydentalizmem, tam także jest filoislamizm. I gdziekolwiek mamy do czynienia z filoislamizmem, tam także jest antysemityzm. Bo w istocie ONZ nigdy nie potępiła antysemityzmu, jakim zarażona jest Europa. W roku 1975 stwierdziła natomiast, że syjonizm to rasizm, w lipcu ubiegłego roku zaś zagłosowała przeciwko Murowi Antykamikadze, który Szaron buduje na granicy z terytoriami palestyńskimi. Określiła go jako nielegalny, zażądała, aby został zburzony, aby Palestyńczycy otrzymali odszkodowanie za straty. A pan Kofi Annan skomentował wszystko w następujących słowach: „Nasz głos nie może być ignorowany. Nasz głos ma wielką wartość moralną".

Przeciwko Murowi opowiedziała się także Unia Europejska...

Naturalnie. A czego się Pani spodziewała po Eurabii, która uważa Arafata za jakiegoś Giuseppe Garibaldiego albo jakiegoś Jerzego Waszyngtona i finansuje go nawet chętniej niż Arabia Saudyjska albo i Emiraty?!? Czego się Pani spodziewała po Eurabii, w której przewodniczący Komisji Europejskiej, czyli nasz Mortadela, dopuszcza się takiej doprawionej antysemityzmem kompromitacji? Czego się Pani spodziewała po Eurabii, która gości i chroni terrorystów z Al-Kaidy i Hamasu, która daje się prowadzić za rączkę przez Francję i Niemcy? Te Niemcy, których przywódca Hitler był sprzymierzony z wujkiem Arafata, czyli Wielkim Muftim Jerozolimy i razem z nim założył „Islamskie SS". Te Niemcy, gdzie *Słońce Allacha świeci nad Zachodem* nadal jest bestsellerem. Te Niemcy, w których w roku 1983 minister spraw zagranicznych Hans-Dietrich Genscher otworzył Sympozjum w Hamburgu, definiując Islam jako „Latarnię Światła. Światła, które przez stulecia iluminowało Europę, pomagało Europie wydobyć się z barbarzyństwa". I tę Francję, gdzie podczas ostatniej Manifestacji na rzecz Pokoju (manifestacji, w której wzięli udział wszyscy luminarze francuskiej inteligencji z Lewicy) pacyfiści w kafiach wyszli z pochodu i pobili do krwi pięciu młodych ludzi w kipach. Pięciu studentów, którzy grzecznie szli po chodniku. Tę Francję, w której, w samym tylko Paryżu, od 2001 do 2003 roku miały miejsce pięćset pięćdziesiąt cztery przypadki przemocy o podłożu antysemickim. Gdzie Raport Wiesenthala, złożony przez rabina Paryża na ręce Chiraca, mówi o dwudziestu dziewięciu spalonych synagogach w ciągu jednego roku. O cmentarzach sprofanowanych swastykami na nagrobkach. O żydowskich sklepach bojkotowanych aż do bankructwa. O pobiciach i agresji słownej, jak na przykład: „Żałuję tylko, że Hitler nie zdążył dokończyć swojego dzieła". Tak, że Szaron mówi Żydom, którzy żyją we Francji: „Przyjedźcie i zamieszkajcie w Izraelu". A Chirac odpowiada: „Monsieur Sharon n'est pas bienvenu en France. Pan Szaron nie jest mile widziany we Francji".

Wróćmy do Muru. Nazwał go nielegalnym także Międzynarodowy Trybunał Sprawiedliwości w Hadze.

Jasne. Żeby mieć poparcie Eurabii, ONZ potrzebowała takiego wyroku. I 18 grudnia ubiegłego roku Kofi Annan ponaglił Trybunał w Hadze, aby ten wyraził-własne-zdanie-zanim-zagłosuje-Zgromadzenie-Generalne. Nawet nie wspominając o lewicowych, czyli filopalestyńskich sędziach, była to operacja dobrze przygotowana. I Trybunał w Hadze wydał ten niesprawiedliwy wyrok. Wyrok godny Chamberlaina i Daladiera z czasów Paktu Monachijskiego. Uważam, że Unia Europejska, głosując tak, jak zagłosowała, zachowała się jak Europa z roku 1938. I powinna się za to wstydzić. Myślę, że obmyślając tę podłość, ONZ popełniła świństwo. Myślę, że Szymon Wiesenthal uczynił rzecz godną pochwały, wzywając Zgromadzenie Generalne do wypowiedzenia się nareszcie przeciwko rzeziom terroryzmu islamskiego, do zdefiniowania ich jako „Zbrodni przeciwko Ludzkości". I ma moje pełne poparcie. Myślę, że począwszy od Izraela, gdzie poddani Arafata masakrują ludność z przemyślaną regularnością, każde Państwo ma obowiązek chronienia swoich obywateli. Mur Chiński został wzniesiony właśnie z tego powodu. Myślę, że we własnym domu każdy ma prawo zbudować tyle murów, ile tylko chce. Szczególnie, jeśli mogą one powstrzymać kamikadze. Żeby obronić się przed złodziejami i mordercami, zamykam drzwi i okna, zakładam zamki i rygle. I jeśli ktoś mi tego zabroni, sięgnę po fuzję myśliwską. Jeśli ktoś wejdzie, żeby mnie okraść albo zamordować, postąpię tak samo. A poza tym myślę, że w miejscach, gdzie mur wykracza choćby o kilka metrów poza terytorium Izraela, Szaron powinien go rozebrać i wznieść na nowo, to znaczy oddać ziemię, która do niego nie należy. A nawet przeprosić. Na wsi, kiedy sąsiad zabierze mi choć pół metra ziemi, podaję go do sądu. A więc dochodzę swoich praw. Ale przede wszystkim myślę, że tą podłością Unia Europejska, Trybunał w Hadze i ONZ Kofiego Annana zrobiły kolejny prezent Arafatowi.

O mój Boże. Wiem, że wypowiadając to nazwisko traci Pani nad sobą panowanie bardziej nawet, niż kiedy mówi Pani o Kadafim albo o Castro, albo o komunistach, którzy zawłaszczają Ruch Oporu...

Tracę, owszem, tracę. Za każdym razem. Ten pajac z wodnistymi oczkami i duszą czarną jak smoła! Ten ignorant, ten dzieciuch, ten chciwy i przekupny despota, który włada swoimi ludźmi jak szef mafii albo raczej jak król z koroną na głowie i który na czele policji (policji-niepolicji, ponieważ służy ona jedynie jemu) postawił swojego kuzyna, jeszcze bardziej przekupnego od siebie. Ten żarłoczny wór bez dna, który trzyma swój naród w biedzie, w gównie, i który na utrzymanie swojej blondwłosej baby w Paryżu wydaje szesnaście tysięcy dolarów dziennie. Dziennie! Do licha, zdychał z głodu, kiedy go poznałam na początku lat siedemdziesiątych w Jordanii. Teraz jest na liście „Forbesa" (magazynu, który wymieniałam z powodu Berlusconiego), choć dopiero na szarym końcu wśród najbogatszych ludzi świata. A czy wie Pani, na jaką sumę opiewa osobisty majątek Arafata? Na dwieście milionów dolarów, co się równa czterystu miliardom starych lirów włoskich. To więcej niż ma komunista Fidel Castro, którego osobisty majątek opiewa na jedyne sto pięćdziesiąt milionów dolarów, czyli trzysta miliardów starych lirów.

Naprawdę?!?

Tak, tak. To także mówi magazyn „Forbes". Ale – chociaż nijak się to ma do nauk Karola Marksa – swój łup pan Castro zdobył, ścinając trzcinę cukrową. Bez ochrony związków zawodowych. Kiedy pojechałam na Kubę, żeby przygotować wywiad, którego później nie zrealizowałam, ponieważ kłóciłam się z nim bez przerwy, powiedział mi, że ciągle przerywa swój trud bycia Wielkim Przywódcą, aby pomagać robotnikom w ścinaniu trzciny cukrowej. A jako że nie wierzę, by ścinał ją tak, jak Mussolini ścinał zboże podczas Bitwy o Zboże, czyli przez pięć minut, dochodzę do wniosku, że z niego także jest *self-made man* w typie Berlusconiego. Sknerus McKwacz, który w pocie czoła dochrapał się swojego bogactwa. Arafat nie. Nigdy nie poczuł potu na własnym czole. Wyjąwszy okres, kiedy pozował na bojownika, mordując staruszki i dzieci w kibucach albo szkoląc urodziwych młodzieńców z Baader Meinhof oraz terrorystów, którzy mordowali nas w samolotach i na lotniskach, zawsze wykonywał jedynie zawód monarchy. I wszyscy wiedzą, że tych czterystu miliardów starych lirów nie zgromadził w pocie czoła. Chyba że... Słyszała Pani o Mekka-Coli?

Nie. Co to takiego, ta Mekka-Cola?

Nowy napój włoskich komunistów, pardon, eks-komunistów. Już tłumaczę. 15 lipca rozpoczęła się we Florencji doroczna impreza „l'Unità". Otwarta przez samego Sekretarza Demokratów Lewicy, czyli przez Fassina, proszę zwrócić uwagę. A żeby wyrazić swoją nieuleczalną nienawiść wobec Stanów Zjednoczonych, Demokraci Lewicy z Florencji zdecydowali się na (cytuję zdanie, które czytamy w komunikacie ich Biura Prasowego) bojkot „produktów amerykańskich firm wykorzystujących pracowników: Coca-Coli, Pepsi-Coli, nabiału i czekolady Nestlé (która poza wszystkim jest międzynarodowym koncernem szwajcarskim, nie amerykańskim – przyp. red.) i papierosów Philipa Morrisa". Wszystkich rzeczy, z których oni sami korzystają na potęgę, dorzucając superamerykańskiego hamburgera, superamerykańskie dżinsy i superamerykańskie batoniki. Ale jakiś egzotyczny napój orzeźwiający trzeba było jednak sprzedawać na imprezie gazety, która używa jeszcze języka sprzed sześćdziesięciu lat. Dzisiaj twardogłowi nie zadowalają się bynajmniej wodą, winem i oranżadą – piją je proletariusze, a nie burżujskie snoby podróżujące na Fidżi albo na Seszele! A zatem niech Pani zgadnie, co sprzedawali zamiast Coca-Coli i Pepsi-Coli: Mekka-Colę. Napój wyprodukowany przez firmę włosko-palestyńską, która 10 procent ze sprzedaży przeznacza na ekspansję terytoriów palestyńskich. I nagle obudziło się we mnie podejrzenie, że Arafat wzbogacił się tak bardzo, harując jak wół w fabrykach Mekka-Coli. Ale dlaczego kręci Pani głową?

Bo myślę, iż Pani przeciwciała w stanie wojny z Obcym naprawdę powinny zostać przebadane. Jeszcze jakieś dwanaście pytań temu była Pani bardzo zmęczona. Protestowała Pani, mówiąc, że zamiast wywiadu piszemy książkę, i nie chciała Pani kontynuować. Teraz natomiast, zwłaszcza gdy mowa o Fidelu Castro albo Arafacie...

Jestem tak samo zmęczona jak przedtem. Bardziej niż przedtem. Proszę nie dać się zwieść pozorom. Ale faktem jest, że mówienie o tym dżentelmenie dodaje mi animuszu, a zatem umrę jak Emily Brontë. Autorka *Wichrowych Wzgórz*. Emily Brontë umarła na stojąco. Obierając ziemniaki. I zamiast upaść na ziemię, pozostała wyprostowana jak cyprys, z nożykiem do obierania ziemniaków w jednej ręce i ziemniakiem w drugiej. A przy okazji: ile ziemniaków będziemy musiały jeszcze obrać, żeby zakończyć tę zaimprowizowaną książkę?

Trzy albo cztery. A ponieważ chciałabym ją zakończyć rozmową o zupełnie innych sprawach, pytanie, które teraz Pani zadam, będzie jedynym dotyczącym polityki włoskiej. Oto ono: jak Pani zareagowała na kontrowersyjny wyrok naszego Trybunału Konstytucyjnego, który orzekł, że artykuł 12 ustawy Bossi-Fini jest sprzeczny z konstytucją, i w konsekwencji zabronił aresztowania nielegalnych imigrantów, którzy nie opuścili kraju?

W zasadzie z niedowierzaniem. Wrzało jeszcze z powodu sprawy trzydziestu siedmiu Sudańczyków (którzy nie byli Sudańczykami, a jednak żądali tak czy inaczej azylu politycznego i ubiegali się o to, aby ich nie wydalać, odmawiali wyjazdu), więc zdołałam jedynie wybełkotać: „To niemożliwe, to niemożliwe. Ci sędziowie potracili rozum". Potem przeprowadziłam małe śledztwo, odkryłam, że większość z nich to Demokraci Lewicy albo ich sympatycy, krótko mówiąc, osoby wykarmione mlekiem hegemonii kulturowej, i moje niedowierzanie zmieniło się w oburzenie. Wyobraziłam ich sobie owiniętych w czerwone togi, w beretach z białym gronostajem, podobnych do świętych Mikołajów, i powiedziałam: „Z pewnością to ludzie prawi, mędrcy, którzy stosują prawo, kierując się rozumem, nie sentymentem, ale kto mi zagwarantuje, że na ten wyrok nie wpłynęło wyssane przez nich mleko hegemonii kulturowej?". A teraz dorzucam: nasza Konstytucja stwierdza, owszem, że azyl polityczny powinien zostać przyznany każdemu, kto ucieknie z kraju, pozbawionego naszych demokratycznych swobód. Ale ten zamysł powstał w czasach, gdy dramat imigracji jeszcze nie istniał, nikt go nie przewidywał, nawet go sobie nie uprzytamniał, a nasza hojność też musi być ofiarowywana roztropnie. W trzech czwartych tej planety swobody demokratyczne nie istnieją. Na przykład w Chinach i we wszystkich krajach muzułmańskich. W Azji, w Afryce, na Bliskim Wschodzie. Czy zatem powinniśmy sprowadzić do Włoch miliard Chińczyków i nie wiedzieć ile miliardów muzułmanów? Nie wspominając o fakcie, że nie pomieściliby się tutaj nawet w sensie fizycznym, wyłania się pytanie, które zadałam w związku z szaleństwem nazywanym przez mnie Głosem dla Cudzoziemca: dla kogo została napisana Konstytucja? Dla nas czy dla cudzoziemców? Gdzie kończą się prawa obywateli, a gdzie zaczynają prawa cudzoziemców? Ale nikt o to nie pyta, ponieważ...

Ponieważ...?

Ponieważ ojcowie kombonianie, nierzadko zachęcani przez swoich tłustych kardynałów, w białych habitach ozdobionych tęczową szarfą gęgają przed Komendami Policji. Ponieważ związkowcy z kręgów Włoskiej Powszechnej Konfederacji Pracy, aż do wczoraj specjaliści od dzikich strajków, a dzisiaj od azylu politycznego, zwołują płomienne zgromadzenia. (I ktoś powinien mi wyjaśnić, co u diabła ma wspólnego Włoska Powszechna Konfederacja Pracy z cudzoziemcami, którym azyl polityczny absolutnie się nie należy.) Ponieważ neobojówkarze w kominiarkach zaprojektowanych przez designera, który swoje łachy sprzedaje tym łajdaczkom z Tepidarium, przyjeżdżają w trzystu lub czterystu, żeby dopuszczać się tu przemocy jak ich dziadkowie albo pradziadkowie w czasach Mussoliniego. A żeby móc tu przybyć, żądają darmowych przejazdów od Kolei Państwowych. Kontrolerowi, który prosi ich o bilet, odpowiadają: za-bilet-niech-ci-zapłaci-Bush, i ze szkodą dla dojeżdżających pracowników, którzy zapłacili zgodnie z prawem za przejazd, pociąg zatrzymuje się w szczerym polu. Tu tkwi przez całą noc, czyli do czasu, gdy zielony asesor, asesor do spraw sportu, każe mu jechać dalej, obiecując, że koszty zostaną pokryte przez zarząd miejski Wenecji. (I ktoś powinien mi wyjaśnić, dlaczego jakiś zarząd miejski ma wydawać pieniądze obywateli, żeby płacić za harce neobojówkarzy.) Ponieważ zieloni podburzani przez rozbestwionego biseksualistę i przez jego psy łańcuchowe dołączają do nich i wraz z nimi niosą transparenty z napisem „Włochy drugie Guantanamo". I w rzeczywistości nigdy nie dojdziesz, kim są, czego chcą ci zieloni bardziej czerwoni od czerwonych. Te pijawki polityki, ci krwiopijcy, którzy w całej Europie wodzą elektorat za nos, paplając o ekologii, ględząc o dziurach ozonowych, pozując na świętych Franciszków kochających ptaszki, kózki, walenie i słonie. Czy naprawdę bronią środowiska, działają na rzecz zakazania polowań w rezerwatach, ratowania koziorożców alpejskich i zięb, przekonania Brazylii do głosowania przeciw zabijaniu wielorybów, czy też zarządzają nadchodzącą Międzynarodówką hitleryzmu, a właściwie naziislamizmu?

A Pani jak uważa?

Uważam, że wieloryby nie obchodzą ich bardziej niż zeszłoroczny śnieg. Tak samo ptaszki i kózki. Uważam, że z zięb i koziorożców alpejskich urządzają sobie wielkie żarcie w paszteciarniach, że z kłów zamordowanych słoni produkują naszyjniki dla transwestytów, o ozonie nie wiedzą nawet, czy to pies, czy wydra. Uważam, że słowem Ekologia posługują się tak, jak komuniści posługują się słowem Lud, i że dlatego są ludźmi ogromnie niebezpiecznymi. Ludźmi bez zasad i bez pomysłów, pustymi lalkami, które trzymają z Lewicą, ale robią słodkie oczy do Islamu, ponieważ mają nadzieję dowodzić nadchodzącą Międzynarodówką naziislamizmu. Ale może nie trzeba się nimi przejmować. Tak niewiele znaczą. Prędzej czy później ich brak tożsamości sprawi, że rozwieją się w powietrzu.

A co Pani sądzi o neobojówkarzach, którzy żądają bezpłatnych przejazdów kolejami, którzy noszą transparenty z napisem „Włochy drugie Guantanamo", którzy zakrywają twarze kominiarkami zaprojektowanymi przez designerów?

Sądzę, że nimi z kolei należy się bardzo przejmować. Naprawdę przypominają tych młodzieńców, którzy działali w Hitlerjugend i w Republice Salò. Zbytnio mi przypominają gołowąsych faszystowskich republikanów, którzy zabawiali się wybijaniem zębów kolbą karabinu mojemu ojcu torturowanemu przez Maria Carita. Te same hasła, te same głosy. Te same spojrzenia, te same miny. Sądzę, że trzeba mieć ich na oku. Zresztą ja mam na oku także pozornie nieszkodliwych smarkaczy, według których egzekucja jakiejś Afganki z pomalowanymi paznokciami to jedynie „odmienny wzorzec postępowania". Albo podziwiających Srogiego Saladyna czy zmyślających na temat Krucjat. I proszę mi nie mówić, że młodzi zawsze przebierają miarę, że ekstremizmy to część młodości, że mając szesnaście albo siedemnaście lat, ja też byłam osóbką do której ani przystąp. Byłam, owszem.

W liceum, do którego wróciłam po zakończeniu wojny z głową nabitą dziecinnymi utopiami, kierowałam pewnym głupawym Związkiem Uczniów, który założyłam, żeby zmieniać świat, organizowałam głupawe *sit-in* przeciwko nauczycielom, a pewnego razu przeszkodziłam im nawet w legalnym strajku. Przekonawszy moich kolegów z klasy do pozostania w sali z pustą katedrą, zmusiłam dyrektora, żeby wysłał do nas zastępcę, a ten, gdy tylko się zjawił, wykrzyknął: „Można się było spodziewać, że to ty stoisz za tą aferą, łotrzyco!”. (Zastępca nazywał się Manlio Cancogni. Wkrótce miał zostać sławnym powieściopisarzem i znał mnie, ponieważ on także wywodził się ze Sprawiedliwości i Wolności.) Ale pomiędzy wybrykami mojej wczesnej młodości a tymi, jakich dopuszczają się niektórzy dzisiejsi młodzi, jest znacząca różnica, do pioruna. Aferę, z powodu której Manlio Cancogni nazwał mnie łotrzycą, i wywrzaskiwanie „Dziesięć-sto-tysiąc-razy-Nassirija” albo „Włochy-drugie-Guantanamo” dzieli cała galaktyka. A ja tych młodych nie rozumiem. Nie rozgrzeszam ich, nie wybaczam im. Chryste! Mają wszystko, czego moje, nasze pokolenie nigdy nie miało. A tym bardziej pokolenia naszych rodziców, naszych dziadków, naszych pradziadków i tak dalej. Mają wolność, która daje im nawet zbytnią swobodę i pozwala przekraczać wszelkie granice. Cieszą się dostatnim życiem, które prowadzi wręcz do marnotrawstwa i pozwala na urzeczywistnianie każdej zachcianki, każdego kaprysu. Żyją w społeczeństwie, które ich osłania, chroni na wszelkie sposoby. Nie znają głodu, nie znają chłodu, nie znają wojny, nie znają zmęczenia. Chodzą do bezpłatnej szkoły, mając czternaście albo mniej lat są właścicielami motoru i telefonu komórkowego, kiedy źle się zachowują, nie otrzymują nagany, a już na pewno nie dostają w twarz. Uprawiają seks z kim im się tylko podoba i gdzie im się podoba, nie muszą się poświęcać. I to powinno sprawić, że będą lepsi od nas, którzy poznaliśmy głód i chłód, wojnę i znużenie, musieliśmy pójść do pracy, żeby kupić sobie rower, łajania mieliśmy pod dostatkiem, a zdarzały się czasem i policzki. Dostatek i wolność powinny uczynić ich inteligentniejszymi, na Boga. Lepiej rozwiniętymi, lepiej wykształconymi, lepszymi ludźmi. Tymczasem czynią ich mniej inteligentnymi. Gorzej rozwiniętymi, gorzej wykształconymi, gorszymi ludźmi. A także konformistami. Tak, konformistami. To z konformizmu tracą czas i pieniądze w dyskotekach, biorą narkotyki, zabijają się i zabijają innych w wypadkach samochodowych. Z konformizmu podpalają pojemniki na śmieci, rabują sklepy i w imię „wyzyskiwanych proletariuszy" (oni, ci utuczeni burżuje) zabierają sobie do domu szynkę, książki, telefony komórkowe, telewizory i wino. Z konformizmu kibicują najeźdźcy, powiewają flagami nieprzyjaciela. Z konformizmu plują na trójkolorowy sztandar, odgrywają wrogów Ameryki, odrzucają Zachód, wychwalają Islam, który chciałby nam nawet zakazać dodawania odrobiny wina marsala do pączków. A jednak...

A jednak...?

A jednak są pierwszymi ofiarami tej rzeczywistości. Ponieważ w tej rzeczywistości urodzili się i wyrośli. Przez tę rzeczywistość zostali wchłonięci, zagarnięci. I wina, oczywiście, nie jest po ich stronie. To wina pokolenia, które ich wydało na świat i które, w swoim czasie wykolejone przez jeszcze wcześniejsze pokolenie, wychowuje ich w pustce swojej własnej małości. Swojej własnej ciemnoty, swojego własnego zidiocenia, swojego własnego konformizmu. Nauczycielek, które w przedszkolach zabraniają Jasełek i przeganiają Świętego Mikołaja. Profesorów, którzy w szkołach średnich i na uniwersytetach upowszechniają sfałszowaną albo wypreparowaną Historię, którzy ich zatruwają praniem mózgów. Pożal się Boże sędziów, którzy, aby zrobić sobie reklamę, pozwalają usuwać krzyże. Liderów-antyliderów klasy politycznej, która spaceruje nad przepaścią. Intelektualistów, którzy są wasalami, a wręcz sługusami tejże klasy politycznej. Księży, którzy zamiast wypełniać swoje posłannictwo, czyli troszczyć się o duszę, robią agitprop i zajmują się polityką. A przede wszystkim rodziców, którzy zamiast nauczyć ich, czym jest Dobro i Zło, wpajają im kult wakacji, hedonizmu, ekshibicjonizmu, pieniądza, sukcesu na cudzy koszt, czyli osiągniętego bez żadnej pracy. Bez nauki, bez wysiłku. „Chcę wyjść z szarego tłumu. Chcę być sławny, sławna, chcę osiągnąć sukces", mówią w wieku piętnastu lub szesnastu lat dzieci tychże rodziców. I nie ma nikogo, kto by im odpowiedział: „Jaki sukces, idioto? W jakiej dziedzinie? Pokazywania pępka w niepotrzebnych konkursach targowiska próżności? Krakania i obraźliwego ględzenia pomawiającego Fallaci o to, że kocha wojnę? Odmawiania płacenia za bilet w pociągu, wypisywania wulgaryzmów po murach, plądrowania sklepów w imię wykorzystywanego proletariusza, ty łotrze? To tak chcesz wyjść z tłumu, osiągnąć sukces, draniu? A właściwie dlaczego miałbyś wyjść z tłumu, osiągnąć sukces, ty, który nic nie potrafisz i nie jesteś nic wart? Na sukces trzeba zasłużyć, kochany. Trzeba do niego dojść pracą i nauką, i trudem, i zasługami, kretynie, kretynko!". Och, tak. Wina jest po stronie tych, którzy windują ich w górę. Ale, dobrze rzecz rozważywszy, to także wina takich ludzi jak my, jak ja.

Jak my, jak Pani?!?

Jak my, jak ja. Ponieważ jeszcze piętnaście lat temu próbowałam przekazywać prawdy, które spotkałam na swojej drodze. Proszę spojrzeć na moje prace, a zobaczy Pani, że w każdej z nich zwracam się wprost lub pośrednio do młodych. Na przykład opowiadając o wojnie, o której umiłowanie oskarżają mnie te sukinsyny. Głosząc potrzebę używania wolności z dyscypliną, z samodyscypliną, nie jak oni, którzy mylą wolność z nieograniczoną swobodą. Mówiąc o obowiązkach, które muszą towarzyszyć prawom, o godności i o honorze, do których nikt się już dziś nie odwołuje. Czyniłam to nawet wtedy, kiedy czułam, że jestem nierozumiana, czyniłam to nawet wtedy, gdy czułam się niesłuchana. Ale w pewnym momencie, znużona wołaniem na wiatr, powiedziałam sobie „dosyć". Spaliłam mosty łączące mnie ze światem. Zabarykadowałam się w sterylnej wieży z kości słoniowej, zamknięta w swoim zupełnym milczeniu, i nie otworzyłam więcej ust. Nie ruszyłam palcem. Z tego wygnania wróciłam dopiero Jedenastego Września, czyli wtedy, gdy nasza rzeczywistość uległa już rozpadowi.

Zdarza się Pani niekiedy zmienić zdanie?

Nie w tych sprawach. W tych z pewnością nie. W innych tak. Do licha, tylko kamienie nie zmieniają zdania. Nie myślą, a więc nie cierpią. W młodości wierzyłam na przykład, że sprawiedliwość społeczną można osiągnąć poprzez socjalizm. Po wojnie zapisałam się do Partii Czynu, która była partią liberalnych socjalistów, czyli partią, która chciała pogodzić socjalizm z liberalizmem. Później Partia Czynu upadła. Zostałam sama, zaczęłam samodzielnie myśleć, dorastać i u progu dojrzałości pojęłam, że spędziłam młodość, otaczając kultem utopię albo nieporozumienie. Ponieważ przekonałam się, że socjalizm był rodzonym bratem komunizmu, że był jednym z oblicz komunizmu. Nawet ten socjalizm-z-ludzką-twarzą, o którym Pietro Nenni mówił pod koniec swojego życia. Ponieważ zdałam sobie sprawę, iż mój ojciec, choć liberalny socjalista, miał rację, mówiąc, że rodzony brat komunizmu zamiast czynić wszystkich zamożnymi robi ze wszystkich biedaków, a zaprzeczając temu co najistotniejsze, obcina Człowiekowi jaja. Ponieważ doszłam do wniosku, krótko mówiąc, że mimo jego pokus socjalizmu nie da się pogodzić z liberalizmem. I zmieniłam zdanie. Jednak, i oto sedno sprawy, nie zmieniłam go na inne. Albo nie próbowałam wypracować sobie innego, zakładając, że w ogóle byłoby to możliwe. I rzeczywiście temat sprawiedliwości społecznej pozostał jak cierń w moim sercu. A wobec tych, którzy nie mają w sercu tego ciernia, jeszcze dziś czuję instynktowną wrogość albo raczej instynktowne obrzydzenie. Nigdy nie potrafiłabym się sprzymierzyć z drużyną futbolową, która nosi imię Prawicy. Taki pomysł nie przechodzi mi przez myśl nawet wtedy, gdy pałam oburzeniem na drużynę futbolową, która nosi imię Lewicy. Nigdy nie potrafiłabym także sprzymierzyć się z tymi pobożnymi duszyczkami, które wierzą, że rozwiążą problem, rozdając jałmużnę, oddając się dziełu miłosierdzia, i często zadaję sobie pytanie, czy to nie ów cierń w sercu czyni tak trudnym mój stosunek do pieniędzy. Nie kocham pieniędzy. Chcę ich, tak, ponieważ mi służą albo mi się należą. Opłacają moją pracę, mój trud, dają trochę wytchnienia w moim niełatwym życiu. Ale żywię do nich przemożną niechęć, rodzaj goryczy albo żalu. I nie rozumiem tych, którzy wyznają kult pieniądza, którzy nigdy nie są go syci, którzy dotykając go, radują się jak skąpiec Moliera. A jeszcze mniej rozumiem tych, którzy oceniają cudze zasługi po pieniądzach i którzy nie przyznają, że pieniądz jest przyczyną całego zła, źródłem niemal wszelkich nieszczęść. To prawda, że w przeciwieństwie do frazesowiczów, którzy wrzeszczą na trybunach albo na placach, jestem rewolucjonistką. Poza pięknem i zdobyczami Nauki nie znajduję w otaczającym mnie świecie niczego, co by mi się podobało. Nie podoba mi się nawet wyobrażenie o rewolucji, jakie ma ten świat. Rewolucja to nie gilotyna na placu Zgody. To nie zdobycie Pałacu Zimowego w Petersburgu. To nie gwałtowny i brutalny przewrót, który niszczy albo obala, tak że kiedy wszystko jest już zburzone albo obalone, pozostający na placu boju dziedziczą ruiny. Naprawiają je, łatają i wszystko wraca do punktu wyjścia. Napoleon w miejsce Ich Wysokości Ludwika XVI i Marii Antoniny, Stalin w miejsce cara Mikołaja Romanowa, Chomeini w miejsce szacha Rezy Pahlawiego, bin Laden w miejsce Papieża. Rewolucja jest dla mnie cierpliwością, rozwagą. Jest bezkrwawą metamorfozą gąsienicy, która nie wyrządza zła nikomu, nawet samej sobie, i zmienia się w motyla. I unosi się w górę. W gruncie rzeczy zawsze marzyłam o lataniu. Żeby latać jak motyl albo raczej jak mewa.

A cóż to za idea, co do której nigdy nie zmieniła Pani zdania i nigdy go nie zmieni?

Wolność, ma się rozumieć. Nie wolność pojmowana jako nieograniczona swoboda, rozpasanie, przemoc, egoizm, czyli wolność, która upaja się samą sobą. Która oddaje się ekscesom, która odbiera wolność innym. Mam na myśli wolność rozważną. Poddaną dyscyplinie, a właściwie samodyscyplinie. Nauczył mnie jej Platon w drugiej klasie liceum, kiedy profesor Morpurgo kazał nam przetłumaczyć z greki na włoski pół strony z ósmej księgi *Państwa*. Proszę spojrzeć, oprawiłam tę stronę w ramki. Trzymam ją na ścianie, zarówno tu, jak i w Nowym Jorku. A inna rzecz, że nie jest mi wcale potrzebna. Znam ją na pamięć, mogę ją wyrecytować tak, jak księża recytują Ojcze Nasz. Proszę posłuchać: „Nienasycona żądza tego dobra (wolności – przyp. tłum.) i zaniedbanie dóbr innych [...] przygotowuje potrzebę dyktatury. Jakim sposobem? (...) Wtedy, myślę, gdy państwo demokratyczne cierpi pragnienie wolności, a ma przypadkiem na czele złych podczaszych, za czym się, więcej niż potrzeba, upija wolnością nierozcieńczoną [...] A tych, którzy rządu słuchają, depce jako dobrowolnych niewolników i zupełne zera [...]. Ojciec przyzwyczaja się do tego, że staje się podobny do dziecka, i boi się synów [...]. W takim państwie nauczyciel boi się uczniów i zaczyna im pochlebiać, a uczniowie nic sobie nie robią z nauczyciela [...]. W ogólności młodzi ludzie upodabniają się do starszych i puszczają się z nimi w zawody i w słowach, i w czynach, a starzy siadają razem z młodymi, dowcipkują i stroją figle, naśladując młodych, żeby nie wyglądać ponuro i nie mieć zbyt władczej postawy. [...] Dusza obywateli robi się tak delikatna i wrażliwa, że choćby im ktoś tylko odrobinę przymusu próbował narzucić, gniewają się i nie znoszą. [...] Więc to naturalne, że nie z innego ustroju powstaje dyktatura, tylko z demokracji; z wolności bez granic niewola najzupełniejsza i najdziksza"[4]. Proszę powiedzieć, czy nie brzmi to jak napisane dzisiaj, specjalnie dla niektórych dzisiejszych Włochów?

Przyznaję.

To dlatego tak bardzo się denerwuję. To dlatego, opisując złe ziele, dyktaturę, mówię często o faszyzmie, o jego ukochanych dzieciach, czyli nazizmie i bolszewizmie, o jego ulubionym nawozie, czyli kolaboracjonizmie. Mówię o nim, nie zważając, że staję się nudna. Nie przejmując się tymi, którzy jako faszyści, naziści, bolszewicy, kolaboranci pewnych rzeczy nie chcą słyszeć albo ich nie rozumieją. Wiem, że w debacie telewizyjnej na temat *Siły Rozumu* ktoś powiedział: „Fallaci żyje przeszłością, jest antyfaszystką w starym stylu". Idiota! Pomijając fakt, że faszyzm nie ma koloru i nie ma też wieku, to jeśli istnieje ktoś, kto żyje teraź-

[4] Platon, *Państwo*, tom 2, przeł. W. Witwicki, Warszawa 1994, s. 131–132.

niejszością, jestem nim ja. Do przeszłości odwołuję się, aby dać porównanie, przestrogę. Aby przypomnieć niepomnym, że Historia lubi się powtarzać i że nie znając jej, oszukujemy się, że...

Co się dzieje? Znowu źle się Pani poczuła?

Nie, nie. Tylko trochę. Może to kolejna fala zmęczenia. Może to Obcy broni się przed moimi przeciwciałami. Może to także starość, która już postępuje. A jednak lubię starość. Cieszę się nią. Głupcami są ci, którzy ją odrzucają, a żeby ją odeprzeć, poddają się liftingom, ubierają się jak dwudziestolatkowie, kręcą na temat wieku. Są głupi i niewdzięczni. Powiedziałam to także dwójce przyjaciół, którzy po ukazaniu się *Wściekłości i Dumy* przybyli do Nowego Jorku, aby przeprowadzić ze mną wywiad. Wywiadu im nie udzieliłam, nie. Ale zaprosiłam ich na kolację i w pewnym momencie powiedziałam, że starość to piękny wiek. Złoty wiek Życia. Nawet nie dlatego, że alternatywą jest śmierć bez otrzymania tego przywileju, lecz dlatego, że to pora wolności. W młodości sądziłam, że jestem wolna. Ale nie byłam. Martwiłam się o przyszłość, pozwalałam wpływać na siebie wielu rzeczom i ludziom, i w praktyce jedynie okazywałam posłuszeństwo. Rodzicom, profesorom, redaktorom naczelnym gazet, w których pracowałam już jako osiemnastolatka... Gdy dorosłam, wierzyłam, że jestem wolna. Ale nie byłam. Ciągle jeszcze martwiłam się o przyszłość, pozwalałam wpływać na siebie nieżyczliwym osądom, bałam się konsekwencji własnych wyborów... Dziś już się nie boję. Nieżyczliwe sądy nie mają już na mnie wpływu, przyszłość mnie nie martwi. Czemuż miałaby mnie martwić? Już nadeszła. I oswobodzona od próżnych pragnień, płytkich ambicji, ulotnych chimer, czuję się wolna jak nigdy przedtem. Wolna wolnością pełną, absolutną. Poza tym starość jest piękna, ponieważ starzy rozumieją to, czego jako młodzi, a nawet dojrzali ludzie nie rozumieli. Ponieważ zgromadzone doświadczenia, wiedza, wnioski sprawiają, że wszystko stało się jasne. Albo o wiele bardziej jasne. Niektórzy nazywają to mądrością. A ja nie wiem, czy jestem mądra. Czasami to wykluczam. Ale wiem, że dzięki tym doświadczeniom, tej wiedzy, tym wnioskom mój umysł nabrał mocy jak dobre czerwone wino. Wzmógł się jego aromat, przejął całą żywotną siłę, którą utraciła reszta ciała. Nie żebym była upiornie stara, ma się rozumieć. Trochę się bawię tymi rozważaniami. To moja kokieteria. Ale Obcy mnie pożera, czasami nie mogę utrzymać się na nogach. A jak powiedziałam na początku naszej pogawędki, kiedy nie trzymam się na nogach, lepiej rozumuję. Lepiej się uczę, lepiej pracuję. Jest tak, jakby siła moich nóg, moich rąk, moich płuc przeniosła się do mojej głowy. I to mnie pociesza tak bardzo, że nigdy sobie nie mówię: „Chciałabym-cofnąć-się-w-czasie-zacząć-od-początku". Wiedząc, że nie pożyję długo, co najwyżej wołam: „Właśnie teraz! Boże, co za marnotrawstwo. Śmierć to marnotrawstwo".

Jest także marnotrawstwem trzymanie w szufladzie ośmiuset stron nazywanych przez Panią „moim dzieckiem", czyli długiej powieści, której pisanie przerwała Pani Jedenastego Września.

Wiem. Ponieważ to dziecko jest żywe. Miewa się dobrze. Jest tak żywe, że rusza się w mojej głowie jak płód w łonie. A ruszając się, woła mnie, dopomina się mnie, wytyka mi swoje prawa, aż łamie mi serce i za każdym razem oddałabym duszę, aby wyjąć je z szuflady. Aby wrócić do niego, dokończyć pracę. Ale Jedenasty Września naprawdę wykradł mnie sobie samej, a to, co dzieje się od tamtej pory, oplątuje mnie mocniej niż lepka pajęcza sieć. Każda nić tej sieci jest jak sznur, który więzi mnie, przykuwa do tej tragedii, pośród której toczy się nasze życie. Tą tragedią jest zachłanny, pełzający, mroczny Islam. Jego żarłoczność i pragnienie podboju, ujarzmiania. Jego kult Śmierci, rozmiłowanie w Śmierci. Jego dwulicowość i nieszczerość. Ślepy, głuchy, ogłupiały Zachód. Jego rak moralny i intelektualny, jego słabość, bojaźliwość. Jego masochizm. Mój obowiązek zabierania głosu, mówienia tego, co ludzie myślą, ale czego nie wypowiadają. Obowiązek, któremu będę posłuszna aż do ostatniego tchu. A moje dziecko to dziecko żyjące w świecie zupełnie innym od dzisiejszego. Żyje w świecie naszej przeszłości, w czasach, gdy dzwoniły dzwony, a podróżowało się w karetach. W świecie, w którym wierzyło się w ojczyznę, w honor, i oddawało się życie za Wolność. To także dziecko bardzo trudne, bardzo wymagające. Bohaterowie mojej książki unoszą się na falach Historii, a równocześnie na skrzydłach własnej wyobraźni. A więc wymagają absolutnego skupienia, spokoju, który bardzo mi służył, gdy zajmowałam się wyłącznie książką i cała reszta mnie nie interesowała. Jak zdołam, dzisiaj, poświęcić się wyłącznie jej, czyli zignorować rzeczywistość, która mnie otacza? Jesteśmy na wojnie. Wojnie, której nie chcieliśmy, której nie wydaliśmy, ale że wytoczył nam ją nieprzyjaciel, musimy walczyć. To wojna, która każdego dnia zagarnia nowe terytoria, która każdego dnia grozi nam unicestwieniem, a zatem dotyczy także mnie osobiście. Okrzyknięcie mnie zbrodniarką, wręcz diabłem wcielonym, nie zadowala synów Allacha i ich wspólników. Ich najgorętszym pragnieniem jest zamknięcie mi ust na zawsze, zamordowanie mnie, zanim uczyni to Obcy. Chociaż niewiele o tym mówię, ponieważ ten temat mnie nudzi, w lepkiej pajęczej sieci jest także taka nić. Nić, z której powodu zawsze muszę mieć oczy z tyłu głowy, uważać na wszelkie cienie i głosy, mieć ochronę i trzymać nabitą strzelbę przy łóżku. Ale jeśli pożyję dłużej, urodzę moje dziecko. Wydam je na świat. I proszę mi wierzyć: jeśli umrę zaraz po napisaniu ostatniej strony, umrę szczęśliwa.

To mi pomaga zadać ostatnie pytanie. Pytanie bardzo trudne. Brutalne i trudne.

Odwagi, proszę je zadać.

Boi się Pani śmierci?

To nie jest brutalne pytanie, to nie jest trudne pytanie. Wiele razy zadawałam je innym. Na przykład Hajle Syllasje, cesarzowi Etiopii, kiedy przeprowadzałam z nim wywiad w jego w pałacu w Addis Abebie. Biedny Hajle Syllasje. Był już bardzo stary i wściekł się jak dzikie zwierzę. „Quelle mort, jaka śmierć, quelle mort?", krzyczał. Słysząc te krzyki, jego pieski, trzy chihuahua, które trzymał na kolanach, skoczyły na mnie, a fotografa nawet ugryzły w łydkę. Potem, wrzeszcząc: „Partez – wyjść – partez", Jego Wysokość nas przegonił. Kazał strażnikom wyrzucić nas do parku przylegającego do sali tronowej i dobry Jezu, tam, w parku, był lew. Największy lew, jakiego kiedykolwiek widziałam. I ryczał. Cóż, nazajutrz odkryliśmy, że był to lew oswojony. Że całe dnie spędzał na pałaszowaniu befsztyków, że nigdy nie jadał ludzi. Wtedy tego nie wiedzieliśmy i trzęśliśmy się jak liście na wietrze. „Co teraz zrobimy, którędy pójdziemy?", bełkotał fotograf. „Idź mu naprzeciw, spróbuj go pogłaskać po pysku", odpowiedziałam zduszonym głosem. „Sama idź, sama go sobie głaszcz", odparł rozsierdzony. I w pewnym momencie popchnął mnie, żebym to zrobiła naprawdę. A wtedy lew przestał ryczeć, przysiadł, ziewnął z taką miną, jakby mruczał do siebie „ale-z-was-idioci" i powolutku, powolutku doszliśmy do bramy. Odjechałam stamtąd, myśląc, że Jego Wysokość musi bardzo bać się śmierci. Ja się nie boję. Znam ją zbyt dobrze. Znam ją od dzieciństwa, kiedy biegłam pod bombami Drugiej Wojny Światowej i przeskakiwałam przez ciała tych, którzy nie biegli dość szybko. Znam ją, ponieważ często miałam z nią do czynienia, niestety. W zbyt wielu miejscach i na zbyt wiele rozmaitych sposobów. W Meksyku, na przykład, kiedy zdarzyło mi się to, o czym wszyscy wiedzą. W Wietnamie, w Kambodży, w Bangladeszu, w Jordanii, w Libanie, kiedy byłam korespondentem wojennym i zawsze znajdowałam się w ogniu jakiejś walki albo w innych przerażających sytuacjach. We własnym sercu, kiedy zamordowano Alekosa Panagulisa i kiedy rak zabrał moją matkę, potem mojego ojca, potem moją siostrę Neerę, a także stryja Bruna. Wreszcie teraz, za sprawą choroby i tych, których nie zadowala uznanie mnie za zbrodniarkę albo diabła wcielonego. Chcę przez to powiedzieć: jako że musiałam się z nią stykać, czuć ją wokół i w samej sobie, zdołałam ją w dziwny sposób oswoić. I nie przeraża mnie myśl, że umrę.

Naprawdę?

Naprawdę. Nigdy nie kłamię. Jestem zanadto dumna, żeby mówić nieprawdę. Zresztą, co byłoby niegodnego, uwłaczającego w przyznaniu, że Śmierć mnie przeraża tak jak przerażała Hajle Syllasje? Wyznam Pani szczerze: zamiast strachu czuję rodzaj melancholii, rodzaj przykrości, która przyćmiewa nawet moje poczucie humoru. Jest mi przykro umierać, owszem. I nigdy nie zapomnę, co wiele lat temu powiedziała mi Anna Magnani: „Droga Oriano! To niesprawiedliwe, umierać, skoro przyszliśmy na świat!". Nie zapominam, że ta niesprawiedliwość dotknęła miliardy istnień ludzkich przede mną, że dotknie miliardy istnień ludzkich po mnie. Ale i tak jest mi przykro. Żarliwie kocham Życie, rozumie mnie Pani? Jestem absolutnie pewna, że Życie jest piękne, nawet kiedy jest straszne, że narodziny to cud nad cudami, że życie jest najpiękniejszym z darów. Nawet jeśli to dar bardzo trudny, bardzo uciążliwy. Czasami bolesny. I z taką samą żarliwością nienawidzę Śmierci. Nienawidzę jej bardziej niż mogłabym nienawidzić człowieka, a wobec tych, którzy otaczają ją kultem, żywię bezbrzeżną pogardę. Również dlatego mam tak bardzo na pieńku z naszymi wrogami. Z obcinaczami głów, z kamikadze, z ich entuzjastami. Prawdą jest, że choć znam ją dobrze, nie rozumiem Śmierci. Rozumiem tylko, że jest to część Życia i że bez tego marnotrawstwa, za jakie uważam Śmierć, Życie by nie istniało.

Oriana Fallaci

Gdzieś w Toskanii,
lato 2004

Apokalipsa
(Postscriptum)

A potem Anioł powiedział: „Napisz, gdyż to, co mówię, prawdziwe jest i godne wiary”.

(Według Apokalipsy św. Jana)

„I ujrzałem Bestię wychodzącą z morza, mającą dziesięć rogów i siedem głów, a na rogach jej dziesięć diademów, a na jej głowach imiona bluźniercze. [...] I ujrzałem jedną z jej głów jakby śmiertelnie zranioną, a rana jej śmiertelna została uleczona. A cała ziemia w podziwie powiodła wzrokiem za Bestią. [...] I Bestii pokłon oddali, mówiąc: „[...] Któż potrafi rozpocząć z nią walkę?" A dano jej usta mówiące wielkie rzeczy i bluźnierstwa [...]. Zatem otworzyła swe usta dla bluźnierstw przeciwko Bogu, by bluźnić przeciwko Jego imieniu i Jego przybytkowi, i mieszkańcom nieba. Potem dano jej wszcząć walkę ze świętymi i zwyciężyć ich, i dano jej władzę nad każdym szczepem, ludem, językiem i narodem. Wszyscy mieszkańcy ziemi będą oddawać pokłon władcy, każdy, którego imię nie jest zapisane od założenia świata w księdze życia zabitego Baranka. Jeśli kto ma uszy, niech posłyszy. Jeśli kto do niewoli jest przeznaczony, idzie do niewoli, jeśli kto na zabicie mieczem – musi być mieczem zabity. Tu się okazuje wytrwałość

i wiara świętych"[5]*. Cóż, powinnyśmy dodać wiele rzeczy do wywiadu zakończonego minionego lata rozważaniami o Śmierci, która nie powinna istnieć, ale istnieje, ponieważ gdyby nie było Śmierci, nie byłoby też Życia. A żeby wrócić do owego wywiadu, wybrałam powyższy fragment z Apokalipsy.*

Wiem. Przeczytałam go raz jeszcze, kiedy wyznawcy Bestii wymordowali sto pięćdziesięcioro dzieci z Biesłanu. Dzieci, które boso i nago uciekały ze szkoły jak zięby zrywające się z drzewa, gdy spada na nie stado sępów. Przeczytałam go raz jeszcze, kiedy prasa opublikowała wstrząsającą fotografię mężczyzny, który biegnie przerażony, niosąc w objęciach maleńkie nagie ciałko, trupka tak umęczonego, że krew jeszcze bucha z jego ran, a buchając plami cytrynowożółte dziecięce włosy. Przeczytałam go raz jeszcze, ponieważ w oddziale wśród trzydziestu sześciu sępów znajdowały się dwie kobiety. Dwie z tych, które, aby pomścić zmarłego męża albo zmazać z siebie hańbę porzucenia przez męża, zabijają i są zabijane w imię Allacha. Wszystkie odziane na czarno, w czarnych rękawiczkach i z twarzami zakrytymi czarnym nikabem, jakby szły modlić się w meczecie do swojego miłosiernego

---

[5] Wszystkie cytaty z Apokalipsy św. Jana za wydaniem: *Biblia Tysiąclecia*, Poznań-Warszawa 1990.

i gniewnego boga. Zadałam sobie pytanie: czy to możliwe?!? Czy nie wiedziały, że tym razem celem będzie szkoła z tysiącem dzieci, także dzieci w wieku przedszkolnym? Czy nie odezwał się w ich piersiach i łonach instynkt macierzyński? Nie czuły udręki, niedowierzania, rozpaczy, która na fotografii wykrzywia rysy mężczyzny z trupkiem w objęciach? Więc aż tak jest potężna, tak przemożna władza Bestii o siedmiu głowach i dziesięciu rogach? Przeczytałam ów fragment raz jeszcze, ponieważ gdy zadawałam sobie te pytania, mój wzrok padł na teczkę, w której trzymam listę zakładników poświęconych na ołtarzu Allacha przez rzeźników nazywanych przez naszych kolaborantów „bojownikami ruchu oporu". A razem z listą zdjęcie (rozpowszechniane przez Hamas) pewnej palestyńskiej kamikadze z synkiem. Ona jest kwitnącą dwudziestolatką i choć jej twarz skrywa hidżab, ma na sobie mundur w barwach maskujących i z dumą dzierży kałasznikowa. On jest ślicznym chłopczykiem z czarnymi kędziorami, mniej więcej czteroletnim (czyli w wieku tego trupka o cytrynowożółtych włosach), a ściskając w rączkach potężną wyrzutnię RPG, uśmiecha się radośnie, jak gdyby przebrany za Pinokia świetnie się bawił na karnawałowej zabawie. To zdjęcie, rozpowszechniane przez Hamas, jest dla mnie jak ikona. Jak zamierzone nawiązanie do obrazów, na których Matka Boska pojawia się z Dzieciątkiem Jezus, tyle że zamiast kałasznikowa trzyma lilię. Zamiast RPG jest gołąbek. Nawiązanie zamierzone, tak, i natychmiast przypomniały mi się palestyńskie dzieci, które w latach siedemdziesiątych (widziałam je na własne oczy) Organizacja Wyzwolenia Palestyny Arafata musztrowała na polach Libanu i Jordanii. Dzieci czasem tak małe, że, jak pamiętam, z trudem podnosiły kałasznikowa, a granatów RPG nie były w stanie włożyć do wyrzutni. Przypomniały mi się także dzieci irańskie, które w latach osiemdziesiątych na granicy z Irakiem chomeiniści wysyłali na zaminowane pola, aby wylatując w powietrze, oczyszczały pole, czyli przygotowywały przejście dla oddziału. Wysyłali je tam w towarzystwie mułłów, którzy na białych koniach w bezpiecznej odległości dodawali im odwagi, wymachując blaszaną szpadą i wielkim kluczem z papier maché. Kluczem do Dżanny, do Raju. I znów zadałam sobie pytanie: czy to możliwe? Czy tak jest potężna, tak przemożna władza, którą Bestia ma nad swoimi poddanymi? Ale jakim sposobem udaje jej się nimi owładnąć tak, że aż tracą instynkt opiekuńczy, który wobec własnych dzieci odczuwa każde zwierzę, nawet hiena i rekin?

Apokalipsa mówi również o drugiej bestii. Po Bestii wychodzącej z morza Jan Ewangelista ujrzał „inną Bestię, wychodzącą z ziemi: miała dwa rogi podobne do rogów Baranka, a mówiła jak Smok. I całą władzę pierwszej Bestii przed nią wykonuje, i sprawia, że ziemia i jej mieszkańcy oddają pokłon pierwszej Bestii [...]. I czyni wielkie znaki, tak iż nawet każe ogniowi zstępować z nieba na ziemię na oczach ludzi. I zwodzi mieszkańców ziemi znakami, które jej dano uczynić przed Bestią, mówiąc mieszkańcom ziemi, by wykonali obraz Bestii [...]. I dano jej, by duchem obdarzyła obraz Bestii, tak iż nawet przemówił obraz Bestii, i by sprawił, że wszyscy zostaną zabici, którzy nie oddadzą pokłonu obrazowi Bestii. I sprawia, że wszyscy: mali i wielcy, bogaci i biedni, wolni i niewolnicy otrzymują znamię na prawą rękę lub na czoło i że nikt nie może kupić ni sprzedać, kto nie ma znamienia [...]. A kto zdołał go nie mieć, ginie zabity".

Tak. To znamię kolaborantów. Bestii, która w dobrej lub złej wierze pomaga pierwszej Bestii. To Europa, którą nazywam Eurabią, to Zachód toczony przez moralnego raka, dający manipulować sobą Islamowi. Pogodzony z losem, podbity, tchórzliwy. Odwołanie do Apokalipsy wydaje się intelektualnym żartem, czyż nie? Wydaje się pisarską sztuczką, wymysłem autora, bajeczką. A w rzeczywistości jest to tragiczna rzeczywistość, w której żyjemy dwa tysiące lat po Janie Ewangeliście. Żeby to zrozumieć, wystarczy rzucić okiem na prasę, na telewizję albo posłuchać niedorzeczności, jakie wygadują europejscy politycy. Proszę pomyśleć o tym, co prezydent Republiki Francuskiej, czyli Chirac, powiedział do Philippe'a de Villiers: „Mon cher ami, les racines de l'Europe sont autant musulmanes que chrétiennes! Drogi przyjacielu, korzenie Europy są zarówno muzułmańskie, jak i chrześcijańskie!". I nie ma sensu pytać, czy coś przedtem pił. Nic nie pił, dopiero co przekonał swoich sojuszników do wydarcia z Konstytucji Europejskiej korzeni judeochrześcijańskich. Albo proszę pomyśleć o tym, co francuski socjalista Laurent Fabius powiedział w maju 2003 roku na kongresie, który jego partia zorganizowała w Dijon. „Kiedy Marianny z naszych władz miejskich otrzymają twarz młodej naturalizowanej francuskiej imigrantki, uczynimy wielki krok naprzód na drodze do pełnego urzeczywistnienia ideałów Republiki". A zresztą nie ja jedna utrzymuję, że z pomocą tejże Bestii pierwsza Bestia zaczyna zwyciężać. W czerwcu ubiegłego roku Jean Raspail, pisarz, który swoją książką *Obóz Świętych* już w roku 1973 ogłosił rozpad naszej cywilizacji, opublikował na łamach „Le Figaro" artykuł, który wydaje się napisany przez Jana Ewangelistę. Proszę go przeczytać. Raspail mówi o tym jazgotliwym biciu w bębny, które także we Francji odbywa się na cześć gościnności, wielokulturowości i praw człowieka przestrzeganych tylko przez jedną ze stron. Zwraca uwagę na represyjne ustawy, które dziś nazywane są antyrasistowskimi. Opisuje samobiczowanie, którym dzisiaj poprzez szkolnictwo, sądy, partie, związki zawodowe, prasę i telewizję jego kraj wydaje się w ręce imigrantów, a kończy wywód słowami: „Jestem przeświadczony, że los Francji jest już przesądzony. Jestem o tym przeświadczony, ponieważ, jak mówił François Mitterand, *oni czują się w moim domu jak u siebie w domu*. I ponieważ tej sytuacji nie da się zapobiec. W roku 2050 autochtonicznych Francuzów będzie nie więcej niż połowa. Wszyscy w podeszłym wieku. Tę drugą połowę będą stanowić przybysze z Maghrebu, Afrykanie, Azjaci, krótko mówiąc, ludzie pochodzący z tego niewyczerpanego kotła zwanego Trzecim Światem. Cała Europa, cała, zdąża ku własnej zagładzie".

Co najbardziej przeraziło Panią od czasu, w którym opublikowałyśmy Wywiad z sobą samą, *czyli od pierwszych dni sierpnia zeszłego roku? Tak przeraziło, że stworzyła Pani apokaliptyczną wizję świata wpadającego w paszczę pierwszej Bestii i drugiej Bestii, która jej służy?*

Przede wszystkim wzmagający się terroryzm islamski. Rosnący tłum ściętych, wykrwawionych, zabitych strzałem w potylicę, unicestwionych za pomocą trotylu ofiar. Zmarłych, których wymieniam w niniejszej książce w Słowie do Czytelnika. A jednocześnie fakt, że, zwłaszcza we Włoszech, ludzie przyzwyczaili się do tego, jak gdyby rzeczywiście nosili znamię na czole i na prawym ręku. Och, w pewnym sensie ludzie są jeszcze zdolni do reakcji. Kiedy w porze kolacji dziennik telewizyjny podaje im wiadomość o nowym porwaniu, co w dziewięciu przypadkach na dziesięć oznacza prolog do najstraszliwszego zabójstwa, znajdzie się ktoś, kto chowa twarz w dłoniach albo przeklina. Być może nawet ktoś pamięta, że porwania bliźnich to sięgający zamierzchłych czasów zwyczaj Bestii. Zwyczaj mający swój początek w czasach „Mamuniu-Turcy", czyli czasach, gdy Turcy napadali na wybrzeża Morza Śródziemnego i poza tym, że łupili, mordowali, burzyli, to jeszcze porywali nas, żeby nas sprzedawać na targowiskach niewolników w Tunisie, Algierze i Stambule. A prócz tego zwyczaju Bestia miała też zwyczaj obcinania ludziom głów, jak to czynił Mahomet albo raczej jak czynili to jego wyznawcy przez tysiąc trzysta lat. Kiedy w dzienniku telewizyjnym obwieszcza się, że nastąpiło potworne zabójstwo, że zakładnikowi obcięto głowę, poderżnięto gardło lub strzelono w potylicę, to samo. „Ach, co za hańba! Co za wstyd!", mówią. Ale potem o wszystkim zapominają. Przywykają, tak jak ja przywykłam do zagrożenia zamachami w Sajgonie i do podążania za frontem w Dak To, w Tri Quang czy w Da Nang. Pierwsza bitwa w Wietnamie była dla mnie przerażającym doświadczeniem. Znajdować się w morzu ognia, widzieć Marines, którzy padali od kul jak kamienie i zalani krwią zostawali tam, jęcząc *mummy-mummy*, być tuż obok jednego z nich, który z rozprutym brzuchem umierał z wnętrznościami w dłoniach, to było męczarnią i wywołało u mnie konwulsje. I w pewnym momencie zwymiotowałam. Za drugim razem już nie. Cierpiałam znacznie mniej i nie wymiotowałam. Za trzecim wytrzymałam wszystko, niczemu się zbytnio nie dziwiąc. Już przywykłam. A co do zamachów, które Wietkong przeprowadzał w restauracjach w Sajgonie, no cóż. Na początku niechętnie chodziłam do restauracji. Za każdym razem zadawałam sobie pytanie, czy będzie to ostatni posiłek w moim życiu, i podczas jedzenia bałam się, że wylecę w powietrze albo zobaczę członka Wietkongu, który wdziera się do środka z bombą w ręku. Później nie. Przywykłam do tego stopnia, że pewnego dnia zapytałam samą siebie: zmieniłaś się w kamień, zapadłaś w sen? I obudziłam się. W niektórych przypadkach przyzwyczajenie staje się winą. I czymś w rodzaju masochizmu. Przyzwyczajenie pociąga za sobą pogodzenie się z sytuacją, pogodzenie się pociąga za sobą apatię, apatia pociąga za sobą bierność, bierność zaś pociąga za sobą obojętność. A obojętność nie tylko przeszkadza w osądzie moralnym, lecz także przytępia instynkt samozachowawczy. Ten, który popycha nas do obrony, do walki. Zastanawiam się, jak Włosi zareagują, kiedy Bestia przydybie ich we własnym domu. Kiedy napadnie na nich w chwili, gdy będą spędzali czas ze swoją rodziną, pracowali w jakimś drapaczu chmur, jechali pociągiem, uczestniczyli w Mszy. Ponieważ prędzej czy później nam także przydarzy się to, co zdarzyło się w Nowym Jorku, w Madrycie, w wielu innych miejscach na świecie, to, co dzieje się nieprzerwanie w Izraelu i w Iraku, gdzie mogą cię zamordować nawet w kościele. A Włosi nie poradzą sobie z nią na pewno, mówiąc o gościnności, przyjmując każdego, kto tylko dobije do brzegów Lampeduzy, przyznając mu azyl polityczny i prawo do głosowania w wyborach, bajdurząc o pacyfizmie i wielokulturowości, nazywając rzeźników „bojownikami ruchu oporu".

Być może nie poradzą sobie właśnie z winy tych, którzy wspierają Bestię zamiast się jej przeciwstawić. Którzy zamiast stawić opór godzą się na znamię na czole i na prawym ręku.

To znamię jest świetnie widoczne, gdy na przykład mówiąc o terroryzmie nigdy nie wypowiadają słowa „islamski”. Proszę zwrócić uwagę: kto nosi owo znamię, nigdy nie powie „terroryzm islamski”. Powie „terroryzm” i koniec. A co najwyżej „terroryzm międzynarodowy”. Jak gdyby istniał również jakiś terroryzm chrześcijański, buddyjski, chiński, eskimoski albo szwedzki. To nie wszystko: kiedy tylko mogą, ubierają terroryzm w szatki patriotyzmu. Czyli w *amor patrio*, w ducha słusznej pomsty. Wszyscy. Komuniści, faszyści, Demokraci Lewicy, ludzie Stokrotki, Kościoła Katolickiego... Czy słyszała Pani, żeby kiedykolwiek połączyli słowo „palestyński” ze słowem „muzułmański”? Czy słyszała Pani, aby kiedykolwiek przypomnieli sobie albo innym, że kamikadze z Hamasu są synami Allacha, czyli że w zgodzie z Koranem wybijaliby Żydów, nawet gdyby Szaron podarował im calutki Izrael i nawrócił się na Islam? To samo w przypadku Czeczenów. Podczas tragedii w Biesłanie nasza prasa stawała na głowie, aby nie podkreślać faktu, że wszyscy tamtejsi oprawcy byli synami Allacha. Z „Osservatore Romano” na czele. I łaska Pańska, że po rzezi pobożny dziennik opublikował fotografię pewnej małej zakrwawionej rączki, z której zwieszał się krzyżyk. Dziennik należący do Konferencji Episkopatu, ten sam, który trzy lata temu podałam do sądu, ponieważ mnie wulgarnie obraził, opublikował nawet artykuł wstępny, w którym mówiło się, że nazywanie bojowników z pobudek narodowych „islamskimi terrorystami" to wygodny wybieg, aby usprawiedliwić „nieludzkie represje Putina". A tak zwana prasa niezależna zaczęła gorliwie wyolbrzymiać fakt, że trzeciego dnia Siły Specjalne Putina przypuściły szturm, aby podjąć próbę uwolnienia dzieci. Wielu natychmiast powiedziało, że to Siły Specjalne Putina spowodowały zawalenie się sali gimnastycznej. A zatem większość Włochów uwierzyła, że to one spowodowały rzeź. Że, krótko mówiąc, oprawcą jest Putin. Tak samo stacje telewizyjne i radiowe. Nie mówiąc o Mortadeli, który niezwłocznie zaczął łajać Moskwę. („Wszystko to wina Putina", powiedział mi dzień później listonosz. „Nawet Mortadela tak mówi".) Poza tym wiadomość, że porywacze zgwałcili i zamordowali piętnastoletnie uczennice, pojawiła się tylko w nielicznych reportażach, przygnieciona masą innych, mniej przerażających wydarzeń. I, koniec końców: zaledwie garstka wspomniała o nadzwyczajnym artykule wstępnym, który Saudyjczyk Abdel Rahman al-Raszed opublikował w swojej gazecie „Aszraq al-Awsat".

Ten od „nie-wszyscy-muzułmanie-są-terrorystami-ale-wszyscy-terroryści-są-muzułmanami"?

Ten sam, a któżby inny?

Co Pani o nim sądzi?

Bezgranicznie go podziwiam. Żywię bezbrzeżny szacunek. Gdybym ja także nie była na celowniku, poprosiłabym go o zaszczyt zatrudnienia mnie na stanowisku jego ochroniarza i spędziłabym resztę życia, zapewniając mu bezpieczeństwo. Ale czy przeczytała Pani jego artykuł w całości? Oto on: „To prawda, że nie wszyscy muzułmanie są terrorystami, ale tak czy inaczej jest też prawdą, że wszyscy terroryści to muzułmanie. Ci, którzy wzięli do niewoli dzieci w Biesłanie, byli muzułmanami. Ci, którzy porwali i zabili dwunastu Nepalczyków, są muzułmanami. Ci, którzy wysadzili w powietrze rezydencje w Rijadzie i w Khobie, są muzułmanami. Ci, którzy biorą zakładników i podrzynają im gardła, są muzułmanami. Bin Laden jest muzułmaninem. Jego zastępcy, jego doradcy, jego prości żołnierze są muzułmanami. Czy to nic nie mówi o nas samych i o naszym społeczeństwie?". A potem: „Szejk Jusuf al-Qaradawi, ojciec dwóch dziewcząt, które pod ochroną angielskiej policji uczą się w bezbożnej Wielkiej Brytanii, usprawiedliwia albo wręcz aprobuje zabójstwa amerykańskich cywilów w Iraku. Zadaję sobie pytanie, jak zdołałby spojrzeć w oczy matce Nicka Berga. Zadaję sobie też pytanie, jak może sądzić, że jest wiarygodny, kiedy stwierdza w telewizji, że Islam to religia pokoju, miłosierdzia i tolerancji. My, muzułmanie, jesteśmy chorzy. Naprawdę chorzy, a to choroba bardzo poważna. Musimy ją leczyć. Nieszczęście w tym, że aby leczyć jakąś chorobę, musimy ją najpierw ujawnić, przyznać, że na nią cierpimy. A nikt tego nie przyznaje. Nikt nie wyznaje, że jest chory". I wreszcie: „Nie będziemy mogli oczyścić naszego imienia, jeśli nie przyznamy, że terroryzm stał się hańbą Islamu, naszym wyłącznym przywilejem. Nie będziemy mogli uzdrowić naszej młodzieży, jeśli nie stawimy czoła szejkom, którzy w imię zachowania tożsamości pozują na rewolucjonistów, a właściwie na pseudorewolucjonistów i wysyłają na śmierć cudze dzieci. Natomiast własne dzieci wysyłają na studia do Anglii i Ameryki...". To nadzwyczajne, owszem. Niestety, jedna jaskółka wiosny nie czyni. Ten krzyk uczciwości i odwagi nie został podjęty przez żadnego muzułmanina. Na temat niepodważalnych prawd, które wydrukował autor artykułu, wszyscy inni muzułmanie nabrali wody w usta. I chociaż on ryzykuje, że zostanie zabity, ci ze znamieniem na czole i na prawym ręku nadal czynią rozróżnienie pomiędzy dobrym a złym Islamem. Gorzej: stało się już modą mówienie o Umiarkowanym Islamie.

I oto dochodzimy do sedna. Ponieważ na temat blagi z Umiarkowanym Islamem drugiego września, a więc do-

kładnie w czasie tragedii w Biesłanie, „Corriere della Sera" opublikował pewien Manifest. Ten sam, który „Il Foglio" nazwał z poczuciem humoru „Naszym swojskim Islamem". Wiele osób chciałoby wiedzieć, jak Pani to przyjęła.

Najpierw wybuchem śmiechu. Gorzkiego, ale jednak śmiechu. Ponieważ mówienie o Umiarkowanym Islamie, podczas gdy oddział czeczeńskich muzułmanów bierze do niewoli tysiąc dzieci i grozi, że zabije je jedno-po-drugim, jest co najmniej osobliwe, jeśli nie żałosne. Potem, gdy śmiech zamarł mi na ustach, z grymasem politowania. Ponieważ słowa „Manifest", pisanego wielką literą, nie można potraktować lekko. Kiedy je widzę, myślę od razu o Manifeście Komunistycznym Marksa albo o Manifeście Benedetta Croce, albo o Manifeście Karola Brunszwickiego. Nigdy natomiast o kosmetykach, które noszą to miano, czy o gazecie pod takim tytułem, która tak bardzo się skompromitowała po zwycięstwie Busha w wyborach. Później, kiedy z mojej twarzy zniknął nawet grymas politowania, uczyniłam gest pełen zatroskania i oburzenia. Ponieważ ten Manifest, który nie był ani Manifestem Marksa, ani Manifestem Benedetta Croce, ani Manifestem Karola Brunszwickiego, a Włochom został przedstawiony tak, jakby był którymś z nich, otrzymał *imprimatur* od ministra spraw wewnętrznych, Beppe Pisanu. Człowieka znanego ze swojej ostrożności i biegłości w nawigowaniu po wodach najeżonych rafami bez plamienia własnego nazwiska. Ale, przypominając mi, że logika polityków nigdy nie jest tożsama z logiką Arystotelesa, jego *imprimatur* obwieszczało: „Jestem przekonany, że we Włoszech można stworzyć *włoski Islam obywatelski*; obywateli świadomych, mających takie same prawa i obowiązki, w społeczeństwie otwartym i pluralistycznym". Zaniepokojona określeniem „włoski Islam" i ogarnięta podejrzeniami wobec słowa „obywatele", nie zwlekając przeczytałam pełen patosu artykulik wstępny, który wyjaśniał tę historię. I pełne zatroskania oburzenie przemieniło się we wściekłość podobną do tej, jaką czułam Jedenastego Września. I wyjąc niczym rozjuszony wilk poprzysięgłam, że w „Corriere" nie dam już opublikować nawet własnego nekrologu.

Dlaczego?

Dlatego, że pełen patosu artykulik wstępny bez żadnego wstydu nazywał ów Manifest „fundamentalnym dokumentem". A „fundamentalny dokument" miał naprawdę niewiele wspólnego z najświętszymi prawdami, jakie uczciwy i odważny Abdel Rahman al-Raszed puścił w obieg dwa dni potem na łamach „Aszraq al-Awsat". Daleki od przyznawania, że w dzisiejszych czasach wszyscy terroryści są muzułmanami, ów dokument najskrupulatniej unikał określenia „terroryzm islamski". I z dwuznacznością, która rozwścieczyłaby nawet świętego Franciszka, tytuł głosił: „My, włoscy muzułmanie, przeciwko wszystkim terroryzmom". Czyli kazał domyślać się tego, o czym pisałam wcześniej, a mianowicie, że istnieje również jakiś terroryzm chrześcijański albo buddyjski, albo chiński, albo eskimoski, albo szwedzki. Gorzej: wobec-wszystkich-terroryzmów sygnatariusze Manifestu wyrażali swoje potępienie jednomyślne-całkowite-zdecydowane-absolutne-jednoznaczne-kategoryczne (co najmniej sześć przymiotników). Jednak zaraz potem zmienili temat. I zapominając nam wytłumaczyć, co u diabła miałby oznaczać Islam Umiarkowany oraz stwierdzając, że ogromna-większość-włoskich-muzułmanów-jest-umiarkowana, wyjawili prawdziwy powód swojej inicjatywy: domagali się przyznania obywatelstwa naszym najeźdźcom. Żądali tego poprzez następujące kategoryczne stwierdzenia: „Utrzymujemy, że czas już najwyższy, aby Państwo i społeczeństwo włoskie spojrzały przychylnie na Włochy pluralistyczne w sensie etnicznym, wyznaniowym i kulturowym". (Sic.) Albo: „Tylko ten, kto ma pełną równość praw i obowiązków, może *budować nowe Włochy*". I jeszcze: „Dzisiaj muzułmanie nie są jedynie integralną częścią rzeczywistości ekonomicznej i społecznej Italii: są także *integralną częścią jej dorobku duchowego*". Wreszcie zakamuflowany, ale niezaprzeczalny szantaż: „Istnieje ryzyko, że pozostawieni samym sobie i skazani na kryzys tożsamości, szczególnie ci młodzi, urodzeni i wychowani we Włoszech, mogą ulec ideologii grup ekstremistycznych albo zostać przez nie zwerbowani". To jak powiedzieć: albo nam dasz obywatelstwo, albo zobaczysz, co zmalujemy. Mogę kontynuować?

Proszę, proszę.

Cóż... W nadziei, że dowiem się, jakiż to dorobek duchowy Italia zawdzięcza swoim najeźdźcom i jakież to światłe umysły, nie definiując pojęcia Umiarkowanego Islamu, żądały obywatelstwa dla muzułmanów wyznających ów Islam Umiarkowany, przejrzałam nazwiska sygnatariuszy. (Było ich dwudziestu sześciu.) Ale nic mi to nie dało. Jednym z nich był ten co zawsze ambasador, który nawrócił się na Islam, kiedy reprezentował katolickie Włochy w ONZ. Czyli ten, który wszędzie rozpowiada, że zna mnie od czterdziestu lat, że nawet jest ze mną na „ty", choć ja nigdy nie miałam nieprzyjemności poznać go i w tym miejscu zarzucam mu kłamstwo. Inny to wiceprzewodniczący Coreis, organizacji muzułmańskiej, o której opowiadam w *Sile Rozumu* przy okazji niemożliwych do przyjęcia Projektów Porozumienia. On także jest Włochem, który przeszedł konwersję. Inny to Wielki Mistrz Bractwa Tureckiego we Włoszech, jak również Przywódca Duchowy czegoś, co nazywa się Tariqa Burhaniya Dusuqiya Szadhliya i nie chcę nawet wiedzieć, czym jest. Inny to koordynator Forum Braci Włochów-Demokratów Lewicy, czyli, jak przypuszczam, jakiś socjaldemokrata. Inny to Albańczyk, który redaguje albańską gazetę. Inny to imam z Colle Val d'Elsa, o zgrozo. Czyli ten sam, który w Chianti, krajobrazie Duccia Boninsegni, Simone Martiniego i Ambrogia Lorenzettiego wzniesie meczet z minaretem wysokim na dwadzieścia cztery metry. Ten upragniony, narzucony nam przez socjaldemokratyczną radę meczet w darze dla muzułmanów Sieny i jej prowincji. (Także nad tym nieszczęściem zatrzymałam się na dłużej w *Sile Rozumu,* choć nie napisałam o sprawie, która dopiero niedawno wyszła na jaw. Czyli o tym, że budowę meczetu sfinansował Monte de'Paschi di Siena: bank dawnej Włoskiej Partii Komunistycznej i obecnych Demokratów Lewicy.) Inni sygnatariusze to osoby, o których nigdy nie słyszałam. Na przykład pewna pani muzułmanka, która zajmuje się karmieniem piersią, inna, która w Poggibonsi wchodzi w skład rady miejskiej, inna, która marzy, że zostanie policjantką w Cremonie, i jej narzeczony, przewodniczący Młodych Muzułmanów Włoch. Z nadzieją, że zrozumiem, czym miałby być ów Islam Umiarkowany, przeczytałam wszystkie artykuły, jakie „Corriere" na ten temat opublikował. Głównie piórem pewnego muzułmańskiego dziennikarza, wobec którego żywiłam kiedyś ogromną wdzięczność, gdyż na łamach „Repubblica" atakował imamów nawołujących do Dżihadu w meczetach. Ale znalazłam jedynie ociekające wzruszeniem, czołobitne portrety imama z Colle oraz dwojga narzeczonych z Cremony. Ten pierwszy został określony jako „człowiek z marmuru i ucieleśnienie siły gorąco pragnącej stworzyć nową tożsamość cechującą nowo narodzony ruch umiarkowanych muzułmanów we Włoszech, a także wizjoner o niespotykanej odwadze". (Sic.) Tamci dwoje zostali określeni jako „ikona obywatelskiej społeczności muzułmańskiej i porządni ludzie, *gente per bene*". (Nota od redakcji wydania włoskiego: w języku włoskim słowo *perbene*, czyli *porządny*, piszemy łącznie, nie oddzielając *per* i *bene*, jak uczynił to dziennikarz. Tak samo, kiedy posługujemy się rzeczownikiem *perbenismo*. Natomiast kiedy używa się tych słów w znaczeniu przysłówkowym, czyli *porządnie*, lepiej je rozdzielić: *per bene*. Tak zaleca nawet Akademia della Crusca.) W piątkowym magazynie znalazłam natomiast materiał okładkowy napisany przez mniej entuzjastycznie nastawionego dziennikarza, mniej czołobitnego i bardziej bezceremonialnego. I z jego artykułu wynikało, że imam z Colle Val d'Elsa jest Palestyńczykiem i wnukiem człowieka, któremu zawdzięczamy palestyńską partię komunistyczną. Że nie rozstaje się z Koranem, zawsze zwraca się w stronę Mekki, ale w Mekce nigdy jeszcze nie był, że lubi amerykańskie filmy, że jest z zawodu fizjoterapeutą i że wykonując swoją pracę, rozbiera klientki własnymi rękoma. Zdejmuje im nawet staniki. Nieprzypadkowo deklaruje się jako superumiarkowany, superwielokulturowy, superzintegrowany i naprawdę nowoczesny. Ale jego żona nie chce się integrować. Nie mówi po włosku, w telewizji ogląda tylko kanały arabskie, ubiera się tak, jak nakazuje Prorok. I nawet pływa w morzu odziana w ciężką diszdaszę, z twarzą ukrytą za zasłoną, w rękawiczkach, butach, za każdym razem ryzykując, że pójdzie na dno: że zatonie w imię Allacha. Ale czym miałby być Islam Umiarkowany, kim muzułmanin umiarkowany, do dzisiaj nie mam pojęcia.

No właśnie: cóż to takiego?

Ha! Też chciałabym wiedzieć. Aby być muzułmaninem umiarkowanym, wystarczy zatem nie robić użytku z materiałów wybuchowych, nie niszczyć hoteli ani drapaczy chmur, nie mordować stu pięćdziesięciorga dzieci albo trzech tysięcy dorosłych za jednym razem? Wystarczy nie wysadzać się w samobójczych zamachach w środkach transportu, nie napadać na bezbronnych ludzi, nie obcinać im głów, nie podrzynać im gardeł i nie knuć z bin Ladenem? A skoro to wystarczy, to czy jest umiarkowany czy też nie jest, muzułmanin, który nie ma wprawdzie powiązań z terroryzmem, ale przyłącza się do naszych rodzimych kryminalistów od „dziesięć-sto-tysiąc-razy-Nassirija" i wymachując tęczowym sztandarem wywrzaskuje, że należy podciąć gardło Fallaci? Jest umiarkowany czy też nie jest, muzułmanin, który nie ma powiązań z terroryzmem, ale trzyma dwie albo trzy żony, niewoli je, upokarza na wszelkie sposoby, porzuca? Jest umiarkowany czy też nie, muzułmanin, który nie ma powiązań z terroryzmem, ale ignoruje fakt, że na Zachodzie bicie żony i pozbawianie jej swobód to przestępstwo ścigane przez prawo, tak że prokuratura w Mediolanie całymi dniami oskarża Tunezyjczyków, Algierczyków, Marokańczyków, Pakistańczyków, Nigeryjczyków i Senegalczyków, którzy wzięli za żony włoskie kobiety stające teraz przed sądem ze spuchniętymi twarzami? Jest umiarkowany czy też nie jest, muzułmanin, który nie ma powiązań z terroryzmem, a jednak zabija uderzeniami kija dziewiętnastoletnią córkę, ponieważ odmówiła poślubienia mężczyzny, którego on dla niej wybrał? (Mówię o pięćdziesięciodwuletnim Mohammedzie Lhasni z Grantorto a Centocelle z prowincji padewskiej, marokańskim robotniku zatrudnionym na podstawie zgodnej z prawem umowy o pracę i ze zgodnym z prawem pozwoleniem na pobyt, który pobił na śmierć swoją córkę, gdyż chciała nosić dżinsy, chodzić do kina i widywać się z koleżankami. I który zeszłego lata zawinął ją w dywan, pod nosem nieudolnych strażników granicznych zabrał do Maroka, gdzie obiecał ją jakiemuś typowi, którego ona nigdy nie widziała, a po powrocie zamordował z wyżej wspomnianego powodu.) Jest umiarkowany czy też nie jest, muzułmanin, który nie ma powiązań z terroryzmem, ale kiedy koleżanka częstuje jego syna pączkami z likierem, biegnie rozwścieczony do dyrektorki i robi dziką scenę, zakazując jej przynoszenia do szkoły pokarmu zatrutego alkoholem? (Mówię o historii, którą dzięki licealiście z Castelfiorentino opowiadam w *Wywiadzie z sobą samą*, historii, która stała się moją obsesją.) Jest umiarkowany czy też nie jest, muzułmanin, który nie ma powiązań z terroryzmem, który się określa jako superumiarkowany i który jako fizjoterapeuta pomaga klientkom w rozbieraniu się, a nawet w zdejmowaniu stanika, a jednak nakłania socjaldemokratyczną radę do sprofanowania pejzażu Simone Martiniego, Duccia Boninsegni i Ambrogia Lorenzettiego meczetem z minaretem wysokim na dwadzieścia cztery metry? Jest umiarkowana czy też nie jest, muzułmanka, która nie ma powiązań z terroryzmem, a jednak odrzuca nasz styl życia, nie chce się nawet nauczyć języka włoskiego, a w morzu zanurza się opatulona jak myśliwy z Alaski?

Moim zdaniem nie.

Moim zdaniem również nie. Mogę kontynuować?

Proszę, proszę...

Jest umiarkowana czy też nie jest, muzułmanka, która nie ma powiązań z terroryzmem, lecz żąda prawa do noszenia burki, czyli tej części ubrania, która jest zakazana przez nasze Ustawy o Bezpieczeństwie, ponieważ uniemożliwia zidentyfikowanie odzianej w nią osoby, a pod tym całunem możesz schować nawet pół kwintala trotylu albo małe działko. (Mówię o pewnej pani z Drezzo, z prowincji Como, którą burmistrz z Ligi kazał strażnikom miejskim obłożyć grzywną. Wtedy ona odwołała się do prezydenta Republiki, a ten, lekceważąc prawo dopiero co utrzymane wyrokiem Sądu Kasacyjnego, kazał jej odpowiedzieć, że we Włoszech panuje wolność wyznania. Co, jeśli się nie mylę, oznacza: noś-swoją-burkę-jeśli-ci-się-tak-podoba.) I wreszcie: są umiarkowani czy też nie są, muzułmanie, którzy nie mają powiązań z terroryzmem i twierdzą, że chcą przestrzegać naszego prawa, a jednak postępują zgodnie z duchem Koranu, który w dziewięciu przypadkach na dziesięć stoi w całkowitej sprzeczności z naszym prawem? Znów na łamach „Corriere della Sera", miesiąc po wpadce z idiotycznym Manifestem, dziennikarz od „per bene" poruszył temat będący prawdziwym ukoronowaniem tej historii. Jako muzułmanin tkwiący jedną nogą na Zachodzie, a drugą w Islamie, z umysłem na Zachodzie i sercem w Islamie, zaprotestował przeciwko edycji Koranu czytanej w środowiskach związanych z Unią Islamskich Gmin i Organizacji we Włoszech. Edycji, w której ujawnia się (używam jego własnych słów) silna ideologiczna wrogość wobec cywilizacji zachodniej. W szczególności wobec żydów, chrześcijan i wyzwolonych kobiet. A więc stoi ona w całkowitej sprzeczności (to mówię ja) z kulturą Zachodu. Kulturą, która głosi wolność, która przełamuje tabu, która przenosi nas na inne planety... Dziennikarz opowiedział się przeciwko tej edycji, ponieważ korzysta ona z Koranu przetłumaczonego ze staroarabskiego, a w konsekwencji pełnego sur, które zalecają kary cielesne, wychwalają Dżihad rozumiany jako Święta

Wojna, błagają o karę z niebios dla żydów i chrześcijan, narzucają islamską strukturę rodziny, wysławiają poligamię. Jak również, co gorsza, zawiera ona takie komentarze: „Dla żydów i chrześcijan muzułmanin, który nie ekscytuje się gwiazdami filmowymi, który nie wywołuje bójek, natomiast buntuje się przeciw prawu ustanowionemu przez ludzi, a więc pozostającemu w sprzeczności z prawami Boga, to zły człowiek. I rzadko spodoba im się ten »zły« człowiek. Czy będą to kapitaliści, czy marksiści, liberałowie czy radykałowie, homoseksualiści czy feministki". Takie myślenie nie sprzyja koegzystencji, stwierdził dziennikarz. Działa na korzyść zwolenników integryzmu i czyni Świętą Księgę nie do pogodzenia z Państwem Prawa. Potem z całego serca zachęcił muzułmanów do czytania drugiego Koranu, lepiej przełożonego i opatrzonego lepszymi komentarzami, a nawet uwzględniającego konteksty: Koranu wydanego przez Rizzoli (wydawnictwo będące, jak wszyscy wiedzą, w posiadaniu „Corriere"). Wreszcie, nieledwie ze łzami w oczach: „Czy to możliwe, żeby w meczetach i we włoskim społeczeństwie szerzył się tak obskurancki, tak agresywny, tak nietolerancyjny, tak mizoginiczny obraz Koranu i Islamu?". Mówił wręcz o Islamie zdradzonym. A to zdenerwowało mnie chyba bardziej niż „fundamentalny-dokument" imamów, którzy wznoszą meczety w Chianti, bardziej niż umiarkowani, którzy mordują córkę w dżinsach, bardziej niż...

Dlaczego?

Dlatego, że nie można oczyścić tego, co jest z gruntu nieczyste, ocenzurować czegoś, co nie poddaje się cenzurze, poprawić, czego nie da się poprawić. I nawet doszukując się dziury w całym, porównując wydanie Rizzoli z wydaniem Ucoii, każdy badacz Islamu z głową na karku powie, że jakikolwiek tekst wybierzesz, jego treść pozostanie niezmienna. Sury dotyczące Dżihadu rozumianego jako Święta Wojna pozostaną na swoim miejscu. Tak samo kary cielesne. Tak samo poligamia, poddaństwo albo raczej zniewolenie kobiety. Tak samo nienawiść wobec Zachodu, wyklinanie chrześcijan i żydów, czyli psów niewiernych. Tak samo przepaść nie do zasypania pomiędzy teokracją a Państwem Prawa. Nie ma sensu próbować rzeczy niemożliwych: Koran nie jest tym, czym ów dziennikarz chce, aby był, czyli książką, którą da się interpretować w zależności od okoliczności albo tego, co akurat jest dla nas wygodne. Koran jest, czym jest. I fundamentaliści, zwolennicy integryzmu, nie są jego wypaczonym obliczem. Są jego obliczem prawdziwym, jego wiernym obrazem. A zatem dobry muzułmanin nie może być umiarkowany. Nie może przyjąć reguł Państwa Prawa, wolności, demokracji, naszej Konstytucji, naszych praw. Islam umiarkowany nie istnieje.

Nasz prezydent Republiki twierdzi, że istnieje. Dwadzieścia cztery godziny po trzeciej rocznicy Jedenastego Września przyjął na Kwirynale delegację złożoną z siedmiu spośród dwudziestu sześciu sygnatariuszy Manifestu. A wśród tych siedmiu, imama z Colle Val d'Esta. I spędził z nimi ponad czterdzieści pięć minut.

O, tak. Siedmiu jak siedem głów Bestii, która wyszła z morza. Zaszczycił ich czterdziestoma pięcioma minutami, czyli czasem trzy razy dłuższym od kwadransa, który znalazł dla Busha, prezydenta największej demokracji świata, kraju, który podczas Drugiej Wojny Światowej ocalił cały Zachód, tak że bez jego 299 tysięcy zabitych dzisiaj wszyscy maszerowalibyśmy w równych szeregach. Nie mielibyśmy Wolności. Na pierwszej stronie „Corriere" zaś nagłówek był tym razem jeszcze bardziej napuszony, a właściwie jeszcze bardziej bezwstydny: „Historyczne spotkanie z włoskim Islamem". Aż nie chciało mi się wierzyć. Ponieważ nie pamiętam, by na Kwirynale kiedykolwiek przyjęta została delegacja żydów jako żydów albo buddystów jako buddystów. Albo luteranów, albo waldensów, albo ewangelików, albo prawosławnych.

Pewne inicjatywy to rzecz Watykanu: tak czy nie? Zresztą zauważył to nawet dziennikarz od „per bene". Pisał w swojej kronice: „Po raz pierwszy Głowa Państwa przyjęła delegację muzułmanów". Trzy dni wcześniej, w Bagdadzie, współwyznawcy tychże siedmiu porwali dwie pacyfistki: jedną związaną z Demokratami Lewicy, a drugą z Partią Odbudowy Komunistycznej: to fakt. Należało je ratować, zrobić to, czego nie uczyniono dla Quattrocchiego ani dla Baldoniego, zatem Historyczne Spotkanie mogło czemuś służyć: rozumiem. A jednak, chociaż dziennikarz powiadomił nas, że spora część owych czterdziestu pięciu minut została poświęcona problemowi dwóch pacyfistek, dziennik, który przez ponad stulecie był najbardziej poważanym i szanowanym dziennikiem we Włoszech, zatroszczył się przede wszystkim o to, by podkreślić „doniosłe znaczenie symboliczne, jakie to wydarzenie miało dla Państwa Włoch". (Sic.) Mówił o „przełomie". (Sic.) Mówił o „aspiracjach". (Sic.) Powiedział, że Ciampi „chciał wyciągnąć rękę do umiarkowanych muzułmanów, *potraktować priorytetowo* dialog z nimi nawiązany". W euforii, z emfazą użył nawet określenia „wielki krok naprzód". Jak gdyby chodziło o jakąś Konferencję Jałtańską. Jak gdyby chodziło o jakieś spotkanie Cavoura z Napoleonem III w Plombieres. (Z imamem z Colle Val d'Elsa w roli Cavoura.) A inna rzecz, że miesiąc później miało miejsce coś jeszcze poważniejszego: deklaracja, którą przy całkowitej aprobacie ministra spraw wewnętrznych, a zatem rządu i oczywiście Lewicy, prezydent Republiki wygłosił przed mikrofonami i kamerami telewizyjnymi. Deklaracja, w której oznajmił, że imigrantów nigdy dosyć, że ich potrzebujemy, że ci, którzy mają zgodną z prawem umowę o pracę, słusznie uczynią, przybywając. A co do tych, którzy już przybyli, jest pożądane, aby stosowne procedury zmierzające do przyznania im obywatelstwa zostały przyspieszone. Po warunkiem, że mają zgodną z prawem umowę o pracę i dobrą-znajomość-języka-włoskiego.

I tym razem jak Pani zareagowała?

Opadły mi ręce. Mój Boże! Byłam bardzo zadowolona, kiedy został prezydentem Republiki. Taka zadowolona... Ten nareszcie nie przysporzy nam kłopotów, powiedziałam sobie. Z Nowego Jorku napisałam do niego nawet krótki liścik, w którym mówiłam o Ruchu Oporu. On odpowiedział mi ogromnym listem, w którym pisał o Risorgimento, i aż do jesieni 2002 roku, kiedy na próżno wzywałam go do obrony Florencji zagrożonej przez antyglobalistów chcących wysmarować zabytki Starego Miasta, nie spotkały mnie z jego strony znaczące przykrości. Później rozczarował mnie tylko sposób, w jaki zemścił się za moją małą napaść na łamach „Corriere". Gdy mianowicie na Uniwersytecie Florenckim zabawiał się mówieniem o „fallaci-oszustwach, fallaci-omamach[6]". Nie wydało mi się to stosowne, godne głowy Państwa. A co do nędznych piętnastu minut, jakie wydzielił Bushowi podczas jego oficjalnej wizyty w Rzymie, to mnie zaniepokoiło: owszem. Dostrzegłam w tym wielką nieuprzejmość, gest czarnej niewdzięczności w stosunku do kraju, któremu zawdzięczamy zwycięstwo nad faszyzmem i nazizmem. A zatem naszą wolność. Wydało mi się ponadto dowodem uległości wobec tych łajdaków, którzy manifestowali przeciwko Bushowi, wychwalając pod niebiosa Saddama Husajna. Ale to jego przyjedźcie-przyjedźcie-jak-przyjedziecie-damy-wam-obywatelstwo przekroczyło wszelkie granice. Dotknęło mnie do żywego. Wplątało mnie bez mojej zgody w coś, co nazywam Trójprzymierzem, czyli w sojusz Prawicy, Lewicy i Kościoła, które pospołu otwierają na oścież bramy przed nieprzyjacielem, które wznieciły Pożar Troi i przeobraziły Europę w Eurabię. I zrozpaczona pomyślałam, że nie, nie słuchałam Karola Młota pod Poitiers. Nie słuchałam Cyda Campeadora w Wa-

[6] Gra słów: *fallace* w języku włoskim oznacza „zwodniczy, zdradliwy, złudny" (przyp. tłum.).

lencji. Nie słuchałam Jana Sobieskiego pod murami Wiednia. A tym mniej słuchałam Leonidasa pod Termopilami. Nie byłam co prawda we Francji w 732 roku po Chrystusie. Ani w Hiszpanii w roku 1094, ani w Austrii w roku 1683. Ani tym bardziej w Grecji w 480 roku przed Chrystusem. Byłam natomiast we Włoszech w roku 2004, w tych Włoszech, w których cudzoziemiec znaczy więcej od obywatela, a Hymn Mamelego, Hymn Włoch śpiewa się już tylko na międzynarodowych spotkaniach piłkarskich. Potem pomyślałam, że Bestia o siedmiu głowach i dziesięciu rogach naprawdę zwyciężyła, odniosła miażdżące zwycięstwo, i poczułam się bardzo samotna. Pokonana i samotna.

Woop!

Wie Pani, że nigdy nie miałam pojęcia, jak to „woop" tłumaczyć?

Ani ja. Może jako „do diabła". Albo „a niech mnie!". Tak czy inaczej, na temat tej hecy z umiarkowanymi muzułmanami muszę zadać Pani ostatnie pytanie. A właściwie spróbować Panią po raz ostatni sprowokować. Islam umiarkowany nie istnieje, zgadzam się. Wymyśliliśmy go my, ludzie Zachodu, powodowani naszym optymizmem. Naszym umiłowaniem wolności. Ale istnieją przecież umiarkowani muzułmanie.

Jasne, że istnieją. Ma się rozumieć, że istnieją. Nawet według rachunku prawdopodobieństwa muszą istnieć. Proszę pomyśleć o uwielbianym przeze mnie Abdelu Rahmanie al-Raszedzie. Ale oni są nic nieznaczącą mniejszością. Tak mało znaczącą, że wiązanie z nimi nadziei, wiara, że są w stanie zmienić świat, do którego należą, jest czystą mrzonką. Proszę otworzyć oczy: w dziewięciu przypadkach na dziesięć Abdelowie Rahmanowie al-Raszedowie przebywają na cmentarzu albo w więzieniu. A w celi pragną tylko, żeby śmierć przyszła jak najszybciej. W swoich krajach nie cieszą się żadnym autorytetem, nic nie znaczą, są traktowani jak powietrze. Także w krajach, które wydają się tolerancyjne, jak Egipt, jak Tunezja czy Algieria, tolerancja jest bajeczką, co obnażają niedemokratyczne rządy. Droga przyjaciółko, poza Zachodem istnieje tylko jedna jedyna demokracja i jest to demokratyczny Izrael. Czasami Abdelowie Rahmanowie al-Raszedowie żyją także u nas, to prawda. W Ameryce i Europie, dokąd uciekli, aby uniknąć więzienia albo cmentarza. W dziewięciu przypadkach na dziesięć to intelektualiści. Pisarze, naukowcy. Kilku artystów. Ale u nas żyją w Przedpieklu wygnańców, którzy nie są ani zimni, ani gorący. I nawet jeśli od czasu do czasu napiszą jakąś książkę albo artykulik przeciwko tym, którzy zmusili ich do ucieczki, nie przynosi to wiele pożytku. Za bardzo boją się odsłonić, narazić na niebezpieczeństwo krewnych w ojczyźnie albo tego, że sami zostaną zabici na obczyźnie przez najemnego mordercę. Na domiar złego, ciemne i świętoszkowate masy, które przybywają do nas w poszukiwaniu fortuny, a nie wolności, obrzucają ich błotem. Nie słuchają ich, nie czytają ich książek, nie chodzą na odczyty. A wręcz nazywają ich zdrajcami, krzywoprzysięzcami, odszczepieńcami, i w pewnym sensie oni nimi są. Ponieważ u nas jedzą szynkę, piją wino, słuchają muzyki, szanują kobiety, do meczetu chodzą rzadko albo wcale, często nie przestrzegają Ramadanu. Jednym słowem, zmieniają się. Stają się muzułmanami-niemuzułmanami, odkrywają, że Ernest Renan miał rację, utrzymując, że Islam to władza dogmatu absolutnego. Najcięższy łańcuch, w jaki zakuto rodzaj ludzki. Proszę zapomnieć o Abdelu Rahmanie al-Raszedzie. On nie jest prawdziwym muzułmaninem. Jest kimś takim jak ja. Wyjętym spod prawa, heretykiem. Odmieńcem, którego w końcu trzeba będzie zdeptać. Wie Pani, kto jest prawdziwym muzułmaninem? Przewodniczący Stowarzyszenia Pisarzy Syryjskich, który na konwencie w Damaszku oznajmił: „Kiedy runęły Dwie Wieże, poczułem to, co czuje człowiek wracający do życia. Gdy wychodzi z grobowca, w którym został pogrzebany. Wydawało mi się, że frunę po niebie, że unoszę się nad trupem amerykańskiej imperialistycznej potęgi, a moje płuca wypełniło powietrze i oddychałem z lubością. Odczuwałem błogość, jakiej nigdy wcześniej nie czułem". I były imam z Cremony, ten Nadżib Rouass, który 8 grudnia 2003 roku został aresztowany, ponieważ w meczecie w Cremonie tak oto nawoływał do Dżihadu: „Oby nasza religia stała się mieczem, który przepędzi chrześcijan. Oby grunt zatrząsł się pod ich stopami jak podczas trzęsienia ziemi. Oby bomby spadły na nich i na ich dzieci. Oby Allach zmiótł ich z tego świata". I szejk Jusuf al-Qaradawi, ten arcypoważany teolog, którego po Jedenastym Września Wspólnota Sant'Egidio zaprosiła na szczyt w Rzymie wraz z zasłużonym przewodniczącym Papieskiej Rady Iustitia et Pax. Który poprzez Al-Dżazirę zachęca rzeźników, aby nas mordowali, który wykorzystuje naszą prostoduszność, aby trzymać w Londynie własne córki, jak wyjawił Abdel Rahman al-Raszed, który wreszcie w maju 2003 roku zniósł zakaz samobójczych zamachów kobiet. Do tamtego czasu zakaz obowiązywał, ponieważ zgodnie z literą Koranu kobieta nie może wychodzić z domu sama. A gdyby zginęła w zamachu, jej ciału groziłoby odsłonięcie wstydliwych części. „W imię Dżihadu zezwalam kobietom na podejmowanie misji samobójczych nawet bez zgody męża, ojca czy syna. W takich okolicznościach kobieta może chodzić z odsłoniętą głową i nie musi jej towarzyszyć bliski krewny".

Wolałabym, aby była Pani w błędzie.

Wiem. Nikt nie może tego wiedzieć lepiej ode mnie, jako że Pani to ja. Ja także wolałabym być w błędzie. Gdybym się myliła, umarłabym spokojnie. Ale, niestety, nie jestem w błędzie. Każdego dnia fakty przyznają mi rację. Każdego dnia! A potwierdzenie, że nie przesadzam, że nigdy nie przesadzałam, mam teraz także od Bernarda Lewisa: sędziwego naukowca, którego nazywają historykiem Islamu. Czytała Pani wywiad, którego w lipcu ubiegłego roku udzielił niemieckiej gazecie? Wie Pani, co nam mówi Bernard Lewis? Mówi, że wielu ludzi Zachodu łudzi się, jakoby radykalny Islam nie był żadnym zagrożeniem dla naszej przyszłości, jakoby był on wręcz Słońcem-które-świeci-nad-Zachodem (słońcem, o którym pisała nazistka Sigrid Hunke), gdyż ów radykalny Islam fascynuje ich i przyciąga. Wywiera na nich taki sam wpływ jak kiedyś komunizm. Lewis mówi, że z tego powodu nasze zwycięstwo nad Al-Kaidą nie jest bynajmniej pewne i że nieunikniona jest islamska przyszłość Europy. Mówi, że do końca XXII wieku Europa będzie w całości lub niemal w całości muzułmańska, czyli stanie się częścią Zachodu

Arabskiego, zwanego także Maghrebem. A czy wie Pani, jak skomentował owo proroctwo umiarkowany-muzułmanin Bassam Tibi, czyli oficjalny reprezentant Umiarkowanego Islamu w Niemczech? Skomentował je, mówiąc: „Rzecz nie w tym, by stwierdzić, czy muzułmanami staną się wszyscy Europejczycy, czy też ich większość. Rzecz w tym, czy Islamem, który podbije Europę, będzie Islam Szarii, czy też Euroislam".

Wstrząsające. Zwłaszcza dziś, gdy Turcja chce wejść do Unii Europejskiej. A dokładniej: dziś, kiedy nasi kalifowie i nasi wezyrowie są gotowi, aby ją przyjąć. A jednak wielu Włochów nic nie zrozumiało. Większość myśli, że Turcja to taka drużyna futbolowa albo miejsce, dokąd jedzie się na wakacje, żeby zobaczyć muzeum Topkapi, i bagatelizuje sytuację w sposób wręcz samobójczy. Proszę mi powiedzieć: gdyby była Pani nauczycielką w szkole podstawowej i musiała wytłumaczyć to szaleństwo uczniom piątej klasy, jak by to Pani zrobiła?

Cóż, mniej więcej tak. Drogie dzieci, powiedziałabym im, Turcja jest krajem, który nie należy do Europy. Z Europą nie ma zupełnie nic wspólnego. Ponieważ w sensie geograficznym i w sensie kulturowym znajduje się na Bliskim Wschodzie, a jej mieszkańcy to w dziewięćdziesięciu dziewięciu procentach muzułmanie. W dziewięćdziesięciu dziewięciu, tak. My natomiast jesteśmy ludźmi Zachodu i, jak by nie sądzili kalifowie i wezyrowie Eurabii, czyli ci, którzy zredagowali Konstytucję Europejską, jesteśmy w konsekwencji chrześcijanami. A te dwie rzeczy nieszczególnie dają się pogodzić. Papież mówi, że są do pogodzenia, ponieważ zarówno chrześcijanie, jak i muzułmanie wierzą w jedynego Boga, ale ta historia z jednym Bogiem jest nieporozumieniem, które wyjaśni wam każdy teolog, a Papież trzyma się jej z czystej desperacji. Początki Turcji sięgają jedenastego stulecia, kiedy Turcy seldżuccy, osmańscy i Turkmeni osiedli w Anatolii i narzucili jej wraz ze swoim językiem Koran. Przetrwać to nieszczęście udało się tylko kilku mniejszościom, takim jak Kurdowie i Ormianie. A jednak dzisiaj nie ma już Ormian. Ponieważ w większości byli chrześcijanami, Turcy, w kilku etapach, potraktowali ich jak jagniątka podczas święta Ramadanu. A co do Kurdów, no cóż: jeśli jesteś tureckim Kurdem, lepiej, żebyś sobie poszukał innego miejsca do życia. Turcja jest spadkobiercą wielkiego kraju, Imperium Osmańskiego, które, ogarnięte żądzą rozszerzenia swoich granic na Europę, w XIV wieku usadowiło się na półwyspie Gallipoli, czyli zajęło Dardanele. Stamtąd ruszyło na podbój Tracji i Macedonii, później zaś Wielkiej Serbii, Bułgarii, Rumunii, Węgier i krok po kroku dotarło pod Wiedeń. Turcy co najmniej dwa razy oblegali miasto.

Za drugim razem w roku 1683 z sześciuset tysiącami ludzi i nieprzebranymi rzeszami koni, wołów, kóz, wielbłądów, z haremem trzeszczącym w szwach od żon i nałożnic. I całe szczęście, że w imię Jezusa Chrystusa zdołaliśmy ich odeprzeć. Zresztą dwa wieki wcześniej, czyli w roku 1453, ich imperium zdobyło Konstantynopol i zmieniło go w Stambuł, jego kościoły zaś przerobiło na meczety. O tych wszystkich rzeczach Turcy nigdy nie zapomnieli i myślą o nich z wielką nostalgią. Rzecz w tym, że my też nie zapomnieliśmy. Wszak do dziś we Włoszech, by wyrazić lęk lub przerażenie, mówi się: „Mamuniu, Turcy!". Ale uważajcie, dzieci. Jeśli tak powiecie, panowie od Politycznej Poprawności, a w szczególności ci z Drzewa Oliwnego, które jest roślinnym symbolem Pokoju i Braterstwa, okrzykną was rasistami. Kiedyś w Strasburgu „Mamuniu, Turcy!" wyrwało się Mortadeli, który jest wypróbowanym przyjacielem Turków, i mało brakowało, aby skończył za kratkami. Czyli tam, gdzie chcieliby posłać mnie, która zęby zjadłam na mówieniu „Mamuniu, Turcy".

A jeśli dzieci nie zrozumieją?

Zrozumieją, zrozumieją. Dzieci zawsze rozumieją. To dorośli nie rozumieją albo udają, że nie rozumieją. Zwłaszcza jeśli są Włochami albo Francuzami, albo Anglikami, albo Hiszpanami, albo Niemcami i tak dalej. Proszę pozwolić mi kontynuować. Drogie dzieci, Imperium Osmańskie upadło, łaska Pańska, wraz z pierwszą wojną światową. A w roku 1924 pewien turecki generał, który nazywał się Mustafa Kemal Atatürk, przeprowadził swoją nieprawdopodobną rewolucję. Naprawdę nie do pomyślenia w tym kraju. Pozamykał haremy, zdjął kobietom z twarzy zasłony, a fezy z głów mężczyzn, zabronił poligamii. Zdecydował się na kalendarz gregoriański i na alfabet łaciński, a także dokonał kasacji wszelkich zgromadzeń religijnych, począwszy od derwiszy. Tych dziwnych kapłanów, którzy modląc się do Allacha, wrzeszczą i kręcą się w kółko jak frygi. Krótko mówiąc, zdjął z ludzi jarzmo Islamu w każdym jego przejawie i odcieniu, w jego miejsce zaś założył Państwo rygorystycznie laickie. Czyli dał początek Konstytucji na wzór zachodnich, a co za tym idzie, wybieralnemu Parlamentowi, i przez ponad pół wieku to zdawało egzamin. Pamiętam, pod jakim byłam wrażeniem, kiedy w młodości, w roku 1959 wybrałam się do Ankary, by zrealizować reportaż o kobietach. Tu na własne oczy zobaczyłam, że Turczynki naprawdę chodzą z odsłoniętymi twarzami i że są ubrane dokładnie tak samo jak ja. Drogie dzieci, zapewniam was: jeszcze dwadzieścia lat temu Turcja była tak histerycznie laicka, że kiedy papież Wojtyła wybrał się z oficjalną wizytą do Stambułu, Ankary i Smyrny, Turcy potraktowali go bardzo nieprzyjaźnie. Żadnych przyjęć, żadnych pokłonów, żadnych mszy celebrowanych dla nieprzebranych tłumów, jedynie chłód tak lodowaty, że Jego Świątobliwość niemal złapał zapalenie płuc. Zresztą dwadzieścia lat temu Turcja nie dała się uwieść także Chomeiniemu: papieżowi muzułmańskiemu, który po wykurzeniu szacha Rezy Pahlawiego kazał rozstrzelać, ukamienować lub zarżnąć każdego, kto nie był z nim, i który natychmiast z powrotem narzucił kobietom czador. Pomyślcie, że – za panowania Chomeiniego – kobiety w Turcji zajmowały się nawet polityką. Zostawały ministrami jak Meral Aksener i ta przerażająca Tansu Ciller, która swoimi intrygami i nadużyciami zgorszyłaby nawet Lukrecję Borgię. I co z tego, że, zwłaszcza poza miastami, inne Turczynki były traktowane gorzej niż w Iranie. I co z tego, że władzę nad Turcją w rzeczywistości trzymała w ręku Armia. A miała bardzo, bardzo ciężką rękę: w porównaniu z niektórymi generałami dzisiejsi obcinacze głów to istni pacyfiści. I co z tego, że w tejże demokracji stosowano tortury, a więzienia były takie same jak w *Midnight Express*, amerykańskim filmie, z którego wynika, że w Turcji możesz przetrzymać wszystko, ale nie osadzenie w więzieniu. I co z tego, że w stosunku do nas, Europejczyków, Turcy żywili rodzaj urazy, a były premier Erbakan, przywódca Partii Cnoty, mawiał: „Europa to chrześcijańska szajka, która pragnie naszej śmierci". I co z tego, że na Cyprze, podzielonym na dwie części, na połowę grecką i połowę turecką, oddziały wyżej wzmiankowanego wojska zachowywały się gorzej niż źle. Może nie powinnam wam o tym mówić, dzieci, ale w roku 1974, czyli kiedy Turcy wtargnęli do strefy greckiej, na Cyprze zdarzyły się rzeczy naprawdę mrożące krew w żyłach. W jednym z domów na przykład pewien turecki żołnierz zgwałcił, a potem zabił siedemdziesięcioczteroletnią babcię i jej dwunastoletniego wnuczka. Mówię: „i co z tego" nie dlatego, że należy się z tym pogodzić, lecz dlatego, że tak mówili politycy. A powód, dla którego tak mówili, był taki, że Turcja stawiała czoło Związkowi Radzieckiemu, utrzymywała przyjazne stosunki z Izraelem i od roku 1952 była członkiem NATO. Zdaniem polityków te trzy rzeczy wystarczały, aby uznać Turcję za aneks do Zachodu. Za drużynę futbolową, za miejsce, do którego jedzie się na wakacje, aby zwiedzić muzeum Topkapi. Ale później wszystko się zmieniło. Zgadnijcie, dlaczego.

Ponieważ jeśli róża jest różą jest różą, jak mówiła Gertrude Stein, to Koran jest Koranem jest Koranem! I mimo świeckiej rewolucji Atatürka, w Turcji wydarzyło się to, co mimo prozachodnich sympatii szacha Rezy Pahlawiego wydarzyło się w Iranie. Islam ocknął się z uśpienia. Ocknęli się mułłowie, znów otwarto meczety, które zresztą nigdy nie zamknęły swoich podwojów, i powoli, powoli, wnuczki kobiet, które w roku 1924 zrzuciły zasłonę, założyły ją na nowo. Ich bracia wrócili do noszenia fezu. Później pojawił się bin Laden. Nastąpił Jedenasty Września. Po chwili osłupienia nasze Wszyscy-Jesteśmy-Amerykanami przeobraziło się we Wszyscy-Jesteśmy-Muzułmanami, a do wyborów w roku 2002 stanął pewien „umiarkowany" muzułmanin: Recep Tajjip Erdogan.

Dokładnie. Tak umiarkowany, że za ekscesy integrystycznego fanatyzmu cztery miesiące spędził w więzieniu. Tak umiarkowany, że podczas samobójczych zamachów, jakie rozpętały się w roku 2003 w Ankarze, ani razu nie wymówił słów „terroryzm islamski". Także on mówił jedynie „terroryzm". Co najwyżej „terroryzm religijny". Tak umiarkowany, że jako pierwszy chciał przywrócić do kodeksu karnego przestępstwo cudzołóstwa. Tak umiarkowany, że od lat wysyła córki na studia do Stanów Zjednoczonych, „gdzie są uczelnie, na których zezwala się nosić zasłonę, symbol muzułmańskiej tradycji". Tak umiarkowany, że jego żona (i doradczyni) Emine nigdy nie zdejmuje zasłony i wymusza fatwy przeciwko tym, którzy romansują przed ślubem. Tak umiarkowany, że stosuje islamską Zasadę Dwóch Prawd (tej, którą muzułmanin ma dla siebie, i tej drugiej, którą ma dla psów-niewiernych, a więc jest to, nie łudźmy się, Zasada Oszustwa) i nie obraża się, kiedy nazywają go Człowiekiem o Dwóch Twarzach. Startował w wyborach z ramienia Partii Islamu, zwanej także Partią Sprawiedliwości i Rozwoju, powstałą z Partii Dobrobytu (sic), która na Skrajnej Prawicy reprezentuje turecki proletariat (sic). Prowadził kampanię wyborczą, zwracając się przede wszystkim do kobiet, a na każdym jego wiecu powtarzało się to samo zdanie: „W wielu krajach ten, kto chce nosić zasłonę, może to czynić. Natomiast w wielu miejscach w Turcji, kraju w dziewięćdziesięciu dziewięciu procentach muzułmańskim, nie może. To się musi zmienić". Wygrał, otrzymując 34% głosów. Co dzięki idiotycznemu prawu dało mu 66% miejsc w parlamencie. Ale my tu zapominamy o dzieciach!

Nie szkodzi...

Nie, nie, proszę mi pozwolić jeszcze raz spróbować. Jak już powiedziałam: dzieci rozumieją więcej niż dorośli. Drogie dzieci, Turcja, już nie laicka, sprezentowała Człowiekowi o Dwóch Twarzach takie zwycięstwo, że nic nie mogła na to poradzić armia generałów, w obliczu której dzisiejsi obcinacze głów wydają się pacyfistami. Gorzej. Kiedy tylko został wybrany, Erdogan poświęcił się dziełu, którego jego laiccy poprzednicy nie zdołali nawet rozpocząć: wprowadzeniu Turcji do Unii Europejskiej. Zwrócił się do Chiraca, czyli do tego, który mawia, że korzenie-Europy-są-zarówno-chrześcijańskie-jak-i-muzułmańskie, złożył uszanowanie Schröderowi, czyli temu, który ma więcej Turków u siebie niż sama Turcja, zaprosił Berlusconiego na uroczystość zaślubin swojego pierworodnego i, poparty nawet przez tego ostatniego (który pragnąłby rozszerzyć-rynek wręcz na Księżyc, a nawet na księżyce Saturna), złożył oficjalną prośbę na ręce Rady Europy. Ta przepchnęła ją do Komisji Europejskiej, czyli do Mortadeli, on zaś, zapomniawszy o „Mamuniu, Turcy!", zasugerował Erdoganowi, aby postarał się odzyskać utracone dziewictwo, czyli przeprowadził kilka reform na polu-praw-człowieka-i-praw-obywatelskich, tamten posłuchał i na złamanie karku wziął się do roboty, zmuszając Parlament, aby wprowadził tak zwane Ustawy Dostosowawcze i... Ale tu muszę naprawdę przerwać zwracanie się do dzieci. Już popełniłam błąd, opowiadając im historię z Cypru, czyli o żołnierzu tureckim, który gwałci, po czym morduje babcię i jej wnuczka, a innych okropności dzieci nie powinny słuchać.

Do kogo zatem się Pani zwraca?

Do Pani, do mnie samej. I do tych, którzy nie wiedzą albo udają, że nie wiedzą. Jak również do cyników i ogłupiałych, którzy opowiadając się za wejściem Turcji do Unii Europejskiej, nie zauważają, że pomagają urzeczywistnić marzenie Imperium Osmańskiego. Marzenie, które Sulejmanowi Wspaniałemu towarzyszyło przez całe życie, marzenie, z powodu którego najechał Austrię, w roku 1529 zaś dokonał pierwszego oblężenia Wiednia. Marzenie, które jego syn Selim Opój popchnął naprzód, zdobywając arcychrześcijański Cypr, ale stanęły mu na drodze w roku 1571 pod Lepanto włoskie republiki, księstwa i wielkie księstwa wsparte przez Hiszpanię, Maltę i Państwo Kościelne. Marzenie, które Kara Mustafa w roku 1683 musiał porzucić pod Wiedniem, ale ono nawet wtedy nie wygasło. Mam na myśli sen o stworzeniu „Islamskiego Państwa Europy". Zgoda, czasy się zmieniły. Nie ma już armii Imperium Osmańskiego. Turcja jest członkiem NATO, a ponieważ Europa nie ma swojego wojska, to jeśli Erdogan zmieni zdanie, będziemy zawsze mogli poprosić o pomoc tych paskudnych Amerykanów. Czy nie do nich zwracamy się zawsze, kiedy tylko nam wygodnie? Czy to nie oni zawsze oddają życie za innych? Za nas oddawali je dwukrotnie, począwszy od pierwszej wojny światowej. (Sto szesnaście tysięcy pięciuset szesnastu żołnierzy.) Ale żeby wprowadzić w życie marzenie Sulejmana Wspaniałego o jego „Islamskim Państwie Europy", wojska nie są potrzebne. Dzisiaj podbój ma zupełnie inny charakter. To podbój religijny, kulturowy. Bardziej niż na zajęciu terytorium zależy im na zagarnięciu dusz, na narzuceniu nam wartości, które nie są naszymi wartościami, idei, które nie są naszymi ideami, obyczajów, które nie są naszymi obyczajami, podłości, które nie są (albo już nie są) naszymi podłościami, i dobry Jezu! Jak można przyjąć w swoje progi kraj, który w dziewięćdziesięciu dziewięciu procentach jest muzułmański?!? Jak można przenieść na Zachód sześćdziesiąt milionów Turków, którzy nie akceptują najbardziej oczywistych praw człowieka, które współczesny świat respektuje i których broni?!? Raport sporządzony przez Amnesty International po „Dostosowaniach" nakazanych przez Erdogana mrozi krew w żyłach. Aresztowania, znęcanie się, zabijanie za pomocą tortur nadal stosowanych na mocy praw identycznych z tymi, które zostały znowelizowane bądź zniesione. Przesłuchania z rażeniem prądem elektrycznym, zawieszaniem za ręce na sznurze zwisającym z sufitu, przestępstwa seksualne, loch bez snu i pożywienia, falaka, czyli bicie kijami w pięty. (Falaka może się wydawać mniej okrutna. Ale osiem lat po tym jak zgotowała mu ją grecka policja, skażona czterema stuleciami tureckiej zwierzchności, Alekos Panagulis nadal utykał. Lekko, ale utykał. I pewnego dnia mi powiedział: „Wiesz, to straszna rzecz, ta falaka. Ponieważ za każdym uderzeniem ból dociera ci do mózgu jak rozżarzone żelazo, aż wreszcie popadasz w szaleństwo, chcesz wyznać wszystko".) Raport mówi także o osobach porywanych przez tajniaków, przetrzymywanych w więzieniach bez sformułowania aktów oskarżenia i bez prawa do adwokata, torturowanych w wyżej wymieniony sposób. Mówi także o poważnym ograniczaniu wolności słowa i prasy, a co do przemocy wobec kobiet... Wszystko zaczyna się już w rodzinie, gdzie znęcają się nad nimi ojcowie, mężowie i bracia, wyjaśnia raport. Zazwyczaj przemoc ma na celu ukaranie ich za „zmazę na honorze" lub zmuszenie do przedwczesnych czy niechcianych małżeństw. Zaczyna się od bicia, a kończy na zabójstwie, które często jest podawane za samobójstwo. Proszę posłuchać tego fragmentu: „W Turcji praktyka zabijania okazujących sprzeciw córek albo zmuszania ich do samobójstwa jest szeroko tolerowana, a nawet aprobowana przez przywódców lokalnych społeczności. Co zdarza się także na najwyższych szczeblach władzy wykonawczej i sądowniczej. Władze z rzadka prowadzą poważne dochodzenia w sprawach takich samobójstw czy pozornych samobójstw". Zresztą żeby zdać sobie sprawę, jak traktowane są kobiety w Turcji, która na nowo zawierzyła Koranowi, wystarczy pomyśleć o przypadku, który przywołuję w *Sile Rozumu*. Czyli o trzydziestopięcioletniej Cemse Allak, zgwałconej i zapłodnionej przez jakiegoś łajdaka, którą z tego powodu ukamienowała jej własna rodzina. (Odpowiedź szwagierki dana angielskiemu dziennikarzowi, który przeprowadzał z nią wywiad: „Co mieliśmy zrobić? Była starą panną i straciła honor. Zgwałcona czy nie, nas także okryła hańbą".)

Wystarczy też przypadek, który w lipcu ubiegłego roku miał miejsce na plaży w Smyrnie.

Tak. Przypadek pięciu szesnastolatek, które wybrały się wraz z wychowawczyniami i nauczycielem religii na wycieczkę szkolną nad morze. I zmyliwszy nadzór weszły do wody w czadorach. A z powodu czadorów zostały przewrócone przez fale. Ratownicy zaś, gotowi wskoczyć do wody, nie mogli ich uratować, ponieważ zakazał im tego nauczyciel religii. „Stójcie. Nie dotykajcie ich. Koran tego zabrania". Biedaczki usiłowały utrzymać się na powierzchni, krzyczały, błagały o pomoc, lecz on powtarzał: „Koran-tego-zabrania". Tak że ratownicy nie ośmielili się sprzeciwić i pozwolili im utonąć. (Podobna historia wydarzyła się jakiś czas temu w Arabii Saudyjskiej, gdzie aby nie uchybić Koranowi, strażacy pozwolili spłonąć w pożarze trzydziestu sześciu kobietom.) Po śmierci pięciu szesnastolatek w Smyrnie nie wniesiono nawet oskarżenia z powodu nieudzielenia pomocy. A kiedy dziennik „Hurriyet" opublikował tę informację, Erdogan nabrał wody w usta. Tak samo jego żona. Tak, wiem: jest jeszcze paru zwolenników Atatürka. Istnieje także jego partia, która w ogóle się już dzisiaj nie liczy. Jest także jego armia, która znaczy już bardzo mało. Jednakże tak właśnie wygląda rzeczywistość Turcji, która wróciła pod skrzydła Proroka, co jasno obnaża kłamstwa Umiarkowanego Islamu.

Zgadzam się i co do tego nie ma wątpliwości. Ale czy Komisja Europejska znała raport Amnesty International, gdy wydawała opinię przychylną tureckiej kandydaturze?

Jasne, że znała. Holender Fritz Bolkestein i Austriak Franz Fischler, dwaj spośród nielicznych parlamentarzystów, którzy nazwali tę kandydaturę „niedopuszczalną", zaraz wysłali raport Mortadeli. Przypuszczam, że także Mortadela znał historię pięciu utopionych szesnastolatek: pisała o niej cała prasa. Cała. A jednak wydał przychylną opinię. Stwierdził, że mimo pewnych „stref cienia" Turcja spełnia „w sposób wystarczający" warunki polityczne wymagane przez kryteria kopenhaskie i podsumował: „Niemal jednomyślnie Komisja rekomenduje Szefom Państw i Rządów otwarcie negocjacji potrzebnych do przyjęcia kandydatury. Tymczasem, jako że pewne reformy nie zostały przeprowadzone, będziemy nadal obserwować postępy". Za te słowa Erdogan gorąco mu podziękował. I jakkolwiek kręcił nosem z powodu „będziemy-nadal-obserwować", w swojej ojczyźnie zaraz się pochwalił, że otrzymał „zielone światło"... Jak to się wszystko skończy? Nie wiem. Ktoś jeszcze powinien mi powiedzieć, jaki jest prawdziwy powód tego, że ze *soi-disant* Konstytucji zostały wydarte korzenie chrześcijańskie... W hołdzie laicyzmowi, a ściślej potwierdzeniu, że nasi kalifowie i wezyrowie są bardzo laiccy, czy też może w hołdzie muzułmańskiej Turcji? Tak czy inaczej, wiem, że Człowiek o Dwóch Twarzach ma wielu przyjaciół żądnych rozszerzenia-rynku, czyli otwarcia go na Turcję. Przede wszystkim we Francji i w Niemczech. Choćby nawet kandydatura została odrzucona, oni zaraz wymyśliliby sposób, żeby przyjąć ją do Unii Europejskiej w późniejszym terminie albo po kryjomu. Spadkobiercom Imperium Osmańskiego bardzo zależy na odzyskaniu panowania nad basenem Morza Śródziemnego, a Eurabia jest zbyt uległa wobec Bestii, która wyszła z morza. Zbytnio też ulega obawom i złudzeniom. Przede wszystkim złudzeniom, że Turcja posłuży do wstrzymania ofensywy bin Ladena. Obawom, że ucieknie się do szantażu, który ma w zanadrzu. „Nie chcecie nas? A zatem przechodzimy na drugą stronę, przejmiemy, a właściwie odzyskamy przywództwo nad światem arabskim". Ale nasza przyszłość nie może zależeć od ludzi tego rodzaju. To naród musi o niej zadecydować. Być może w przypadku Turcji naprawdę jest potrzebne referendum. Trzeba je przeprowadzić w każdym kraju nieudolnej Unii Europejskiej, a co do wyniku, niech się dzieje wola Nieba. Bieda w tym, że ludzie są poddawani dezinformacji, wykpiwani, oszukiwani. A więc mają mętlik w głowie i są gotowi jeszcze bardziej dać się wykiwać...

Ale mimo to, co by Pani powiedziała, aby pomóc im zagłosować na „nie" w takim referendum?

To, co mówiłam dotąd. I jeszcze to, co mówi jeden z największych żyjących historyków, czyli sędziwy Jacques Le Goff. „Moja niezgoda nie ma jedynie natury kulturowej. Ma także charakter geograficzny. Wchłaniając Turcję, granice Europy rozszerzyłyby się aż po Irak. Jeśli Irak poprosi nas o członkostwo, czy jego także przyjmiemy?" Pytanie, do którego dorzucę: Irak graniczy z Syrią, z Arabią Saudyjską i z Iranem. Jeśli Syria, Arabia Saudyjska i Iran poproszą, czy przyjmiemy je także? A poza tym pytam: co oni rozumieją przez pojęcie Europy, ci imbecyle? Czy widzieli kiedykolwiek globus, czy widzieli kiedykolwiek mapę świata? A jeśli Turcja jest dla nich w porządku, to dlaczego się krzywią, kiedy Rosja daje im do zrozumienia, że chętnie by się widziała w roli kandydata? Ona przynajmniej jest Wschodem jedynie z nazwy. Grzeszy tak samo jak my, cierpi z powodu terroryzmu islamskiego tak samo jak my, a zamiast oddawać cześć Prorokowi czci Chrystusa i Matkę Boską. Ach, zapomniałam... Pozbywając się korzeni chrześcijańskich, ta ich Konstytucja pozbyła się także Chrystusa i Matki Boskiej... Tak, właśnie to powiedziałabym ludziom. A później przypomniałabym im, co przydarzyło się Grecji, praprababce naszej kultury, kiedy Turcy wtargnęli do jej domu i pozostali w nim na czterysta lat. Odebrali jej nawet pamięć o Sokratesie i Platonie. W zamian zostawili jej falakę. Nauczyli Grecję posługiwać się nią tak dobrze, że sto pięćdziesiąt lat po ich odejściu grecka policja nadal jej używa, by wymuszać zeznania. Aż wreszcie zakończyłabym: drogi Narodzie, profesor Lewis jest optymistą, kiedy prorokuje, że Europa będzie w całości muzułmańska do roku 2100. Jeśli nie przeciwstawisz się temu nowemu szaleństwu, stanie się muzułmańska najdalej w roku 2017.

Wierzę. A po tym gorzkim komentarzu zadam Pani ostatnie pytanie dotyczące bezpośrednio Bestii, która wyszła z morza. Ostatnie albo prawie ostatnie, ponieważ ewentualne następne ściśle od niego zależą. Czy od naszego spotkania latem ubiegłego roku doświadczyła Pani kiedykolwiek uczucia słabości? Zna Pani znużenie, jakie ogarnia, gdy ktoś nas obraża albo napawa przygnębieniem ponad wszelką miarę, tak że czujemy się pokonani i możemy tylko mruczeć pod nosem? Mam dosyć, mam dosyć, wystarczy. Wywieszam białą flagę.

O, tak. Wiele razy. Chociaż nie leży w mojej naturze ustępować, wywieszać białą flagę. Przez całe życie ani razu nie wywiesiłam białej flagi. Ale w ostatnich miesiącach wydarzyły się rzeczy budzące takie obrzydzenie, że byłabym oszustką, twierdząc, że ani razu nie myślałam z bólem o tym, co powiedziałam. Że ani razu nie popadłam w głęboką depresję, że, krótko mówiąc, nigdy nie ogarnęła mnie chęć poddania się. Po raz pierwszy przeżyłam to z powodu Manifestu Muzułmanów-Którzy-Żądają-Obywatelstwa, a zatem z winy „Corriere della Sera", i... Widzi Pani, w „Corriere" bywałam tylko rzadkim gościem. Gościem sporadycznym. I ma się rozumieć, że dziennikarstwa nie odkryłam dzięki

„Corriere". Odkryłam je dzięki mojemu stryjowi Brunonowi, a później dzięki florentyńskiemu dziennikowi, w którym pracowałam jako młoda dziewczyna, a później dzięki wielkiemu i dziś już nieistniejącemu tygodnikowi „l'Europeo". I to dzięki „l'Europeo" (i dzięki zagranicznym gazetom, ponieważ moje nazwisko pojawiało się zawsze w najbardziej prestiżowych gazetach świata) mogłam być zawsze tam, gdzie wiał wiatr dziejów. Przeżywać Historię w momencie, gdy się ona działa. Dawać świadectwo hańbie wojny i świństewkom pokoju. Poznawać i opisywać znakomitości oraz nieznakomitości, które wygrały, ciągnąc losy o władzę, i decydują o naszej przyszłości. A jednak w moim sercu „Corriere" zajmował zawsze szczególne miejsce. Była to gazeta stryja Brunona, rozumie Pani, a ja w młodości marzyłam, że kiedyś będzie także moja. (Rzecz nie do pomyślenia, ponieważ w owym czasie kobiety nie miały tam wstępu.) „Nazwisko kobiety byłoby tu herezją!", mówił stryj Bruno, bardzo oburzony.) I rzeczywiście, kiedy odeszłam z dogorywającego „l'Europeo", wybrałam „Corriere", który nie był już wyłączną domeną mężczyzn. Kierował nim w tamtych latach Franco Di Bella i, mój Boże, cóż to był za naczelny! Władał piórem jak Picasso pędzlem, ten Di Bella. Kochał to rzemiosło tak żarliwie, a przy tym tak mądrze, że w dniu, w którym przyniosłam mu wywiad z Chomeinim, zapłakał ze szczęścia. Prawdziwymi łzami. Pamięta Pani? Natomiast w dniu, w którym przyniosłam mu wywiad z Dengiem Xiaopingiem, padł na kolana i zaczął tryumfalnie wymachiwać Asem Kier. Pamięta Pani? To był wielki dziennikarz, ten Di Bella. Nie jeden z tych, którzy zadzierają nosa, którzy czują się panami świata, a nie są warci złamanego grosza. Miał także poczucie humoru. Później Di Bella odszedł. A ja zamknęłam się we własnej samotności, samotności pisarza, i „Corriere" stał się dla mnie korowodem redaktorów naczelnych, których obserwowałam z daleka. Niekiedy z szacunkiem, innym razem nie. Ale na dnie serca pozostawiłam dla niego to specjalne miejsce. Poczucie więzi, to mam na myśli. A po Jedenastym Września to właśnie „Corriere" dałam (albo, precyzyjniej, podarowałam, jako że za tę pracę nie chciałam zapłaty) wielki artykuł, z którego powstała *Wściekłość i Duma*. To właśnie na łamach „Corriere" rozpoczęłam moją walkę z Bestią i drugą Bestią na jej usługach. I jakkolwiek kosztowało mnie to wiele ciężkich do zniesienia przykrości, jakkolwiek nie pochwalałam jego linii politycznej, jego Politycznej Poprawności, pisania tego co wypada, a nie tego co należy, wciąż łączyła mnie z tą gazetą więź, nad którą nie można przejść do porządku dziennego. Była dla mnie jak bliski krewny, którego często chciałoby się wygrzmocić albo się go wyprzeć, ale dla którego żywi się bardzo ciepłe uczucie. A zatem ogromnie mnie oburzył ten idiotyczny manifest. Prawie tak samo przygnębiła mnie audiencja, jakiej udzielił prezydent Republiki siedmiu umiarkowanym-muzułmanom, w tym imamowi z Colle Val d'Elsa, który dokona gwałtu na pejzażu mojej Toskanii. Niemal tak samo zabolała mnie wypowiedź prezydenta o imigrantach, których nigdy dosyć. Przyjeżdżajcie-przyjeżdżajcie--jesteście-nam-potrzebni. (I całe szczęście, że nie zakończył słowami: „Jeśli przyjedziecie, razem z obywatelstwem damy wam także jakąś ładną posiadłość w Chianti. Może tę, która jest własnością Fallaci, a znajduje się o rzut beretem od mającego powstać meczetu z minaretem".)

A kiedy nadeszła ta druga fala zmęczenia, chęci, by się poddać?

Kiedy wróciły dwie Simonetty, tęczowe pacyfistki. Jeszcze nie doszłam do siebie po bólu, jaki przeżyłam z powodu rzezi w Erode i innych krwawych jatek dokonanych przez rzeźników Allacha, rozumie Pani. I kiedy zobaczyłam, jak wychodzą z samolotu, z aroganckimi minami i ubrane na arabską modłę, nawet w diszdaszach, które w zamian za milion dolarów podarowali im porywacze razem z Koranem, łakociami i cukierkami, uśmiechnęłam się ze wzgardliwym politowaniem. Prostaczki, pomyślałam. Nie mówiła wam mama, że kiedy porywają nas rzeźnicy Allacha, to nie wraca się do ojczyzny w ich przeklętych diszdaszach, że wraca się poważnie ubranym? I łudziłam się, że tak fatalne zachowanie lub raczej brak klasy i gustu złagodzą mówiąc coś stosownego, czy raczej koniecznego. Kilka słów o tych trzystu czterdziestu dziewięciu istotach, które straciły życie w Biesłanie, a przede wszystkim o tych, którym w Iraku ścięto głowy, poderżnięto gardła czy posłano kulkę w potylicę. Jak również o zakładnikach, którzy wtedy marnieli w jakiejś piwnicy ze związanymi rękoma i zasłoniętymi oczami, na przykład o dwóch francuskich dziennikarzach, o których nic nie było wiadomo. A później powinny podziękować rządowi i opozycji, gdyż tak wiele zrobili dla ich uwolnienia, gdyż zapłacili okup, by je uwolnić, a także osobom, które narażały własną skórę, by je odnaleźć i wynegocjować ich oswobodzenie. A później pozdrowić Włochów, którzy tak bardzo się za nie modlili, ponosili ofiary i wyłożyli z własnej kieszeni milion dolarów. Ale zamiast uronić łzę nad tymi, którzy mieli mniej szczęścia od nich, gdy tylko wyszły, wezwały do wycofania wojsk. Zamiast podziękować rządowi i opozycji, i szefowi Czerwonego Krzyża w Bagdadzie, podziękowały porywaczom za to, że byli dla nich tacy uprzejmi. Tacy mili, tacy uważający, bo, rzeczywiście, nie tknęli ich nawet palcem. Zamiast pozdrowić Włochów, pozdrowiły (jednocześnie składając im podziękowanie) Irakijczyków i muzułmanów-na-całym-świecie. I wtedy zszedł mi z warg uśmieszek wzgardliwego politowania. Źle wychowane i niewdzięczne, pomyślałam. Nie mówiła wam mama, że wdzięczność należy się tym, który ratują nasze życie, nie tym, którzy chcą je nam odebrać? Pomyślałam jeszcze, że w sumie żadna mama nie ma tu nic do rzeczy. Bo były to niemal trzydziestoletnie kobiety, a nie głupiutkie i niczego nieświadome dziewczynki.

A to nie wszystko.

Nie, to nie wszystko. Ponieważ później przyszedł wieczór i burmistrz Rzymu oddał honory tej bardziej zuchwałej, przyjmując ją na Kapitolu i pokazując się razem z nią na tarasie udekorowanym gigantyczną tęczową flagą. Później przyszedł ranek i Papież przyjął obydwie w Watykanie. (Stawiły się tym razem w marynarkach i spodniach, ale z prowokująco odkrytymi głowami. Nie owiniętymi w zasłonę, którą z powodu swoich przyjaciół muzułmanów noszą tak gorliwie. Na Boga, nawet królowe, nawet rewolucjonistki zakrywają głowy, kiedy mają się spotkać z Papieżem. Czy ja nie założyłam czadoru, kiedy szłam do Chomeiniego? Pewne rzeczy nakazuje dobre wychowanie, prostaczki! Arogantki, prostaczki. Wojtyła nawet modlił się za was.) Krótko mówiąc, doszłam do wniosku, że we Włoszech istnieją zakładnicy pierwszej i drugiej kategorii. Jeśli nazywasz się Quattrocchi i umierasz jak bohater Risorgimento, ale politycznie reprezentujesz niewłaściwą stronę, odmówią ci nawet państwowych uroczystości pogrzebowych. Natomiast bez trudu znajdą się urzędnicy sądowi, którzy nie ryzykując procesu o zniesławienie albo oszczerstwo nazwą cię płatnym mordercą. A jeśli jesteś jakąś simonettą związaną z Demokratami Lewicy albo z komunistami z Partii Odbudowy Komunistycznej, wszyscy się dla ciebie dwoją i troją. Dla ciebie Prawica decyduje się na zawieszenie broni z Lewicą, Lewica siada do stołu z Prawicą i, co prawda tylko przejściowo, wstrzymuje się od obrażania pod każdym pretekstem rządu, od żądania wycofania wojsk z Iraku. Dla ciebie burmistrz Rzymu otwiera podwoje Kapitolu, przyjmuje cię tu niczym jakąś Joannę d'Arc, która pokonała pod Orleanem Anglików. A Papież podejmuje cię w Watykanie i nie obraża się, kiedy pojawiasz się z gołą głową, dając mu do zrozumienia, że wolisz Islam. Czyli robiąc coś, za co w Kabulu albo Rijadzie zastrzeliliby cię w mgnieniu oka. A potem jeszcze śmierć Jessiki i Sabriny Rinaudo, dwóch młodziutkich sióstr z Piemontu, które nie wychwalając pod niebiosa irackiego-i-palestyńskiego-ruchu-oporu pojechały na krótkie wakacje do Egiptu i zostały unicestwione przy użyciu pięciuset kilo islamskich materiałów wybuchowych. Ta śmierć wydała mi się naprawdę niesprawiedliwa, przejmująca. Ale większość ludzi zareagowała obojętnością. Większość nie zaznaczyła, że także tym razem winni byli synowie Allacha. I to mnie przybiło. Po cóż zatem walczyć, trudzić się, cierpieć, pisać prawdę, zadałam sobie pytanie. Po cóż narażać życie, spać z fuzją myśliwską przy łóżku? Męczy mnie wołanie na wietrze, już nie mam siły.

A trzeci nawrót rezygnacji?

Trzeci był właściwie podwójny, to była chęć ustąpienia, która przyszła w dwóch falach. Najpierw z powodu fanfaronady señora Zapatero, który naśladując burmistrza San Francisco (są antyamerykańscy, owszem, ale nie wtedy, gdy Amerykanie poddają im kiepskie pomysły) i mając w nosie biologiczny sens rodziny zezwolił gejom na zawieranie związków małżeńskich. A co gorsze, tysiąc razy gorsze, na adopcję dzieci przez gejów. I nikt nie znalazł słów, aby mu się odgryźć. Nikt nawet nie wyzwał go od kretynów: świat staje w ogniu, Zachód nabiera wody jak dziurawy okręt, terroryzm islamski nic innego nie czyni, jak tylko obcina nam głowy, a ty trwonisz czas na małżeństwa-gejów i adopcje-gejów? A Kościół Katolicki nie wnosi sprzeciwu, Papież (znowu) się nie broni. Żeby choć napomknął o Matce Boskiej Częstochowskiej, której jest tak bardzo oddany i której z pewnością nie spodobałaby się inicjatywa Zapatera. Wszyscy trzymają buzie na kłódkę. Wszyscy onieśmieleni, wystraszeni, niezdolni skomentować sprawę w sposób przemyślany lub choćby odruchowy. Wszyscy w szachu despotyzmu Politycznej Poprawności. Ponieważ jeśli wyrazisz swoje zdanie na temat małżeństw-gejów albo adopcji-gejów, skończysz na stosie tak samo jak wtedy, gdy wyrazisz swoje zdanie o Islamie. Okrzykną cię rasistą, faszystą, bigotem, barbarzyńcą, zacofańcem. W najlepszym razie zarzucą ci, że myślisz jak Hitler, który homoseksualistów posyłał razem z Żydami do pieców. Krótko mówiąc, postawią cię pod pręgierzem. Cóż: po pierwszym ataku furii także tym razem poczułam głębokie znużenie. Nawet większe niż po historii z dwiema simonettami. Ponieważ señor Zapatero nie musi mnie uczyć tolerancji wobec gejów. (Nie musi mnie w ogóle uczyć niczego.) Mam całe grono przyjaciół homoseksualistów, którzy są mi ogromnie bliscy, i biada temu, kto ośmieli się ich skrzywdzić. Albo inaczej: biada temu, kto skrzywdzi jakiegokolwiek homoseksualistę z tego powodu, że jest homoseksualistą. Kimkolwiek by był i niezależnie, czy znam owego homoseksualistę osobiście. Lata temu, w mojej wiosce w Toskanii listonosz opowiedział mi, że dwaj homoseksualiści z okolicy zostali bez dachu nad głową, ponieważ właściciel domu zorientował się, że żyją „jak-mąż-i-żona". Więc ich przepędził. Nie znałam ich osobiście, nigdy ich nie widziałam. Ale krew we mnie zawrzała, kiedy usłyszałam coś podobnego. Nie z powodu współczucia, zaznaczam. Z powodu pewnej zasady. I powiedziałam listonoszowi: „Chcę się z nimi zobaczyć. Proszę ich tu przyprowadzić". Listonosz ich przyprowadził i zobaczyłam dwóch bardzo grzecznych, bardzo dobrze wychowanych młodzieńców, którzy, z dużą godnością, skarżyli się: „Hotel kosztuje zbyt wiele i nie wiemy, dokąd pójść". Wtedy pokazałam im miły mały domek w sąsiedztwie mojego, przeznaczony dla gości. „Jeśli macie ochotę, zostańcie tutaj". Zostali na parę lat. Czyli do momentu, gdy się rozstali i obydwaj opuścili Włochy. Było mi z tego powodu bardzo przykro, bo nasza więź była już niemalże więzią rodzinną. Przyzwyczaiłam się do nich, nic mi w nich nie przeszkadzało z wyjątkiem radia, które czasami grało u nich zbyt głośno, i tego, że jeden z nich uwielbiał, kiedy nazywano go „gejem". Jest to niestosowne albo raczej głupie określenie, którego nienawidzę także dlatego, że w języku angielskim znaczy „wesoły", więc kiedy piszę po angielsku, nie wiem, jakiego u licha mam słowa użyć, gdy chcę napisać „wesoły". Z tego punktu widzenia „gay" to prawdziwa grabież dokonana na słowniku i naprawdę chciałabym wiedzieć, kto jest odpowiedzialny za wprowadzenie tego określenia, za jego przejęcie. W Nowym Jorku homoseksualistów spotykam wszędzie. Jest ich tu więcej niż w San Francisco i przynajmniej połowa moich sekretarzy była homoseksualistami. Jako sekretarze homoseksualiści są bardzo profesjonalni i dyspozycyjni. Chcę więc powiedzieć: nie mam nic przeciwko homoseksualizmowi samemu w sobie. Nawet się nie zastanawiam, czym jest uwarunkowany. Natomiast drażni mnie, kiedy, podobnie jak feminizm, przeistacza się w ideologię. A więc w jakąś klasę, w partię, w lobby ekonomiczno-kulturalno-seksualne, dzięki czemu staje się orężem politycznym. Bronią wymuszania i szantażu, nadużyciem Politycznej i Seksualnej Poprawności. Albo-zrobisz-to-czego-sobie-życzę--ja-albo-sprawię-że-przegrasz-wybory. (Proszę pomyśleć, na jaką skalę homoseksualiści zaszachowali Clintona w Ameryce i Zapatera w Hiszpanii. Tak że pierwszym rozporządzeniem dopiero co wybranego Clintona było pozwolenie homoseksualistom na służbę w armii. Wydane z pośpiechem, który wydał mi się śmieszny. Pierwszą decyzją Zapatera, poza wycofaniem wojsk, było pozwolenie na małżeństwa i adopcje gejów.) Drażni mnie także, kiedy za pomocą ich lobby właśnie homoseksualiści dyskryminują bliźnich. I jeszcze bardziej, kiedy przez arogancję tej klasy bliźni jest obrażany prostactwem Gay Parades, na których homoseksualiści występują półnadzy albo przebrani i wymalowani jak prostytutki. I wreszcie drażni mnie, kiedy w imię ideologii (albo użalania się nad sobą) żądają beatyfikacji albo wręcz kanonizacji czy nawet deifikacji homoseksualizmu. Jak gdyby homoseksualizm był jakimś stanem błogosławionym, a nawet stanem górującym nad innymi. A normalność stanem klęski, stanem niższym. „Leonardo-da-Vinci-był-homoseksualistą. Tak-samo-Michał-Anioł. Tak-samo-Juliusz-Cezar". (To coś, co najpierw trzeba udowodnić.) Albo: „Kleopatra sypiała ze swoimi niewolnicami. Elżbieta Wielka ze swoimi dwórkami". (To coś, co najpierw trzeba udowodnić.) Albo: „Homoseksualizm to świadectwo geniuszu". W takich przypadkach, faktycznie, oburzam się. Reaguję ze złośliwością i przypominam im, że, Leonardo czy nie, Michał Anioł czy nie, cała ta rzekoma wyższość ma jeden słaby punkt. Ten, o którym, mając w nosie biologiczny sens rodziny, señor Zapatero udaje, że zapomniał. Homoseksualizm nie pozwala na prokreację. Gdybyśmy wszyscy stali się homoseksualistami, gatunek by wymarł. Wymarlibyśmy jak dinozaury.

Czy kiedykolwiek rozmawiała Pani o tym z kimś spośród swoich przyjaciół?

Jasne! Pewnego razu nawet z Pasolinim. Pamiętam, że byliśmy w jakiejś restauracji na via Appia i siedząc przy stole czekaliśmy na Alekosa, który spóźniał się bardzo z powodu strajku lotniczego. Ni stąd ni zowąd Pier Paolo pogłaskał mnie po dłoni i odwołując się do mojej książki *List do nie narodzonego dziecka* (książki, której nienawidził) wymamrotał: „Kiedy opowiadasz o byciu nieszczęśliwym, ty także nie stroisz sobie żartów". Sądząc, że mówi o mojej książce, zapytałam go, z czego wynika owo *także*, a rozmowa natychmiast zeszła na jego niepowstrzymany homoseksualizm i... Droga przyjaciółko, istota ludzka rodzi się z dwojga rodziców odmiennej płci. Tak samo ryba, ptak, słoń, owad. Do poczęcia potrzebne są komórka jajowa i plemnik. Czy nam się to podoba, czy nie, na naszej planecie życie funkcjonuje w taki sposób. No cóż, biogenetyka utrzymuje, że w przyszłości będzie się można obejść bez plemnika. Ale nie bez komórki jajowej. Zarówno gdy mowa o ssakach, jak i o jajorodnych, komórka jajowa zawsze będzie niezbędna. Komórka jajowa, jajo, które w przypadku istot ludzkich znajduje się w łonie kobiety i zapłodnione przeobraża się nieomal cudem w kroplę Życia, a później w kiełek Życia, i w tej nieprawdopodobnej podróży staje się drugim Życiem, drugą ludzką istotą. I jestem absolutnie przekonana, że stanem zakochania czy też zmysłowym przyciąganiem steruje instynkt przetrwania, czyli przedłużenia gatunku. Pragnienie życia nawet wtedy, gdy nas już nie będzie, życia w tych, którzy przychodzą i będą przychodzić po nas. I jestem owładnięta obsesją fenomenu macierzyństwa. Och, proszę mnie źle nie zrozumieć: wiem także, czym jest fenomen ojcostwa. Przekona się Pani o tym, czytając moją powieść, jeśli zdążę ją ukończyć. Wiem to tak dobrze, że z całego serca popieram rozwiedzionych ojców, którzy starają się o opiekę nad dzieckiem, potępiam sędziów, którzy dziecko powierzają wyłącznie byłym żonom, i twierdzę, że w naszym społeczeństwie więcej się w dzisiejszych czasach znajdzie dobrych ojców niż dobrych matek. (Proszę przejrzeć gazety. Kiedy jakiś szalony ojciec morduje swoje dziecko, popełnia samobójstwo. Kiedy jakaś szalona matka morduje swoje dziecko, bynajmniej nie odbiera sobie życia.) Ale będąc kobietą, w dodatku kobietą dotkniętą nieszczęściem, jakim jest niemożność posiadania dzieci, rozumiem lepiej fenomen macierzyństwa. Może dlatego, że moje dzieci umarły przed narodzeniem, traktuję macierzyństwo jako klucz wyjaśniający wiele zagadnień. Na przykład kiedy piszę książkę, mówię: „Noszę pod sercem książkę". Kiedy ją publikuję, mówię: „Wydałam na świat książkę". I zawsze nazywałam te książki „moimi dziećmi z papieru". Ale jaki to ma związek z poczuciem rezygnacji, którego doznałam z powodu nieznośnego Zapatera i tych, co nabrali wody w usta, nie mieli odwagi zaprotestować?

Ja o to nie pytam.

Ale inni zapytają. A więc proszę. Homoseksualny mężczyzna nie dysponuje komórką jajową. Nie ma także kobiecego łona, macicy, w której komórka mogłaby się zagnieździć. Tymczasem homoseksualna kobieta, owszem, posiada komórkę jajową. Tak samo kobiece łono, niezbędne, by dokonała się ta cudowna podróż, w której kropla Życia przeobraża się w kiełek Życia, a potem przekształca się w drugie Życie, w inną istotę ludzką. Ale jej partnerka nie może jej zapłodnić. A zatem, jeśli nie połączy się z mężczyzną albo nie poprosi go: jeśli-można-użycz-mi-kilku-plemników, znajdzie się w takiej samej sytuacji co homoseksualny mężczyzna. I już z góry, nie dlatego, że dotknęło jej nieszczęście i jej dzieci umierają, zanim się jeszcze narodzą, nie weźmie udziału w dziele przedłużania gatunku. W obowiązku życia także w tych, którzy przyjdą po niej. Jakim prawem zatem para homoseksualistów (mężczyzn lub kobiet) chce adoptować dzieci? Jakim prawem chce wychować dziecko z wypaczonym obrazem Życia, czyli w rodzinie złożonej z dwóch tatusiów albo dwóch mamuś w miejsce tatusia i mamusi? A w przypadku dwóch homoseksualnych mężczyzn, jakim prawem taka para posługuje się kobiecym łonem, aby sprawić sobie dziecko i może jeszcze kupić je sobie, tak jak się kupuje samochód? Jakim prawem, krótko mówiąc, okrada kobietę z trosk i radości macierzyństwa? Czy prawem, które pan Zapatero wymyślił, żeby spłacić swój dług wobec głosujących na niego homoseksualistów?!? Ja, kiedy mówię o adopcji gejów, czuję się okradana z mojego kobiecego łona. Jakkolwiek nie zdołałam wydać na świat moich dzieci, czuję się wykorzystana jak krowa, która rodzi cielątka skazane na śmierć w rzeźni. I w obrazie dwóch mężczyzn albo dwóch kobiet, odgrywających z noworodkiem pośrodku komedyjkę Maryi i Józefa, widzę jakąś przerażającą pomyłkę. To coś, co mnie znieważa, a nawet upokarza jako kobietę, jako niedoszłą mamę, mamę, która nie miała szczęścia, a także jako obywatelkę. Tak że znieważona i upokorzona mówię: oburza mnie milczenie, hipokryzja, tchórzostwo, które zalegają nad tą sprawą. Doprowadzają mnie do pasji ludzie, którzy milczą, boją się mówić, boją się powiedzieć prawdę. A prawda jest taka, że prawa żadnego Państwa nie mogą ignorować praw Natury.

Nie mogą dwuznacznością słów „rodzice” i „małżonkowie” zaciemniać praw Natury. Państwo nie może wydać dziecka, czyli istoty bezbronnej i nieświadomej, rodzicom, z którymi przyjdzie mu żyć w wierze, że rodzimy się z dwóch tatusiów albo dwóch mamuś, nie z jednego tatusia i jednej mamusi. I tym, którzy nas szantażują opowiastką o głodujących i bezdomnych dzieciach (opowiastką, która zresztą nie trzyma się kupy, bo w naszym społeczeństwie jest pod dostatkiem normalnych par, gotowych te dzieci adoptować), odpowiadam: dziecko to nie piesek albo kotek, któremu wystarczy zapewnić schronienie i nakarmić. To ludzka istota, obywatel, z niezbywalnymi prawami. O ileż bardziej niezbywalnymi od praw czy rzekomych praw dwójki homoseksualistów żywiących macierzyńskie lub ojcowskie pragnienia. A pierwszym z owych praw jest wiedza o tym, jak przychodzimy na świat na tej planecie, jak funkcjonuje Życie na tej planecie. O ile tę wiedzę dziecko ma szansę zdobyć, gdy posiada niezamężną matkę, o tyle absolutnie nie ma takiej szansy, posiadając „rodziców” tej samej płci. I kropka.

Woop! A co Pani sądzi o małżeństwach gejów?

Cóż... W każdym społeczeństwie, w każdym zakątku ziemi, w każdym kraju, wyjąwszy Hiszpanię

Zapatera, małżeństwo to związek pomiędzy mężczyzną a kobietą. Jest nim, nawet jeśli z tego związku nie rodzą się dzieci. Tak rozumiem wyniki referendum, które w dwunastu amerykańskich stanach zakończyło się miażdżącą przewagą głosów na Nie, czyli kategorycznym sprzeciwem wobec wyżej wzmiankowanego małżeństwa. Nie rozumiem natomiast, dlaczego w społeczeństwie, w którym wszyscy mogą wiązać się swobodnie, czyli nie wywołując zgorszenia, publicznego potępienia i nie narażając się na miano występnych, homoseksualiści mieliby odczuwać nagłą i gwałtowną potrzebę pobierania się przed urzędnikiem sądowym albo księdzem. Może jeszcze w białych sukniach, bukietem kwiatów w ręku i widmem rozwodu, który pochłania furę czasu i pieniędzy. Mam nadzieję, że chodzi tu o przejściową histerię, modną zachciankę, objaw ekshibicjonizmu albo konformizmu. Ponieważ gdyby to nie był kaprys, byłaby to prowokacja związana z żądaniem prawa do adopcji dzieci i przewróceniem do góry nogami biologicznych założeń rodziny. Czyli chęć obudzenia w nas strachu. Nie lubię prowokacji, nie podoba mi się zastraszanie. Jak świat światem, zawsze jest podszyte polityką. I w takim razie mówię do tych narzeczonych, do tych panien młodych: zadowólcie się waszym niepodważalnym prawem, które cywilizowany świat przyznaje każdemu z nas. Prawem kochania, kogo się chce i jak się chce.

To także powiedziała Pani Pasoliniemu?

Ależ skąd. Jasne, że nie: mieliśmy wtedy rok 1975. Trzydzieści lat temu o małżeństwach i o adopcjach gejów nikomu się nawet nie śniło. Homoseksualiści nie mieli bynajmniej władzy, jaką posiadają dzisiaj. Nie tworzyli znaczącej grupy wyborców, nic nie znaczyli w polityce. Ale opowiedziałam mu historię dinozaurów. Przypomniałam mu, że homoseksualizm nie pozwala na prokreację. Że poczynamy się z mężczyzny i kobiety, że wychodzimy na świat z kobiecego łona, że on także urodził się w ten sposób.

I co on na to?

Słuchał w milczeniu. I od czasu do czasu nieznacznie potakiwał. Jak gdyby rozumiał. Albo jakby odczuwał przykrość. Ale w pewnej chwili posmutniał. Wzdrygnął się i swoim łagodnym głosem (miał bardzo łagodny głos, niemalże kobiecy, kontrastujący z jego męskimi rysami) powiedział coś, czego nigdy nie zapomniałam. Czego nigdy nie zapomnę. Powiedział: „Muszę ci wytłumaczyć, dlaczego nie cierpię, dlaczego nie znoszę, dlaczego nienawidzę twojej książki *List do nie narodzonego dziecka*. I dlaczego zbiera mi się na mdłości, kiedy słucham tego, co mówisz. Ja nie chcę wiedzieć, co znajduje się w kobiecym łonie. Przeraża mnie myśl o tym, co znajduje się w kobiecym łonie. Pewnego razu nawet moja matka próbowała mi wytłumaczyć, co znajduje się w kobiecym łonie. I pokłóciłem się z nią. Ja, który tak kocham moją matkę". Potem się uśmiechnął. Powtórnie pogłaskał moją dłoń, poruszył ustami, jak gdyby miał zamiar złagodzić swój wybuch jakimś miłym słowem. Ale w tym samym momencie przyszedł Alekos i...

I od tamtego dnia już go Pani nigdy nie spotkała. Wiem. Dwa miesiące później zamordowali go na plaży w Ostii, gdzie wybrał się z tym niedobrym chłopakiem. Wiem. Zamordowali go gołymi rękami, potem przejechali po jego ciele samochodem, a Pani serce zostało złamane. Wiem. Przejdźmy do drugiej fali trzeciego Pani załamania.

Wiąże się ona nierozerwalnie z tą bzdurą z małżeństwami i adopcjami gejów. Chodziło o Aferę Buttiglionego, która przygnębiła mnie bardziej niż el señor Zapatero. Ponieważ dostrzegłam w niej ostateczny dowód naszego „pragnę-umrzeć", pragnienia autodestrukcji, które już pożera Zachód poprzez toczącego go raka intelektualnego i moralnego. I tu proszę mi pozwolić nadmienić, że nie wariuję na punkcie profesora Buttiglionego, dawnego chrześcijańskiego demokraty i nauczyciela filozofii. Jemu nie zaproponowałabym miejsca w miłym domku dla gości sąsiadującym z moim. Również dlatego, że jestem pewna, iż wykorzystałby je do założenia następnej partii. Swoje „pragnę-umrzeć" wyraża, rozwiązując i zakładając partie, które ciągle są jedną i tą samą partią. Nie wariuję na jego punkcie, o nie. Irytuje mnie jego krasomówstwo w stylu Mortadeli, ugrzeczniona buta w stylu D'Alemy i jego pobłażliwość, kiedy radzi przeczytać na nowo *De Captivitate Babylonica Ecclesiae* o *Regulae ad directionem Ingenii*. (Kartezjusz.) Jak również nawyk nieustannego cytowania Kanta. Poza tym, jak na mój gust, jest zbyt katolicki. Ale jest katolickim liberałem. Katolikiem, który rozumie różnicę pomiędzy religią a rozumem, który nawet obudzony w środku nocy będzie bronił laicyzmu, który Papieżowi kłania się tak samo nisko, jak Kantowi. I jeśli się nie zmieni, jeśli nie zakaże mi myśleć w sposób odmienny niż on sam myśli, ma prawo być katolikiem, tak jak ja mam prawo być ateistką. Albo jak muzułmanin ma prawo być muzułmaninem, a głupek ma prawo być głupkiem. Nikt nie miał prawa odrzucić jego kandydatury na stanowisko komisarza do spraw wymiaru sprawiedliwości, wolności i bezpieczeństwa w Komisji Europejskiej dlatego, że jest katolikiem i że jako katolik uważa homoseksualizm za grzech. Nikt. A już na pewno nie Politycznie Poprawni socjaliści, komuniści, Demokraci Lewicy, zieloni, radykałowie, liberałowie albo rzekomi liberałowie, czyli osobistości, które mają tyle respektu dla Koranu i tak żarliwie go bronią. Z taką samą żarliwością pomagają jego wyznawcom najeżdżać nasz kraj, łamać nasze prawa, zamieniać w ruinę nasz pejzaż ich okropnymi meczetami. Jakiej to zbrodni dopuścił się pobożny Profesor, odpowiadając na podchwytliwe pytanie zadane mu przez dżentelmenów i damy w Strasburgu? Odparł, że jego własne sumienie, sumienie katolika, mówi mu, że homoseksualizm-można-uważać-nawet-za-grzech. (Nie za „zbrodnię", proszę zauważyć, za „grzech".) Ale nigdy, przenigdy nie dyskryminowałby homoseksualisty. Nigdy, przenigdy z takiego prostego powodu, że należy rozróżniać pomiędzy Moralnością a Prawem, pomiędzy Wiarą a Prawem, pomiędzy sumieniem jednostki a sumieniem społecznym, a właściwie koniecznością społeczną. I dalej przemowa na temat Kanta. Ale z Kantem jego inkwizytorzy mało byli obeznani. Więcej jest nieuków w Parlamencie Europejskim niż na ulicach Islamabadu i Bagdadu. (Proszę zapytać jakiegoś naszego eurodeputowanego, co to takiego „imperatyw kategoryczny" Kanta, a sama Pani zobaczy.) Zresztą, nawet gdyby wszyscy oni mieli katedrę filozofii, słowo „grzech" już by im wystarczyło. Pamięta Pani, z jakim impetem oskarżyli go o „znieważenie laicyzmu" i o „obrazę liberalizmu" ci superlaiccy superliberałowie, którzy, jeśli nie podzielasz ich poglądów, zamykają ci natychmiast usta albo nawet stawiają cię pod pręgierzem? Nie przywiązali żadnej uwagi do przemowy na temat Kanta. Osądzili wyłącznie słowo, które należało do osobistego systemu wartości przesłuchiwanego. Zapominając, że od czasów świętego Augustyna doktryna Kościoła Katolickiego opiera się na koncepcji grzechu, że na takiej koncepcji opierała się Kontrreformacja i Sobór Trydencki, niektórzy z nich zażądali wręcz, aby pobożny Profesor wykreślił to słowo ze swojego słownika. I Eurabia, która przez pięć lat trzymała Mortadelę, która Mortadeli nigdy nie zapytała, czy homoseksualizm jest grzechem, czy też może nie, odrzuciła Buttiglionego. „Nie do przyjęcia". Wyrok, po którym D'Alema oświadczył z wielką satysfakcją: „To zwycięstwo Parlamentu Europejskiego", Bertinotti zaś poprawił go, piejąc: „To zwycięstwo Czwartego Stanu". A Włochy oszalały na punkcie poszukiwań synonimów słowa „homoseksualista" i wskrzesiły takie określenia, jak pedzio, ciota, cwel, parówa. I w wyniku czego, koniec końców, Profesor poprosił o wybaczenie.

Pani by tego nie zrobiła, prawda?

Po moim własnym trupie. Są sytuacje, kiedy prośba o wybaczenie nie jest aktem powinności, aktem grzeczności, odwagi i kurtuazji, lecz gestem niepotrzebnym i służalczym, małodusznym i nieeleganckim. Są to sytuacje, kiedy człowiek nie przeprasza, bo chce wyznać, że nie miał racji, lecz dlatego, że przyniesie mu to jakąś korzyść. Na przykład wybaczenie, czyli wygodny fotel komisarza. Dobry Jezu, Buttiglione nie był bynajmniej w sytuacji Galileusza przed trybunałem Świętego Oficjum! Nie ryzykował wcale, że zostanie usmażony jak Giordano Bruno! Nie był także kimś takim jak ja, czyli osobą, która ma tylu przyjaciół homoseksualistów, ilu tylko chce, gości ich w swoim domu i nie pozwoli, by spadł im włos z głowy, chociaż nie zgadza się na ich żądanie adoptowania dzieci i na odgrywanie komedyjki Maryi i Józefa. (Pogląd, za który nigdy nie będę przepraszać. Nigdy! Nawet jeśli mnie spalą żywcem.) I dodaję: jeśli w swoim własnym sumieniu ktoś jest przekonany, że jedzenie mięsa w piątek to grzech, jak twierdził Kościół Katolicki w czasach mojego dzieciństwa, to nie może prosić o wybaczenie za to, że nie jada w piątek mięsa. Nie może wymieniać swoich przekonań, swojej wiary, na jakieś fotele w Strasburgu. Może (i powinien) trwać w tym, co już uczynił wcześniej. Albo będzie musiał wymamrotać do siebie to samo, co po mało heroicznym wyparciu się własnych poglądów Galileusz wymruczał przez zaciśnięte zęby: „A jednak się kręci". W prostszych słowach: „A jednak to Ziemia kręci się wokół Słońca, wy dranie!". Mimo to znalazł się inny powód, dla którego naprawdę byłam bliska wywieszenia białej flagi.

Jaki?

Taki, że zrozumiałam, iż słowo „grzech" nie miało tu nic do rzeczy. Że Buttiglione został odrzucony, ponieważ dwukonny zaprzęg Francja-Niemcy nakazał go odrzucić, zanim jeszcze poddano go przesłuchaniu. Gdyby jakobinom ze Strasburga odpowiedział: „Drodzy-państwo-jestem-stuprocentową-ciotą-i-nie-mogę-się-już-doczekać-kiedy-poślubię-w-urzędzie-stanu-cywilnego-mojego-chłopaka", i tak by go odrzucili. A odrzuciliby go i tak, ponieważ jest katolikiem. Nie katolikiem z Centrolewicy jak Mortadela, który nie zrobił nic, aby przeszkodzić przemilczeniu w *soi-disant* Konstytucji Europejskiej dwóch tysięcy lat korzeni judeochrześcijańskich; jest katolikiem Centroprawicy. Katolikiem Berlusconiego, a więc sprzymierzonym ze Stanami Zjednoczonymi, znienawidzonym przez Francję, Niemcy i inne kalifaty Eurabii. Tej antyamerykańskiej i antyizraelskiej Eurabii, w której angielskie pismo „The Guardian", nieusatysfakcjonowane jeszcze wysłaniem do Ohio pięćdziesięciu tysięcy listów wzywających, by nie głosować na Busha, ma czelność pisać w swoim wstępniaku, że „Bush powinien dostać kopniaka w tyłek". I gdzie w swoim *Eleven o'clock show* telewizja BBC zachęca do pozbycia się Busha takim oto dowcipem: „John Wilkes Booth, Lee Harvey Oswald, John McHinckley, dlaczego chowacie się teraz, kiedy was potrzebujemy?". (Ten pierwszy to morderca Lincolna, na Boga. Ten drugi to morderca Kennedy'ego. Trzeci, niedoszły morderca Reagana.) Tej antysemickiej i antychrześcijańskiej Eurabii, z której bolszewizm wyszedł drzwiami, żeby wrócić oknem, i gdzie, jeśli tkniesz choćby palcem Lewicę albo to, co oni nazywają Lewicą, zjedzą cię żywcem. Tej antyeuropejskiej i antyzachodniej Eurabii, w której dzisiaj tryumfuje model włoski, czyli model opierający się na maksymie: „Kto przegrywa wybory, ten rządzi, a kto je wygrywa, niech stuli dziób". Bo Afera Buttiglionego przywodzi mi na myśl przypadek Jörga Haidera: prawicowego Austriaka, który wygrał wybory, ponieważ nie chciał, aby jego kraj nadal okupowali synowie Allacha. Tak że kiedy przyjeżdżał do Włoch, siły zbrojne Bestii lżyły go, próbowały go dosięgnąć albo nie pozwalały mu opuścić hotelu. I nie było nikogo, kto by zaprotestował: czy wyście poszaleli? Pan Haider został w majestacie prawa wybrany przez swój naród! Austria jest suwerennym państwem, wybiera, kogo chce!

A w pewnym momencie kalifowie i wezyrowie ze Strasburga zagrozili wręcz wyrzuceniem jej z Unii Europejskiej. Albo-wybierzesz-kogoś-innego-albo--szukaj-sobie-miejsca-gdzie-indziej. I Austria okazała posłuszeństwo... Tej bezwolnej i oszukańczej Eurabii, w której już czuje się niesmak, gdy się mówi „mam poglądy laickie, mam poglądy liberalne", ponieważ fałszywi wyznawcy laicyzmu hańbią laicyzm, a fałszywi liberałowie brukają wolność. Proszę zauważyć, ma rację Giuliano Ferrara, kiedy w swoim „Foglio" mówi o Europie laicko-bigoteryjnej i określa ją jako „świat ogłupiały i dogmatyczny. Świat, który mówi o prawdzie tylko w liczbie pojedynczej, świat, który nie respektuje prawd odmiennych, różnych od własnej". Ma słuszność także kardynał Martino, kiedy przełamując przerażające milczenie Kościoła mówi, że „w Europie działa antychrześcijańska Inkwizycja. Ofensywa napędzana pieniędzmi i arogancją, która chce posyłać na stosy chrześcijan..."

Zatrzymamy się tutaj...?

Och, można by tak w nieskończoność. Każdego dnia coś się wydarza. Można na przykład przypomnieć, że w tym roku Pokojową Nagrodę Nobla Szwedzi przyznali pani Wangari Maathai. Pewnej kenijskiej ekolożce, która wykłada na Uniwersytecie w Nairobi i mówi: „AIDS to broń biologiczna wymyślona przez ludzi Zachodu, aby wymordować nas, czarnych. To choroba powstała w laboratorium jakiegoś naukowca z Zachodu, który nienawidzi Afryki". (A jeśli się jej odpowie, że wygadywanie podobnych banialuk budzi grozę u całej międzynarodowej społeczności ludzi nauki, że za AIDS są, niestety, odpowiedzialne małpy, ripostuje: „Niemożliwe. My i małpy żyliśmy tu razem od początku świata".) Tak czy inaczej, faktem jest, że moja chęć złożenia broni wzięła się z tego wszystkiego. Właśnie wtedy powiedziałam sobie: dosyć, w Eurabii więcej moja noga nie postanie. Italia nie jest już moją ojczyzną, nie jest już moją mamą. Zarówno jedna, jak i druga tak są oddane Bestii, że zostając tu ryzykuję, iż także na moim czole i na mojej prawej ręce pojawi się znamię. I po raz pierwszy w życiu zapragnęłam zmienić obywatelstwo, zrezygnować z paszportu z napisem „Republika Włoska-Unia Europejska", poprosić w jakimś odległym kraiku o azyl polityczny, który u nas otrzymuje się z taką łatwością. Krótko mówiąc, uciec.

I gdzie pojechać? Zamknąć się na zawsze w swojej samotni w Nowym Jorku?

Nie. Ameryka jest jeszcze bastionem Wolności, demokracją najbardziej demokratyczną pod słońcem i bez wątpienia jedynym obrońcą Zachodu. Albo jedynym, na jakiego Zachód może liczyć. Ale popełnia te same błędy, jakie popełniamy my. Proszę pomyśleć o ogłupiałym i dogmatycznym radykalizmie, który zaślepia większą część amerykańskiej inteligencji. Proszę pomyśleć o jej uczelniach zawojowanych przez studentów i przez wykładowców, którzy fanatycznie kibicują Islamowi. Proszę pomyśleć o jej wielkich gazetach, na przykład o „New York Timesie" i o „Washington Post", i o stacjach telewizyjnych (z CNN na czele) popierających punkt widzenia Politycznie Poprawnych. Zresztą Politycznie Poprawni narodzili się w Ameryce, przecież nie w Europie. Proszę pomyśleć o tchórzliwych i konformistycznych wydawnictwach, które grają w grę jednokierunkowej wielokulturowości. Proszę pomyśleć o idolach z Hollywood, którzy opływają w bogactwa jak król Midas, ale zaciągnęli się do szeregów Bestii jako jej słudzy, proszę wspomnieć tego koszmarnego Michaela Moore'a, któremu dali Oskara za film będący najbardziej haniebnym pomnikiem wystawionym na chwałę Bestii. Rak moralny i intelektualny toczący Zachód istnieje również tam. Również tam wspólnicy Bestii, o których mówi Jan Ewangelista, szerzą idee, manipulują emocjami, zastraszają i uciszają naród. A w Nowym Jorku ta choroba jest tak groźna, że nie zważając na Obcego od roku tam nie bywam. W moim ukochanym domu plenią się grzyby i liany. Przy czym miejsce, które wtedy przyszło mi do głowy, rozważałam jedynie hipotetycznie. Ponieważ Wyspy Marshalla, Archipelag Mikronezji, to część Stanów Zjednoczonych. Szukałam maleńkiego zakątka ziemi, niedostępnego, i na Wyspach Marshalla znalazłam Bikini: atol, na którym pomiędzy rokiem 1946 i 1958 prowadzone były eksperymenty z bombą wodorową. Myślałam, że będzie wymarły, zamieszkany co najwyżej przez kilka żółwi. I wywnioskowałam, że tam nawet nie będę musiała prosić o azyl polityczny. Zaczęłam więc pakować walizki. Ale kiedy dowiedziałam się, że dzisiaj to już kurort turystyczny odwiedzany przez komunistów-miliarderów, szejków, dziennikarzy „New York Timesa" i „Washington Post", imamów z Colle Val d'Elsa, dwie Simonetty, wysokich urzędników z Wiminału i Kwirynału, czyli przez każdego, kto tylko czci Proroka i uważa imigrantów za mannę, która spadła z nieba, zmieniłam zdanie. I pomyślałam o Świętej Helenie.

O wyspie, na której skończył Napoleon?

No, tak...

I zdecydowała się Pani?

Nie. Zbytnio mi go przypominała. Zawsze żywiłam do niego niechęć, a poza tym na Świętej Helenie uśmiercił go Obcy. A dla kogoś, kto ma w sobie Obcego, to za bardzo wygląda na zły znak, więc po chwili zastanowienia zainteresowałam się Biegunem Południowym: miejscem, w które wymienieni wyżej ludzie naprawdę nie jeżdżą. Bieda w tym, że na Biegunie Południowym są tylko śnieg i lód, i nic więcej. Panuje tam morderczy ziąb, a ja lubię ciepło. Wszystkie wojny, w które dałam się wmieszać, przetrwałam, ponieważ toczyły się w krajach, gdzie było ciepło. Na przykład w Wietnamie. Porzuciwszy także pomysł z Biegunem Południowym, zdecydowałam się wreszcie na Niuatoputapu. Na ziemski raj, który znajduje się na Wyspach Tonga albo Wyspach Przyjaciół, czyli na Południowym Pacyfiku, i w którym panuje Jego Wysokość Taufaahau Tupon IV: nieszkodliwy Polinezyjczyk, który cały czas nosi przepiękny naszyjnik z muszli i waży coś około dwustu kilo. Co robi na mnie ogromne wrażenie, ponieważ ja ważę mniej niż czterdzieści. Wybrałam Niuatoputapu nie tylko z jego powodu i z powodu ciepła, lecz także dlatego, że muzułmanie nigdy się tam nie pojawiają. Tak samo komuniści-miliarderzy, szejkowie, simonetty i tak dalej. Dotarcie tam nastręcza tylu kłopotów, że z trudem jest w stanie tego dokonać nawet „National Geographic". A ponadto Jego

Wysokość Taufaahau Tupon IV to chrześcijanin-protestant, jeśli mu coś napomkniesz o Umiarkowanym Islamie, wpada we wściekłość tak samo jak ja, i z pewnością udzieliłby mi azylu politycznego. Po raz drugi spakowałam walizki. Byłam wreszcie gotowa wywiesić białą flagę i odczuwałam ogromną ulgę. Alleluja, alleluja: już nie będę więcej czytać manifestów popierających przyznanie obywatelstwa i rozpowszechnianych jako „fundementalne-dokumenty". Nie będę więcej słuchać prezydenckich „przyjeżdżajcie-przyjeżdżajcie-bardzo-was-potrzebujemy". A już zwłaszcza nie będę słuchać podziękowań składanych przez porwanych na ręce porywaczy, którzy w zamian za milion dolarów nie podrzynają ci gardła, a nawet ofiarowują Koran, diszdaszę i karmelki. Nie będę więcej słuchać gadaniny o profesorach odrzuconych przez laickich bigotów, ponieważ zgodnie ze swym sumieniem uważają, że homoseksualizm jest grzechem. A już szczególnie nie będę słyszeć o dzieciach adoptowanych przez dwóch tatusiów albo przez dwie mamusie i dorastających w przekonaniu, że rodzimy się z dwóch osób tej samej płci. Jednakże kiedy już szykowałam się do drogi, zmieniłam zdanie...

... z powodu wielkiej pompy w Sali Horacjuszy i Kuriacjuszy, czyli na Kapitolu: uroczystości złożenia dwudzie-

stu pięciu podpisów pod tak zwanym Traktatem Rzymskim, czyli tekstem tak zwanej Konstytucji Europejskiej, która nie mówi, kim jesteśmy i gdzie są nasze korzenie.

No właśnie... I w miejsce dwóch tysięcy lat Historii osadzonej w korzeniach, które znamy, pojawia się coś, co Pera nazywa „Europą bez duszy". Jak zwykle to samo zarozumiałe pustosłowie pod płaszczykiem wielkiej celebry i pięknych kłamstewek. Ci sami co zawsze kalifowie w krawatach, ci sami wezyrowie w niebieskich dwurzędówkach, marionetkarze Superpaństwa, które, jak piszę w uzupełnieniu do *Wściekłości i Dumy*, chce władać Supernarodem i zaprząc Superojczyznę w służbę Bestii. A tymczasem prezydent Republiki mówi: „Rodzi się Europa, o której marzyłem". Nie przywiązałam jednak uwagi do tego przedstawienia. Była tylko z góry znaną farsą, bzdurą łatwą do przewidzenia. O wiele bardziej zaniepokoił mnie bin Laden, który dwadzieścia cztery godziny później, wystrojony jak jakiś sułtan, już nie bojownik w barwach maskujących, lecz siwobrody mąż stanu, pojawił się powtórnie, aby wygłosić do Amerykanów tę nieoczekiwaną, transmitowaną przez telewizję przemowę. Aby przeczytać pismo, w którym ostrzegał, żeby nie głosowali na Busha, gdyż w przeciwnym razie znowu będą musieli drogo zapłacić. „Mówię wam, jak uniknąć drugiego Manhattanu. Mówię do was, aby wam przekazać, że kontynuacja jego polityki spowoduje powtórzenie się wypadku (sic), który miał miejsce Jedenastego Września". A później: „Powody, które skłoniły nas do zaplanowania tego, co zdarzyło się Jedenastego Września, sięgają roku 1982, kiedy Ameryka pozwoliła na inwazję na Liban, powodując śmierć i upadek naszych braci Palestyńczyków. Zburzyli wieże w Libanie, powiedzieliśmy sobie, więc my zniszczymy wieże w Ameryce". A później: „Bush junior jest przy władzy jako spadkobierca swojego ojca i został wybrany dzięki oszustwom wyborczym na Florydzie. Dziwię się wam, którzy tego nie rozumiecie. Trzy lata minęły od Jedenastego Września, wchodzimy w czwarty rok, a Bush wciąż was okłamuje, ciągle wam kłamie. A więc nadal istnieją powody, aby powtórzyć to, co się zdarzyło". I wreszcie: „Rozkazałem Attahowi dokonać wszystkich ataków w ciągu dwudziestu minut, ale lenistwo waszych generałów i waszego Zwierzchnika Sił Zbrojnych dało nam o wiele więcej czasu, zapewniając całkowite powodzenie".

Naprawdę tak to Panią zaniepokoiło?

Zaparło mi dech w piersiach. Nie był to, widzi Pani, Hitler, który piszczy w mundurze jak histeryczny szaleniec do tłumów zgromadzonych na Alexanderplatz. Nie był to Mussolini, który z piersią obwieszoną medalami i z rękoma wspartymi pod boki jak jakaś praczka wywrzaskuje głupoty z balkonu Pałacu Weneckiego. Był to pan, który w białej dżelabie, w białym turbanie, w płaszczu obszytym złotem mówił spokojnym głosem z ekranu telewizora. Spokojny głos, łagodne gesty, obojętny ton, pewny siebie. A co więcej, biała broda, która dodawała mu dwa razy tyle dostojeństwa, dziwnie biała, zważywszy, że on ma dopiero czterdzieści siedem lat. Dostojeństwa, a właściwie majestatu. Przypominał Chomeiniego, jakkolwiek Chomeini był bardziej nieokrzesany. Bardziej z tego świata. I pomijając nawet drugie oblicze naziislamizmu, czyli barbarzyńskie oblicze jego rzeźników, jego obcinaczy głów, jego okrutników, którzy rozrąbują na kawałki trupy, a potem je wystawiają na pokaz jak trofea, dostrzegłam w bin Ladenie coś naprawdę apokaliptycznego. A także coś, co przywiodło mi na myśl zdarzenie, o którym mówiłyśmy minionego lata i o którym minionego lata postanowiłyśmy nie wspominać w wywiadzie, ponieważ obawiałyśmy się, że jesteśmy w błędzie. Jednakże sprawa ta wypłynęła we fragmencie, w którym odpowiadam na pytanie „czy-miałaby-Pani-ochotę-na-wywiad-z-bin-Ladenem". Mówię o młodzieńcu, którego w lipcu 1982 roku spotkałyśmy w Bejrucie. O tym niewiarygodnie wysokim i pełnym godności człowieku, który odziany w śnieżnobiałą dżelabę kroczył powoli przez hall wielkiego hotelu, gdzie dopiero co zamieszkałyśmy, i który kilka razy okrążył nasz fotel, rzucając nam uporczywe, nieprzychylne spojrzenie. A nawet wrogie. Tak że zadałyśmy sobie pytanie, czy wie, kim jesteśmy, czy ma nam za złe sposób, w jaki przeprowadziłyśmy wywiad z Chomeinim, albo jest nieprzyjazny z powodu tych głupstw, które Chomeini powiedział o mnie na wideo z Kom. I ogarnięte dziwnym uczuciem niepokoju odeszłyśmy... Niech Pani zwróci uwagę, że choć dziwne uczucie niepokoju towarzyszyło mi za każdym razem, kiedy go widziałam w telewizji, i choć za każdym razem zadawałam sobie pytanie, czy to ten sam człowiek, którego spotkałyśmy w Bejrucie, przez trzy lata nigdy nie chciałam odpowiedzieć sobie „tak". Ta historia wydawała się za bardzo spod znaku płaszcza i szpady, była zbyt niewiarygodna. A jednak tamtego wieczoru, gdy telewizja wyemitowała jego przemowę i kiedy powiedział o wieżach zniszczonych w Libanie, czyli w Bejrucie w roku 1982, zastanowiłam się. W Bejrucie nie było wież. Nie było niczego, co przypominałoby Dwie Wieże... Były natomiast wielkie wieżowce, i w lipcu 1982 roku jeden z nich został zniszczony przez izraelskie samoloty bombą lotniczą. Pamiętam dobrze. A kiedy runął, pochłonął sam siebie zupełnie jak Dwie Wieże. Połknął sam siebie, a także czterysta czy pięćset osób, które znajdowały się wewnątrz, a potem, gdy zobaczyłam, co z niego pozostało, zadrżałam. Ocalał jedynie szczyt najwyższego piętra. Ogromna betonowa płyta, która tkwiła nad otchłanią jak pokrywka słoika. Czy on także to widział? Czy on także znajdował się wtedy w Bejrucie? W 1982 roku bin Laden miał dwadzieścia pięć lat i nie był już playboyem ubranym na zachodnią modłę. Jego przemiana już się dokonała. Walczył w Afganistanie, ale opuszczał jego granice, kiedy tylko przychodziła mu ochota. Miał na pieńku z Amerykanami i... Dobrze mu się przyjrzałam. Młodzieniec, który w hotelowym salonie rzucił mi uporczywe, nieprzyjazne, a nawet wrogie spojrzenie, miał krótką czarną brodę. Miał gładkie policzki, świeżość młodości. Ale rysy były identyczne. Ten sam niepowtarzalny nos, te same niepowtarzalne usta. I przede wszystkim te same oczy. Oczy nieruchome, surowe i jednocześnie pełne smutku. Może też łagodne. To samo dostojeństwo, spokój ruchów, pewność siebie. Co do głosu, nie wiem. Nie odezwał się, jak Pani pamięta, a całe nasze nieme spotkanie trwało nie więcej niż dwie minuty. Ale wie Pani, co chcę powiedzieć? To był bin Laden.

Ja też tak myślę. A teraz trzeba tylko zadać sobie pytanie, z jakiego powodu aż do dziś nie chciałyśmy tego przyznać nawet przed samymi sobą. Nigdy nie chciałyśmy w to wierzyć, nigdy nie chciałyśmy potwierdzić, że to był on. Dlaczego?

Ponieważ ujrzałyśmy Diabła. Widziałyśmy Szatana, Bestię o siedmiu głowach i dziesięciu rogach, o której mówi Jan Ewangelista. I dlatego, że wzbudził w nas lęk. Wielki lęk.

Bała się Pani także w tamten wieczór, gdy telewizja wyemitowała jego przemowę?

Nie. Wręcz przeciwnie. Postawiłam walizki na ziemi. Zrozumiałam, że nie jest słuszne wyjeżdżać do Niuatopotapu, prosić o azyl polityczny Jego Wysokość Taufaahau Tupona IV, wywieszać białą flagę, uciekać. I chociaż byłam bardzo znużona, nieprawdopodobnie znużona, zostałam.

A kiedy to znużenie zaczęło mijać?

Kiedy w Amsterdamie marokański naturalizowany Holender Muhammad Bouyeri zamordował reżysera Theo van Gogha, winnego nakręcenia krótkometrażowego filmu na temat zniewolenia kobiet w Islamie. Bardzo boleśnie ugodziło mnie zamordowanie Theo van Gogha, owszem. Ugodziło mnie tak, że szczegóły podane przez prasę wsączyły mi się do mózgu z siłą trucizny i mogę je relacjonować, jakbym widziała je na własne oczy. Jest ranek 2 listopada, to ważny dzień, ponieważ 2 listopada w Ameryce odbywają się wybory i również w Europie wszyscy wstrzymują oddech: wygra Kerry, czy Bush? Być może to pytanie zadaje sobie także Theo van Gogh. I z tym pytaniem wychodzi z domu, jak zawsze gubi ochronę, którą narzuciła mu policja i której on nie chce, ponieważ uważa, że nie jest mu potrzebna. Nie jest przecież żadną ważną osobistością, jakkolwiek jego przodkiem był wielki malarz. Jest zwykłym obywatelem, dobrodusznym, niewylewającym za kołnierz Holendrem, który zadarł z obcinaczami głów i intruzami, którzy przywłaszczyli sobie ten kraj, począwszy od jego miasta. Nie wydał przecież ustawy, na mocy której wypędzono by ich z Holandii jak Żydów Mojżesza z Egiptu. Z pomocą Ajjan Hirsi Ali, pięknej parlamentarzystki o somalijskich korzeniach, która napisała scenariusz, nakręcił zaledwie skromny dokument, aby bronić upokarzanych i niewolonych muzułmanek. I za to oni mu grożą, tak. Telefony, listy. Islam-cię-ukarze-Żołnierzu-Zła, i tak dalej, i tak dalej. Ale on nie uważa, że należy brać to wszystko na poważnie. Policja przesadza. Poza tym nie mieszka przecież w Bagdadzie. Mieszka w Amsterdamie. I ze swoją beztroską miną, ze swoją twarzą wesołka wskakuje na siodełko roweru. W Amsterdamie wszyscy jeżdżą na rowerach. Szczęśliwy, że zmylił ochronę, jedzie w stronę centrum i pedałuje w kierunku Linnaeusstraat, drogi biegnącej przez park. A tu jest ktoś, kto na niego czeka. Ktoś, kto już od dłuższego czasu za nim chodzi, śledzi go i zna jego przyzwyczajenia. To marokański naturalizowany Holender, ten ktoś. Nazywa się Muhammad Bouyeri. Ma dwadzieścia sześć lat, tutaj się urodził. Tutaj chodził do szkoły podstawowej, tutaj skończył liceum, o czym w Maroku mógłby tylko pomarzyć, a po liceum studiował informatykę. Mieszka ze swoją rodziną. Z trzema młodszymi braćmi i ojcem. Matka nie żyje. Do niedawna mieszkała z nimi także jego siostra. Ale zaszła w ciążę i ojciec wygonił ją, wrzeszcząc, że to naprawdę łagodna kara. Właśnie w tym tygodniu w Iranie trzynastoletnia dziewczynka została ukamienowana, ponieważ jej brat ją zgwałcił i zrobił jej dziecko. Ale ojciec jest „zasymilowany". „Umiarkowany" i „zasymilowany". Jeszcze trzy lata wcześniej pozwalał nawet, żeby Muhammad pił piwo, chodził do nocnych klubów i ubierał się jak ludzie Zachodu. Mówię „trzy lata wcześniej", ponieważ przed trzema laty zdarzyła się rzecz, którą nazywamy Jedenastym Września, i Muhammad się zmienił. Przestał pić piwo, przestał się ubierać jak ludzie Zachodu, zapuścił brodę i zamiast do nocnych klubów zaczął chodzić do meczetu El Tawheed, gdzie (niespodzianka, niespodzianka) imam grzmi przeciwko chrześcijanom. Mówi, że mają być zabijani, paleni, ponieważ żydów i chrześcijan trzeba traktować jak „drewno na opał". Jeśli natomiast są homoseksualistami, mają być wyrzucani przez okno z najwyższego piętra. I słysząc te rzeczy, Muhammad stał się bardzo religijny. Sporządził nawet testament uczestnika Świętej Wojny, czyli dołączył do szeregów młodych muzułmanów, którzy także w Europie są gotowi robić to, co kamikadze robią w Iraku i Izraelu albo gdzie nadarzy się sposobność. Testament jest świstkiem papieru zapisanym odręcznie po arabsku i po holendersku. Muhammad pisze w nim: „Utońcie we własnej krwi! Oto moje ostatnie słowa przeszyte kulami". Muhammad Bouyeri nosi zawsze przy sobie ten idiotyczny testament. Ale, jak się wydaje, nie jest sam. Zarządca meczetu Al Owna, meczetu o największym znaczeniu w Amsterdamie, mówi: „Tak, wśród młodych muzułmanów tego miasta powołanie do męczeństwa jest bardzo rozpowszechnione". (Może właśnie to mają na myśli nasi tęczowi autorzy wstępniaków, kiedy piszą w swoich gazetach: „Od Rzymu po Londyn, od Paryża po Berlin miasta europejskie to żywotny tygiel wielokulturowości".) Mogę kontynuować?

Proszę, proszę.

Muhammad Bouyeri ma dziś na sobie brązową dżelabę i czarny płaszcz. Pod płaszczem naładowaną broń, niewielki sztylet i list zaadresowany do parlamentarzystki o somalijskich korzeniach, która swoim odważnym scenariuszem pomogła Theo van Goghowi nakręcić jego krótkometrażowy film. Pięciostronicowy list, który zaczyna się tak. „Szanowna pani Hirsi Ali! Od kiedy pojawiła się Pani na holenderskiej scenie politycznej, prześladuje Pani bez wytchnienia muzułmanów i Islam. A jako ateistka i liberał, porzucając wiarę, nie tylko odwróciła się Pani od Islamu: weszła Pani w szeregi Żołnierzy Zła. Właśnie za to została Pani wynagrodzona miejscem w Parlamencie, czyż nie?". A potem, powołując się na przerażające sury 80 i 81: „Pani Hirsi Ali, swoimi nikczemnościami wprawiła Pani w ruch bumerang, który wcześniej niż się Pani spostrzeże, przypieczętuje Pani los. Śmierć, pani Hirsi Ali, jest wspólnym mianownikiem wszystkiego, co żyje. Dla Żołnierzy Zła nadejdzie dzień straszliwych tortur i cierpień, mówi Księga. Będzie to dzień, w którym przeraźliwe wrzaski wydobędą się z ich płuc i cały świat napełni się Strachem. Jako niewierząca nie uwierzy mi Pani. Pomyśli Pani, że chodzi tu o wymyśloną historię, wyjętą z Księgi. A jednak przysięgam na moje życie, że kiedy czyta Pani te słowa, Pani ciało pokrywa się potem. Potem Strachu. Ajjan Hirsi Ali! Islam cię zniszczy! I dzięki krwi swoich męczenników Islam zatryumfuje! Swoim mieczem zagoni zło do zatęchłych nor i swoim światłem oświetli każdy ciemny zakątek Ziemi. Wojna, którą wydaliśmy, jest inna niż wcześniejsze. Żadnych rozmów, żadnych demonstracji, żadnych defilad, żadnych petycji na naszej wojnie. My wiemy, że jedynie Śmierć oddziela Prawdę od Kłamstwa". Wreszcie pięć akapitów wielkimi literami: „Jestem przekonany, Ameryko, że zginiesz. Jestem przekonany, Europo, że zginiesz. Jestem przekonany, Holandio, że zginiesz. Jestem przekonany, Ajjan Hirsi Ali, że zginiesz. Wszyscy umrzecie, niewierni". Ale Theo van Gogh tego nie wie. A nie wiedząc, dociera do Linnaeusstraat i dopiero wtedy rozumie, że popełnił głupstwo, wyprowadzając w pole ochronę, kiedy jest już za późno, aby skręcić albo przyspieszyć. Czyli wtedy, kiedy Muhammad Bouyeri wychodzi zza rogu i mierzy ze swojej broni. „Nie rób tego, nie rób tego!", woła przerażony Theo van Gogh. Woła tak również pewna pani na rowerze, znajdująca się o kilka kroków od niego. „Nie rób tego, nie rób tego!" Ale Muhammad Bouyeri oczywiście strzela. I dziewięć kul oprócz jednej, która lekko rani panią na rowerze, znika w ciele niewiernego. Potem Muhammad Bouyeri wkłada z powrotem broń do kieszeni. Wyjmuje niewielki sztylet, podchodzi do Thea, który dogorywa wyciągnięty na chodniku, i podrzyna mu gardło. Dokładnie tak, jak to robią w Bagdadzie. A po poderżnięciu gardła przebija mu wiele razy klatkę piersiową, potem zaś zabiera również sztylet. Wyjmuje z innej kieszeni pięć kartek, list do Ajjan Hirsi Ali, i po zrobieniu dziury na wysokości pępka przygwożdża je do brzucha Thea. Ze spokojem, opowiada lekko ranna kobieta. Precyzyjnie. Mogę kontynuować?

Proszę...

Po dokonaniu aresztowania policja stwierdziła, że Muhammad Bouyeri nie jest ani szaleńcem, ani odludkiem. Nie działał ani na zasadzie impulsu, ani z własnej inicjatywy, krótko mówiąc: przeciwko van Goghowi została wydana fatwa, a do jej wydania przyczyniła się grupa powiązana z Al-Kaidą. Podczas strzelaniny, w której trzech policjantów zostało ciężko rannych, zatrzymano sześciu członków tej grupy. I bez dłuższej namowy przyznali oni, że brali udział, choć oczywiście niebezpośrednio, w tej operacji. (Morderstwo nazywali „operacją".) Wszyscy są Marokańczykami. W Holandii żyje trzysta tysięcy Marokańczyków. Żyje tu też prawie tyle samo Turków, w sumie muzułmanów jest milion, a proszę zauważyć, że Holandia ma tylko szesnaście milionów mieszkańców. Proszę także zauważyć, że muzułmanie zaczęli tu przyjeżdżać w latach sześćdziesiątych, czyli wtedy, kiedy w kraju było tylko pięć meczetów. W latach siedemdziesiątych meczetów było już trzydzieści, w latach osiemdziesiątych zrobiło się ich dwieście pięćdziesiąt, a dziś jest czterysta czterdzieści sześć. A poza tym proszę zauważyć, że spora część muzułmanów przyjęła obywatelstwo holenderskie, że wszyscy oni mają prawa Holendrów. Doprawdy, Holandia jest bardzo liberalna, bardzo tolerancyjna. To kraj Barucha Spinozy: człowieka, filozofa, który dał podwaliny pod najbardziej liberalną demokrację, jaka istnieje w Europie. Holandia jest tak liberalna, że kiedy jakiś imigrant zostaje aresztowany, rząd zakazuje prasie podania jego narodowości i nazwiska. (Zazwyczaj także imienia i chwała Bogu, jeśli wyjawią ci inicjały.) Zarówno gdy rzecz dotyczy kogoś, kto ma jedynie pozwolenie na pobyt, jak i kogoś, kto jest naturalizowany. „Podanie do wiadomości, że przestępstwo zostało popełnione przez Marokańczyka, Algierczyka albo Nigeryjczyka nie przysłużyłoby się idei wielokulturowości", twierdzi ultratolerancyjny burmistrz Amsterdamu. A jednak muzułmanie nie kochają Holendrów. Niedawno przeprowadzony sondaż pokazał czarno na białym, że 78% muzułmanów uważa ich za „zdeprawowanych". I tak oto żyją sobie na ich koszt w gettach, które zbudowali, aby uniknąć zarażenia się „zachodnią antykulturą”. Nie zapominajmy, że 6 maja 2002 roku w Holandii został zamordowany inny Holender, który, zwróćmy uwagę, nie podobał się muzułmanom. Nazywał się Pim Fortuyn. Był politykiem odnoszącym wielkie sukcesy i stworzył kampanię przeciwko imigracji. W wyborach administracyjnych w Rotterdamie otrzymał dzięki temu 34% poparcia i wszyscy uważali, że wygra też wybory polityczne. Zabójcą Pima Fortuyna był holenderski obrońca zwierząt i ekolog. Niemuzułmanin. Ale nikomu nie przyszło na myśl, że zabójcę mógł nakłonić do zbrodni muzułmanin. Dziwne. Równie dziwne co fakt, że nikt nigdy nie mówi, jak zginął Bob Kennedy. Zginął zabity przez pewnego muzułmanina, który nazywał się Siran Siran, pamięta Pani? Muzułmanina, który jeszcze dziś (został skazany na dożywocie) mówi, że zabił go, ponieważ był przyjacielem Żydów. A będąc nim, szkodził sprawie palestyńskiej. I na tym koniec. Zmieniamy temat.

Tak, pomówmy o spektakularnym zwycięstwie znienawidzonego Busha. Jak Pani sądzi, czemu je zawdzięczamy?

Mam pewną teorię na temat tego zwycięstwa, która wyda się Pani dziwaczna. Ale kto zna Amerykanów, jak znam ich ja, weźmie ją na poważnie. Nie sądzę, aby Bush wygrał wybory dlatego, że był kandydatem dużo bardziej przekonującym od Kerry'ego. Albo dlatego, że był bardziej spójny i zwyczajnie zdecydowany wygrać wojnę wypowiedzianą przez bin Ladena. Wojnę, w którą wierzy, tak jak wierzy w nią większość Amerykanów. Żeby wygrać wojnę (i wiele innych spraw), trzeba w nią wierzyć. Amerykanie przegrali wojnę w Wietnamie, ponieważ w nią nie wierzyli. Wietnamczycy wygrali, ponieważ oni wierzyli. Nie uważam także, że Bush zwyciężył, ponieważ Ameryka Boga-Ojczyzny-Rodziny jest silniejsza od Ameryki w opozycji wobec tych wartości (zakładając, że jest w niej rzeczywiście). Uważam, że Bush wygrał dzięki przemówieniu telewizyjnemu bin Ladena. Sam pomysł zwrócenia się do Amerykanów, aby przekonać ich, że Jedenasty Września wymyślił i zaplanował on, a potem powiedzenia im, że nie powinni głosować na Busha, bo jeśli go wybiorą, to zarobią następny Jedenasty Września, był zbyt prowokacyjny, zbyt arogancki. Naród, który nie jest narodem idiotów, naród, który jest narodem pełnym dumy, nie mógł zrobić nic innego, jak tylko postąpić przeciwnie niż nakazywał im ten dyktat. Nigdy nie dyktujcie warunków Amerykanom. Nigdy. Ten naród się wtedy rozwścieczа, rozsierdza. Pamięta, że rozpętał Wojnę o Niepodległość, Rewolucję Amerykańską, że przemienił garstkę małych kolonii w najpotężniejsze państwo świata, i czyni dokładnie na odwrót. Ci ludzie to nawet nie lud, to stany. Prawdziwy naród. Rolników z Ohio, z Missouri, z Oklahomy. Kowbojów z Teksasu, górali z Idaho i z Montany, rybaków z Florydy i Luizjany. Naród, którego nie znajdziesz w Nowym Jorku, nie znajdziesz w miastach odwiedzanych przez turystów, ponieważ żyje na wsi. Na przykład na bezkresnych równinach, gdzie zboże sieje się z samolotów, ale chłop, który je sieje, pozostaje chłopem, spadkobiercą pionierów, człowiekiem (mężczyzną albo kobietą) wojowniczym i dumnym. I trzeba do tego dodać fakt, że Amerykanie mają dobrą pamięć. Tak jak nigdy nie zapomnieli podłości popełnionej przez Japończyków w Pearl Harbor i nigdy jej nie zapomną, tak samo nie zapomnieli Jedenastego Września. I nigdy go nie zapomną. A kiedy zobaczyłam Bestię, która przebrana za sułtana mówiła, co mówiła, wykrzyknęłam: „Cóż za prezent dla Busha!". Potem pomyślałam: „bin Laden jest zbyt inteligentny, aby nie wiedzieć, że robi mu ten prezent. Co znowu knuje, jaką chce nam podłożyć świnię? Bombę atomową?". Pomyślałam też o Amerykanach, którzy na niego patrzyli i go słuchali. Wydało mi się, że słyszę ich wrzaski. „You fucking bastard! Ty pieprzony draniu, używasz pieprzonej telewizji, żeby mi mówić, co mam robić w moim domu, a w dodatku mi grozisz?!? I'll show you, ja ci pokażę, kto rządzi w moim domu. A rządzę tu ja, fucking bastard". I w tych wyborach zagłosowali także ci, którzy nie głosowaliby w innych okolicznościach. Którzy zwykle nie chodzą do urn wyborczych. (W Ameryce oddanie głosu to nieznośna męczarnia. Ponieważ karty wyborczej nie przesyłają ci do domu: żeby ją otrzymać, musisz wpisać się na listę wyborców, iść ją odebrać i jeszcze za nią zapłacić. To czyni twój głos więcej wartym z psychologicznego i moralnego punktu widzenia, ale poza tym jest straszliwą stratą czasu.) Och, tak: po to, by zrobić na złość bin Ladenowi, tylu Amerykanów ilu nigdy wcześniej poszło tym razem głosować. Po to, by zbuntować się przeciw jego prowokacji, stali całymi godzinami w kolejkach do lokali wyborczych i zagłosowali na Busha, dali mu większe poparcie niż w roku 1789 Jerzemu Waszyngtonowi. Och, jakim wspaniałym narodem jest naród amerykański, kiedy tylko chce! I jaki nam daje przykład!

A jak Pani przyjęła to zwycięstwo?

Bardzo mnie ono rozbawiło. Ubawiło do łez. Przede wszystkim z powodu prasy, która rozpaczliwie pragnęła porażki Busha i rozpaczliwie w nią wierzyła. Nie wyciągała wniosków, a uczepiwszy się kurczowo prognoz, Politycznie Poprawni ogłosili, że Kerry wygrywa. W tym także „Corriere della Sera". W połowie Włoch „Corriere" ukazał się z informacją, że Kerry wygrywa także na Florydzie i w Ohio, dwóch stanach, gdzie, nie wiedzieć czemu, wyborcy zawsze trafiają w sedno. Zawsze głosują na kandydata, który będzie zwycięzcą. Nie wspominając o słynnej już wpadce „Manifesto", który na całą stronę dał złośliwy tytuł „Good Morning America" i fotografię Kerry'ego z palcami wyciągniętymi w geście zwycięstwa. Jedynie „Foglio" potrafił się znaleźć. Dobrze wiedząc, że szczęście sprzyja śmiałkom i mimo że umieścił zdjęcie „Chicago Tribune", gazety, która w roku 1947 ogłosiła porażkę Trumana zamiast Deweya, miał odwagę wydrukować wiadomość o zwycięstwie, zanim sam Bush został o nim poinformowany... Drugą część zabawy zapewnili mi politycy Centrolewicy, którzy z niepohamowanym zapałem popierali sprawę Kerry'ego, tak że po zwycięstwie Busha nie wiedzieli, jak ratować twarz. A najbardziej radosny wybuch śmiechu wyzwolił u mnie biedny Mortadela, który Busha zawsze szkalował za plecami i obrzucał obelgami. „To byłaby tragedia, gdyby wygrał! Prawdziwa tra-ge-dia!" Ale później pierwszy mu gratulował, oddawał głębokie pokłony: „Cieszę się gorąco z powodu ponownego zwycięstwa prezydenta Busha w wyborach, których przebieg nie był łatwy, a wynik prosty do przewidzenia. Prezydent Bush rządził krajem w najbardziej dramatycznym momencie (sic) jego Historii, stawiając czoło dramatycznemu (sic) atakowi terroryzmu...". (Ani śladu, naturalnie, słowa „islamskiego".) A co do Kerry'ego, cóż: zasłużył na cichutki śmieszek. Pomijając wszystko inne, jako karę za to, co powiedział o naszych żołnierzach, poruszając kwestię Iraku. Powiedział: „Stan irackiego wojska był tak opłakany, że nawet włoska armia mogła mu dokopać". Ale nie chciałam się pastwić. Tak czy inaczej byłam zadowolona, owszem, że zwyciężył Bush. A z Bushem jego żona Laura, która bardzo przypomina naszą mamę. Tego dnia rozpakowałam ostatecznie walizki ustawione na podłodze i więcej już nie myślałam o Niuatoputapu.

A jednak minionego lata powiedziała Pani, że Bush nie jest orłem.

Nie, nie jest. Ale czasami trzeba się zadowolić wróblem w garści. I wie Pani, co jeszcze? Nigdy nie podobało mi się nic z tego, co mówi Kissinger, i wraz z Panią tamtego lata dałam mu popalić, jak na to zasługiwał. Ale kiedy spotkałam się z nim w Białym Domu, żeby ustalić termin sławetnego wywiadu, powiedział mi pewną rzecz, nad którą należy się zastanowić. Powiedział: „Przywódca nie musi być inteligentny. Musi być silny, zdecydowany, energiczny. Przywódcy nic nie daje bycie geniuszem. Służy mu bycie rezolutnym, zdeterminowanym. Kiedy trzeba, upartym". Cóż, moim zdaniem Bush jest taki bardziej niż się wydaje. Nawet jeśli nie jest orłem. Mimo swoich błędów stawiał i stawia czoło Bestii, a poza Blairem nie widzę nikogo na Zachodzie, kto by jak on owego Zachodu bronił.

A kiedy zwalczyła Pani znużenie duszy, które wywołało chęć poddania się? Kiedy w pełni wróciła Pani do siebie?

Kiedy zdarzyło się to, co miało miejsce przy okazji śmierci Arafata. Kiedy pewna część Włochów uderzyła w lament z powodu Arafata, oddała się apoteozie Arafata. Jakby co najmniej umarł Garibaldi. Nie umarł Garibaldi. Umarł terrorysta, a ściślej ojciec terroryzmu: ten, który porywając samoloty i przeprowadzając ataki na lotniska oraz statki, przywlókł terroryzm również do Włoch. Umarł człowiek, który siał jedynie zło i uczył zło zasiewać. Który z winy swojej małoduszności, swojej nędzy moralnej roztrwonił wszystkie okazje ofiarowania przyszłości swojemu narodowi, jakie dała mu Historia. Proszę pomyśleć o Camp David, gdzie w pewnym momencie Barak ogłosił, że jest gotów do rozmów na temat Jerozolimy, ale on, jak zawsze w tym swoim pieprzonym mundurze, zaczął stroić fochy: nie-Jerozolimę-chcę-całą-dla-mnie. Umarł człowiek bez zasad. Człowiek, który potrafił czynić użytek jedynie z ładunków wybuchowych i karabinów; który swoich ludzi potrafił jedynie wysyłać na śmierć. Po to, by zabijali i byli zabijani. Który zawsze trzymał swój naród w ubóstwie, w ciemnocie, w deprawacji, w gównie. I który tymczasem sam pławił się w bogactwie. W bogactwie przyprawiającym o zawrót głowy. Droga przyjaciółko, Śmierć nie przekreśla niczyich win. Ten, kto mówi dobrze o zmarłych tylko dlatego, że nie żyją, denerwuje mnie tak samo jak księża, którzy wierzą, że jednym *ego-te-absolvo-in-extremis* zmazują grzechy popełniane przez całe życie. A więc nazwijmy rzeczy po imieniu: Arafat nie pozostawił po sobie nic poza swoim osobistym majątkiem. Krezusowym bogactwem, z którego powodu, jeszcze przed uroczystościami pogrzebowymi, przywódcy palestyńscy wzięli się za łby z Suhą: blondwłosą czy też ufarbowaną żoną. „Gadaj, co wiesz. Te pieniądze należą do narodu palestyńskiego". „Nie, należą do mnie. To mnie je zostawił". „Nie wygłupiaj się. To majątek Palestyny". „Nie, to mój majątek. Żoną byłam ja". Zawierzając czasopismu „Forbes", ubiegłego lata powiedziałam, że jego osobisty majątek opiewał na dwieście milionów dolarów, czyli na czterysta miliardów dawnych włoskich lirów. Pomyłka. Było tego dużo więcej. „New York Post" utrzymuje, że ponad siedemset milionów dolarów. „Maariv International", że ponad miliard trzysta milionów dolarów. Zebranych na kontach na fałszywe nazwiska i zabezpieczonych szyframi w bankach Szwajcarii, Francji, Ameryki, Emiratów i jeden Bóg wie, ilu innych krajów. Zainwestowanych w domy, firmy, przedsiębiorstwa wszelkiego typu. Na przykład w linie lotnicze z Malediwów, w firmę wysyłkową z Grecji, w afrykańską kopalnię diamentów, w plantację bananów nie mam pojęcia gdzie. Jak do nich doszedł? Po pierwsze, dzięki środkom wypłaconym przez Saudyjską Rodzinę Królewską rękoma ówczesnego ministra od ropy Zakiego Jamaniego. Następnie, dzięki Emiratom i takim instytucjom, jak Unia Europejska. Dzięki nam, podatnikom, warto tu nadmienić. Już w roku 1972, kiedy przeprowadzałam z nim wywiad w Ammanie, jego pazerność oburzyła mnie tak bardzo, że Faruka el-Kaddumiego (tego, który stoi dziś na czele Organizacji Wyzwolenia Palestyny) zapytałam w zaufaniu: „Ale dlaczego go trzymacie, czemu go znosicie?!?" I Faruk el-Kaddumi, człowiek bardzo inteligentny, terrorysta jak pozostali, owszem, ale inteligentny, odpowiedział: „Ponieważ ma pieniądze. To on trzyma kasę". Potem potarł palcem wskazującym kciuk prawej dłoni i puścił do mnie oko. (Nigdy wcześniej tego nie opowiadałam, ponieważ nie chciałam narazić el-Kaddumiego na zemstę Laureata Pokojowej Nagrody Nobla.) Mogę kontynuować?

Proszę, proszę.

A w ogóle, jaki Laureat Pokojowej Nagrody Nobla! Dzięki niemu Palestyna, Kwestia Palestyńska stała się maszynką do drukowania pieniędzy. Któż może to wiedzieć lepiej od niego, który odprawił Suhę ładną sumką dwudziestu milionów dolarów, pensją trzydziestu pięciu tysięcy dolarów miesięcznie i rozmaitymi nieruchomościami zapisanymi na jej nazwisko. Między innymi willą na przedmieściach Paryża. A są to błahostki, zdaję sobie z tego sprawę, w porównaniu z kwotą stu tysięcy dolarów, jaką co miesiąc król Midas wyławiał z budżetu Autonomii Palestyńskiej, aby wysyłać ją małżonce, która go rzuciła, by zamieszkać w Paryżu. Faktem jest, że nikt nigdy nie zdoła odzyskać w całości tego majątku, a wie Pani, dlaczego? Dlatego, że najściślej utajnione kody znał jedynie on i nikt więcej. Znał je na pamięć. I kiedy utracił świadomość, oni także zostali na lodzie. Ach! Potrzeba nam Szekspira, by jak się godzi opowiedział o nędznej śmierci Arafata. O tej śpiączce niemającej końca. O rurkach, które trzymały go przy życiu tylko po to, żeby dać czas wrogom Suhy na uporanie się z potyczką o pieniądze. Ale czy wie Pani, co jest najbardziej tragiczne w całej tej historii? Mózg Arafata, który gaśnie, a gasnąc, zabiera ze sobą wszystkie tajne numery, wszystkie fałszywe nazwiska, wszystkie kody, które znał tylko on. A za każdym numerem, za każdym nazwiskiem, za każdym kodem ciągnie się cały zastęp umarłych. Istot, które zabił albo kazał zabić. Izraelczyków, Palestyńczyków, Włochów, Anglików, Francuzów, Amerykanów... A jednak nie to kazało mi zwalczyć znużenie, wrócić do siebie.

A zatem cóż takiego?

Patrzenie na morze łez, jakie Włochy nad nim wylewały. A także apoteoza, którą zafundował mu Parlament, kiedy na sam dźwięk nazwiska Arafata wszyscy zerwali się na równe nogi, klaszcząc, jakby naprawdę mowa była o Garibaldim. A potem uroczystości pogrzebowe w Egipcie. Ponieważ zamiast zbojkotować uroczystości pogrzebowe człowieka, który terroryzm przywlókł nawet do naszego domu, Pałac Chigich i Kwirynał, i Wiminał, i Farnesina zatroszczyły się jedynie o wysłanie tam osoby, która będzie oficjalnie reprezentować Italię. I na oficjalnego reprezentanta Italii wybrano drugą osobę w Państwie, czyli marszałka Senatu, który nie miał z tym wszystkim nic wspólnego. Który nigdy nie był (chwała Bogu) piewcą Arafata i w konsekwencji wcale nie chciał tam jechać. Nie-powiedziałem-że-nie. Ale zamiast obstawać przy mówieniu nie-powiedziałem-że-nie, w końcu dał się przekonać.

Podobno Prezydentowi Republiki ogromnie na tym zależało. A nie mogąc (czy nie śmiejąc) pojechać osobiście, nalegał, aby pojechał on. No i pojechał. Z chmurną miną, ale pojechał. A co najistotniejsze, i tu dotykamy sedna sprawy, pojechały również płaczki żałobne. Ci od apoteozy i opłakiwania. Zupełnie dobrowolnie. Z błyszczącymi oczami i smętnymi twarzami. Polecieli samolotem rządowym, a więc opłaconym z kieszeni podatnika. Demokraci Lewicy, Partia Odbudowy Komunistycznej, Partia Włoskich Komunistów. Czerwoni, Zieloni, Różowi, Błękitni, Czarni, Biali, w groszki. I całe szczęście, że dotarli spóźnieni, jak relacjonuje Feltri na łamach „Libero", kiedy uroczystości pogrzebowe już się skończyły i ciało króla Midasa było na pokładzie helikoptera, który miał je przenieść do Ramallah. Więc żeby się pocieszyć, uczcili go pięknym nekrologiem w „Corriere della Sera". A wtedy...

A wtedy, co się wtedy stało?

Zagrzmiały trąby jerychońskie. Kapłani Jozuego zadęli w baranie rogi. Jozue wykrzyknął: „Naprzód, narodzie!" i naród rzucił się do szturmu. Mury Jerycha runęły wraz z murami Pałacu Chigich, Kwirynału, Wiminału i Botteghino (niegdyś Bottegone Włoskiej Partii Komunistycznej), czyli, krótko mówiąc, siedzibami Władzy i Antywładzy, która jest prawdziwą władzą. I nagle poczułam się rześka jak skowronek. Odpukując w niemalowane, czuję się trochę lepiej. Lepiej, ponieważ sądziłam, że przetrwam jeszcze najwyżej kilka tygodni, kilka miesięcy. Nie wolno się poddawać. Trzeba się przeciwstawić. Ja nie chcę się poddawać. Chcę się przeciwstawić. Ponieważ chcę zobaczyć upadek Bestii, chcę zobaczyć zwycięstwo Anioła, który ją uwięzi. Chcę znaleźć się pomiędzy tymi, którzy umierają bez znamienia współudziału albo poddaństwa na czole i na ręce. Zna Pani, nieprawdaż, piękny fragment, w którym Jan Ewangelista opowiada o tych sprawach? „Potem ujrzałem anioła, zstępującego z nieba, który miał klucz od Czeluści i wielki łańcuch w ręce. I pochwycił Smoka [...] i wtrącił go do Czeluści, i zamknął, i pieczęć na nim położył, by już nie zwodził narodów [...]. I ujrzałem trony – a na nich zasiedli sędziowie, i dano im władzę sądzenia – i ujrzałem dusze ściętych dla świadectwa Jezusa i dla Słowa Bożego, i tych, którzy pokłonu nie oddali Bestii ani jej obrazowi i nie wzięli sobie znamienia na czoło ani na rękę. Ożyli oni i tysiąc lat królowali".

Oriana Fallaci

Gdzieś we Włoszech
październik/listopad 2004